国家出版基金项目
NATIONAL PUBLICATION FOUNDATION

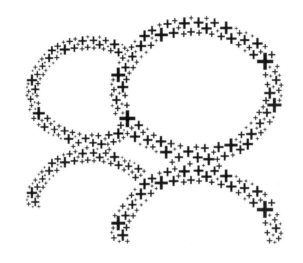

"互联网+"与文化发展研究系列丛书

文化众筹
从兴趣到信任

文化部"十三五"时期文化改革发展规划重大课题

彭健 著

知识产权出版社

全国百佳图书出版单位

图书在版编目（CIP）数据

文化众筹：从兴趣到信任 / 彭健著 . —— 北京：知识产权出版社，2015.11
（"互联网＋"与文化发展研究系列丛书 / 范周主编）
ISBN 978-7-5130-3900-0

Ⅰ . ①文… Ⅱ . ①彭… Ⅲ . ①融资模式—研究—中国 Ⅳ . ① F832.48

中国版本图书馆 CIP 数据核字 (2015) 第 270398 号

内容提要

本书以丰富的故事和多维的理论视角，探讨"互联网＋金融"背景下对"众筹"的反思。首先，探究融资的逻辑，信任与脆弱的关系，信任的构成；其次，以此为基础，分析文化产业融资，规避劣势，发挥注意力与影响力资源的优势，将受众、粉丝与文化部落的关注、兴趣、共享价值观转化为信任，将消费拓展为众筹，进而解读一系列众筹的案例，重点聚焦股权众筹，归纳其共建共享的融资与资源整合模式；最后，深入分析其内在的悖论与潜在的风险，并尝试提出解决方案，探讨未来的发展路径。

责任编辑：唐学贵　李小娟　　　　　责任出版：孙婷婷

文化众筹：从兴趣到信任
WENHUA ZHONGCHOU : CONG XINGQU DAO XINREN

彭　健　著

出版发行：**知识产权出版社** 有限责任公司	网　　址：http://www.ipph.cn		
		http://www.laichushu.com	
电　　话：010-82004826			
社　　址：北京市海淀区马甸南村 1 号	邮　　编：100088		
责编电话：010-82000860转8355	责编邮箱：413263037@qq.com		
发行电话：010-82000860转8101/8029	发行传真：010-82000893/82003279		
印　　刷：保定市中画美凯印刷有限公司	经　　销：各大网上书店、新华书店及相关书店		
开　　本：720mm×1000mm　1/16	印　　张：20.5		
版　　次：2016年1月第1版	印　　次：2016年1月第1次印刷		
字　　数：320千字	定　　价：45.00元		

ISBN 978-7-5130-3900-0

导 读

本书的主线与结构如下：

第一章主要讲述众筹是一种融资。融资是用别人的钱。一个人或者一个企业融资，未必因为缺钱，个人或企业能融资是因为有偿付能力和偿付意愿，偿付能力是可以让别人的钱在自己的手中产生更大的价值，为别人带来更大的回报，偿付意愿是愿意回报别人。

投资者愿意将钱给融资者是基于信任。信任是在脆弱中有信心的预期。包括基于历史的信任与基于未来的信任；基于合同、制度等正式控制的合同信任，基于社会关系网络、价值观、信仰等非正式控制的关系信任；基于能力的信任与基于意愿的信任。融资过程可以看作一个投资者与融资者之间建立信任的过程。

众筹属于金融范畴，所以，第二章也简单介绍了金融的本质与特点，金融与实业、金融资产与实物资产、虚拟经济与实体经济之间的区别与关系。实物资产创造社会财富，金融决定社会财富的分配，不能直接创造社会财富，但可以对经济社会发展有促进作用，当然也增加风险。

第二章主要讲述众筹是互联网金融的一种。分析了互联网的历史基因，简单梳理了互联网金融的主要模式：第三方支付、网络投融资、网络风险管理、网络金融门户、互联网货币、大数据金融、网络理财等。指出互联网金融，本质是金融，互联网＋金融，是互联网对金融的重塑。互联网＋金融的思维模式是：第一，多，服务海量客户，多对多，让海量的投资者对接海量的融资者。第二，小，服务小微客户，小对小，让个性化的需求被个性化的满足；第三，新，以理念创新、模式创新、技术创新、产品创新来满足多样化的金融需求；第四，点对点，直接、对等、去中心化、去中介化，金融脱媒。让互联网来采集投融资所需的信息，通过大数据挖掘来消除投融资双方的信息不对称性，让人与人的知识协作替代金融中介的专业化知识生产；第五，让金融走向金融普惠与金融民主。

众筹属于网络投融资。根据杰里米・里夫金（Jeremy Rifkin）的预言，互联网精神带来共享经济。众筹是能充分体现互联网精神与思维，充分体现共享经济的共同投资、共同生产，共同消费、共同分享特征的"互联网＋金融"模式。

第三章分析了文化产业融资的优势与劣势。指出"文化企业融资难"是一个伪命题。目前是中小文化企业融资难，这一现象反映的是世界普遍的金融对中小企业融资的规模排斥，而非针对文化产业的行业排斥。相反，我国目前对文化产业融资有一系列支持。中小文化企业融资的劣势不仅是缺少建立历史信任的存量资产与交易记录，而且缺少建立未来信任的成长性。同样缺少存量资产与历史交易记录的科技创新企业，由于未来成长性强，融资比很多文化企业容易。因此，文化企业需要培育核心竞争力，建立并优化商业模式，从而提高成长性。文化企业融资的优势是拥有更多的注意力与影响力资源，通过文化作品、文化项目、文化名人吸引受众的注意力，激发兴趣，向受众施加影响力，建立信任，能产生新的融资机制——众筹。

众筹模糊了消费与投资的边界，尤其文化消费者出于兴趣，更容易参与众筹，成为投资者，粉丝消费变成粉丝投资。历史上的众筹就是从粉丝集体支持艺术家发展而来。互联网进一步增强了注意力集聚、影响力辐射与粉丝互动的效应。

第四章分析我国众筹浪潮的来临。随着大众创业万众创新的深入，新一代创客不同于传统创业者，以兴趣为导向，以创意创新为特征，以智力、技术、信息为要素投入。"互联网＋"让智力、技术、信息的互联互通更加方便，降低了创客的创业门槛。适应于支持创客创业创新，金融资本也在小型化、分散化、社群化。众筹成为创业创新者展示项目成果，融通支持者的零散资金与其它各种资源的一种集融资、销售、推广、研发测试为一体的新形式。

众筹的参与主体包括三方：项目发起人（筹资人）、众筹平台和投资人（支持人）。发起人在众筹平台发起项目，包括产品众筹、公益众筹、债权众筹、股权众筹四类众筹；众筹平台向投资人推荐项目；投资人选择项目投资；由众筹平台将投资人的资金拨付给发起人；发起人给投资人产品、服务、资金、权益等回报。

美国的产品众筹发展较好，在 Jobs 法案通过后，股权众筹也得到了法律的确认。英国股权众筹发展较好，法律监管与政策支持都相对完善。我国目前产品众筹与债权众筹发展较快，捐赠众筹发展较慢，股权众筹虽然发展较好，但由于非法证券发行、非法集资的限定以及《私募股权众筹融资管理办法》对合格投资人的要求，众筹不"众"，更接近于私募股权的线上交流与线下交易。股权众筹的发展路径还在探索之中。

第五章分析了文化众筹的特点。文化众筹的发起人不仅仅为了筹资，同时筹集注意力、筹集智力与创意、筹集消费者与预测市场。投资者不以商业回报为唯一评价指标，更多考虑无形的精神回报，兼有投资、收藏与消费的目的，并帮助发起人实现梦想，自己获得尊重、自我认同与自我实现感。众筹平台是为双方提供中介功能，其经济价值在于为双方节省交易费用，增加价值，并从中获利，众筹平台的主要功能是为投资者与融资者进行双边匹配。

文化众筹的优势是吸引注意、激发兴趣，并发挥其影响力的优势与粉丝效应，通过线上线下沟通，形成并强化信任。

尤其是文化产品众筹，本质是支持者以对文化产品、作品、名人的共同关注与兴趣为纽带，围绕众筹形成有相似的价值观念、相通情感与相互关系的具有文化"部落"特征的众筹社区。

如果说，文化产品众筹是一种娱乐性投资；那么，文化股权众筹是一种专业投资。包括：个人投资与集合投资。集合投资由专业的领投人带领跟投人共同投资。股权众筹集合投资区别于私募股权投资的特点是通过互联网平台募资，单笔投资额小，需要建立投资者对众筹平台，对筹资者的双重信任。需要通过完备的契约、监督等正式控制机制以及社会关系网络与共享价值观等非正式控制机制培养三方之间的双重信任，最终需要社会规范与强制性的法律安排建立制度的信任。

第六章分析了众筹的风险与问题。传统的投融资管理与消费者保护制度对众筹都不完全适用。目前，众筹的风险表现为：众筹发起人的投机行为与道德风险，创意创新性产品众筹与早期创业企业股权众筹的自身发展的不确定性风险，众筹平台的投机行为与道德风险以及管理不规范的风险，互联网的渠道风险，筹资者迫切需要的资金不能及时到位的风险，知识产权被侵害的风险。虽然，众筹平台通过免责条款，将风险推给投资者与融资者自行承担，但是，仍然难以在风险发生时独善其身。刚刚兴起的众筹在制度建设与风险控制上还有很长的路要走。

众筹平台为投资者与融资者这双边用户搭建了一个双边市场，双边用户存在着交叉网络外部性，一边用户吸引另一边用户，越多的投资者吸引越多的融资者，同样，越多的融资者也吸引越多的投资者。但是，反过来，也存在着越是需要用户的众筹平台越难以吸引用户的困境。

众筹平台还存在角色选择的困境，究竟是作为完全中立、仅提供信息的交易平台，还是作为积极撮合的经纪人？众筹投资者与众筹平台、众筹项目发起人之间，众筹投资的跟投人与领投人之间、众筹项目发起人与众筹平台之间存在着四种类型的委托代理关系，存在着代理的逆向选择与道德风险问题。

众筹投资者对代理人的监管存在着"公用之地即无主之地"的问题，每一个众筹参与者投入监管的成本大，带给个人的收益少，缺乏积极监管的内在激励。委托领投人监管是一个选择，但应借鉴有限合伙制对普通合伙人的激励与约束机制。

众筹投资者可能群策群力，为众筹项目集合资金、智力、关系与资源，但也可能成为"乌合之众"，尤其在投资决策中存在羊群效应。

众筹项目也存在这样的悖论：如果是无风险高收益的好项目，众筹发起人为什么要众筹，与网络上的陌生人分享收益？是不是只有在传统的股权融资与债券融资渠道无法融资的项目才会众筹？

《中华人民共和国证券法》的修改有望在股权众筹的合格投资者界定、股权私募、证券非公开发行、股权众筹的人数界定等有所突破，对股权众筹有所豁免，有助于众筹的持续健康发展。产品众筹也需要电子商务立法进一步规范。

我国诚信体系不完善，针对众筹发起人的诚信指数，可以通过其互联网的行为痕迹，挖掘其个人信用信息，进行评估，但，会否造成对众筹发起人个人隐私的侵犯是新的问题。

第七章首先探讨众筹监管与法律的完善，根据意大利、美国、法国、英国对众筹的相关法规，认为我国对非法集资、非法公开证券发行与公司注册人数的限定，随着《中华人民共和国证券法》与《中华人民共和国公司法》的修改，对众筹附带条件的豁免，众筹可以公开的进行债权与股权募资，并放宽对募资人数的要求，但会从投资者的财富水平、风险承受力、投资成熟度等指标限定合格投资人，并对小微企业众筹融资的总额进行规定，从而控制投资人的风险水平。从鼓励众筹投资出发，今后应该在税收上鼓励投资人以众筹投资额在一定条件下抵扣所得税，可借鉴英美的做法。

同时从众筹项目的发起人与投资者及众筹平台的经济法律关系、合同签署、资金划拨、赔付、信息披露、第三方评估与担保、众筹平台的取酬方式等方面梳理众筹所涉及的法律概念，提出了减少各方风险的法律建议。

提出基于互联网、大数据、金融算法的技术监管，基于众筹投资者协作的民间监管，基于法律法规、程序控制与投资者教育的政府监管以及包括行业协会、媒体监督的多层次监管是众筹未来监管的方向。其中，文化众筹可以发挥"众筹部落"的作用，形成基于价值观、基于社交互动的特色监管。

最后，分析众筹带来的变革与未来发展的趋势。产品众筹将生产流程从"筹资——生产——销售——回笼资金——再生产"的模式转变为"预售——回笼资金——生产——发货"的新模式。解决了创业企业最难的两个问题：产品生产的资金从哪里来？产品生产后如何卖出？让创业企业真正凭着创意，可以无需传统投资，吸引消费者预付款完成"白手起家"。这是众筹对大众创业、万众创新最大的价值。改变了生产者与消费者之间的关系，消费者成为生产者的一部分，Producer 生产者与 Consumer 消费者，合并成一个新的单词 Prosumer。本书为它起一个名字"消产者"，形成以消费者为引导的研发与按需生产模式，根本改变库存、营销、广告，改变人与人之间的社交方式与社会文化。

如果说，互联网提供了自由人互联互通构建自由人联合体的技术基础，那么，众筹，尤其是文化众筹以共同兴趣、共享价值观，共担风险、共同协作、共创利益的机制形成的动态的社群关系，可能构成一种自由人自由联合的重要条件。

债权众筹的意义在于对人人金融的探索。任何一个个体，企业、个人，都可以通过网络直接融资。

股权众筹有可能形成网络上的四板市场，以领投人为普通合伙人，以跟投人为有限合伙人的众筹股权投资将分食私募股权投资的市场，富于创新精神、有梦想的众筹发起人、拥有专业经验的领投人、群策群力的粉丝，共同形成的众筹部落将成为非常有特色的另类金融。

围绕着众筹，也将构建包括法律、诚信评价、大数据管理与监测等在内的生态体系。

众筹所带来的最大变革不是金融模式，不是商业模式，不是社会文化，而是一种众筹思维，以兴趣为先导，以信任为基础，以互联网为纽带，以资源互换与利益共享为本质的协作型交易思维。一个人生的成长，一个企业的发展，都是在不断地向社会众筹资源，完善自己的资源配置，实现价值增值，并给予资源支持者物质或者精神回报。关键是如何让资源拥有者对支持有兴趣、有信任。

写在前面

"写在前面"，不是"排在前面"

很多书都有这么一个部分叫作"写在前面"，它们的位置排在一本书前面，但通常写作时间并不在全书之前，往往在成书之后，所以，较真地说应该叫作"排在前面"。我们下面要开始的是一个名副其实的"写在前面"，从这一段开始全书的写作。

此时此刻，我与作为读者的您一样，还不确定本书的全部内容，我们在同一个起点出发。

有两种写书的方式，一种是思考在前，形成了系统的思考与详细的笔记以后，开始写书，曹雪芹酝酿多年，批阅十载，增删五次，方得字字珠玑，好酒需老窖，时间沉淀经典。

另一种写书，思考与写作的过程是同步的，就像现在，我们一起，一边提问，一边思考，一步步走，一点点淘，探究众筹。就像带您走进一座有历史之谜的古迹，我作为全程的导游，会不断地向您抛出问题，引发作为游客的您的思考与兴趣，然后我以自问自答的方式向您介绍，有些问题导游是有答案的，有些问题的答案还未形成定论，见仁见智，您会以为然或者不以为然，重要的不是您的认同，而是您的思考随之走向深入，这是有价值的过程。美国项目管理协会提出项目的实现是一个"渐进明晰"的过程，同样，知识的获取也是如此。阿加莎·克里斯蒂的小说会让大侦探波洛在书尾剥丝抽茧地给出所有的答案，但很遗憾，很多我提出的问题，我本人给不出答案，只能留给您，留给未来的实践，留给更加成熟的众筹理论。这可能更符合后现代悬疑小说的特点：我们打开一扇门，看到的是另一扇门。下一扇门的背后是什么？或许您作为下一位导游可以带我们继续探究。这样的方式更能暗合了"互联网+"的特点，体现"众筹"的特点：语言互通、信息互联、同心共建一座知识的"巴别塔"。

"数据"不是"信息"

个人认为微博、微信的"微学习"时代，我们更容易获得数据、信息，而非知识。因此，读书在知识获取方面仍然有其优越性。

什么是数据

人们通过眼、鼻、舌、耳、身等感官感受到的，或者通过技术与仪器测量到的反映事物的状态的信号，包括声音、图像、文本等，就是数据。

相信您一定从微博、微信里看到过"众筹"这个语词，本书讨论的大部分语词：融资、信任、信用、脆弱、风险、互联网金融、注意力资源、影响力价值、粉丝经济、大数据、黑名单……您都看到过。这些碎片的词语还只是数据。数据是对客观事物最原始的记录，没有被加工，没有被解释，没有回答特定的问题，数据之间也没有建立联系。

什么是信息

数据经过加工处理，建立了数据之间的联系，形成了对特定问题的回答，具有了意义，就成为信息。例如，您很容易理解众筹可以融资，融资需要建立信任，控制风险。这些变量（数据）之间的关系就是信息，您也听到过众筹的故事与案例，这也是信息。但是，这些信息大多来自"微时代"的"微转述"。

什么是微转述

"微转述"是我提出的概念，定义为：对已存在的碎片化信息的复制、转发与传播。微转述的缺点是信息的价值不大。

判断信息价值的标准是：这个信息在多大程度上增加了您对这个世界的了解，因为信息的作用在于让我们更多地了解世界。所以，"人有两只眼睛"这句话的信息价值很小，因为人尽皆知。

遗憾的是，我们通过"微转述"的学习中所获得的大部分属于那种"不证则明"，依靠常识就可以推理的信息。

克里斯·安德森"长尾理论"的价值在于颠覆了我们对于二八定律的常识。学习，是为了获得不一样的新的信息。但是，人们似乎更愿意接受与自己经验一致的信息。我授课时发现，学生听到自己知道的，或听到自己认可的，会点头、会互动；听到未知的，或者听到与自己已有认知相冲突的，会茫然、会排斥。演讲与授课的区别在于：演讲的目的是唤起听众的共鸣，所以传达的信息大多是众所周知的、普遍认同的；授课是传授新知识，所以，讲的应该是不一样的信息。同样，一本负责任的书，也要给读者不一样的信息，或者对同样的信息作不一样的解读。这是本书的努力方向。

我们尝试对融资、投资、消费、兴趣、信任、粉丝经济、注意力资源、影响力价值、众筹、互联网＋等概念做出另一个角度的解读，给您不一样的信息。

"信息"不是"知识"

为了让听者或读者理解并接受与常识不一样的信息，需要论证，需要通过实践来检验。经过论证与实践所检验的信息，就形成了知识。

什么是知识

知识是人们实践经验的总结。在实践中被反复验证，事物之间真正的关系被揭示出来，找到了本质与规律。所以，知识可以指导实践。

我们了解、思考众筹的概念、特点、模式、问题与对策，是为了掌握它。今后，不管您是为自己的梦想向社会众筹资金；还是您拿出余钱投资别人发起的众筹项目，分享收益；再或者您搭建一个众筹的平台，从事与众筹相关的服务。我们希望并相信本书的知识是有实用价值的，能够有助于您的实践。

数据、信息和知识是人们对客观事物认知的三个阶段与螺旋上升的循环周期。对客观事物感知记录获得数据；对数据加工、解释、建立数据之间的联系形成信息；运用信息，找到事物的本质，发现内在的规律，建立系统，创造知识。新的知识又开辟了认知的新的对象与新的领域，人们继续采集数据，加工信息，进入新一轮上升式循环。如果您是一个研究者，我们希望并相信本书的知识会构成您新的研究的基础。

当然，数据、信息与知识的边界不是绝对分割的，从数据、信息到知识，是一个动态的数据不断被加工，信息不断被检验，规律不断被揭示的过程。今天正确的知识，在明天随着新数据的出现就可能不正确。本书由于写作时间与收集资料不足，难免存在不足之处，但我希望与您分享的是知识。我努力为您呈现众筹有关的信息背后的规律、内在的本质，并指向对实践的指导。

互联网 + 金融

本书是"'互联网 +'与文化发展研究"系列丛书的一部分，众所周知，"互联网 +"不是一种技术革命，而是一种思维革命。

那么，什么是互联网思维？

我个人认为是在互联、移动互联、大数据、云计算等技术背景下，对经济、社会生态的重新思考。

"互联网 +"成为显学，剥开表象，内在最重要的经济规律就是：产品或服务复制的边际成本趋向于零。

什么是边际成本？每增加一个单位的产品（或服务）带来的总成本的增量。生产第 1001 辆汽车比生产 1000 辆汽车所增加的成本，就是第 1001 辆汽车的边际成本。这个概念表明每一单位的产品（服务）的成本与总产量有关。仅生产 1 辆汽车成本巨大，生产 1000 辆，单辆汽车的成本会被进一步摊薄；生产第 1001 辆汽车，理论上边际成本会更少。但是，边际成本不会随着总产量的增加一直减少，当生产的规模超过一个临界点时，边际成本随着产量增加而增加。

我们既然讨论"互联网＋金融"，就先来认识一下金融。

什么是金融

金融就是资金的融通，是资金跨主体、跨时空的配置。您的钱投给我是跨主体；我的钱汇到美国是跨空间；今天的钱先不花，买保险，退休再用是跨时间。

回到刚才对边际成本的讨论，金融也可以理解为实现资金跨主体、跨时空流通的服务，这种服务是有成本和边际成本的。

为什么银行向有钱人微笑是正确的选择

一个老太太拿着一口袋零钱，在银行存款 860 元人民币，可能会占用一个窗口一个业务员 1 小时的工作时间，同样的资源在 VIP 理财室可以服务 5 个超过 500 万元人民币的高净值客户。这是机会成本的概念。同样，一个信贷员办理一个小微企业 30 万元人民币的小额贷款也需要尽职调查、财务分析、风险控制设计、办理批贷手续，花费的时间精力与承担的风险甚至大于向一家大企业贷款 1 亿元人民币。银行的服务不可能无限扩张，因为人力、网点、资源是有限的，每增加一个客户的边际成本先是递减，然后递增。那么，选择什么样的客户呢？按照帕累托的二八定律，既然 20% 的人掌握了 80% 的财富，当然应该集中 80% 的精力服务这 20% 的客户。如果您是银行的高管，您怎样选择？

维基百科网站对经济学的定义之一是："研究稀缺状态下的选择"，稀缺是传统经济学的基本假设，既然资源有限，当然选择重点，有所取舍，有所侧重。这就出现了所谓的"金融排斥"（financial exclusion），即金融体系中，人们缺少对金融服务的平等分享。20%的富人与大企业得到了80%的金融资源与金融服务。80%的穷人与小微企业得不到平等的金融资源与金融服务。媒体动辄说，中国小微企业贷款难，似乎是银行不作为。实际上，小微企业贷款难是世界普遍现象，金融排斥就包括规模排斥，这是经济规律决定的。

"互联网+"让金融排斥走向金融普惠

互联网时代，这些经济规律发生了改变。按照克里斯·安德森在《长尾理论》一书中所描绘的"丰饶经济学"的观点，互联网改变了边际成本随着总产量先是递减，然后递增的规律。"让传统经济学的两个基本函数边际生产成本与边际销售成本，正在趋近于零"。[1]

理论上，银行可以通过互联网，让这个世界数以亿计的计算机、手机、iPad终端所链接的每一个人只需动动手指就可以实现消费支付、跨时空转账、交易与投资。由于信息的单位比特的增加几乎是零成本的，那么，每增加一个银行用户所带来的边际成本递减，甚至趋向于零。换句话说，互联网让银行不必再增加更多的网点、人手、窗口就可以为更多的人服务。

第一次工业革命，蒸汽机让动力不再稀缺，"互联网+"让银行的服务资源不再稀缺，这就动摇了传统经济学里的很多假设。这样，银行不必再刻板地遵循二八定律，因为服务属于那80%小客户中的每一个人也不会增加银行的边际成本，互联网所链接的每一个人无论高低贵贱都可以成为银行的客户，金融从排斥走向普惠。

---

1 克里斯·安德森.长尾理论［M］.乔江涛，译.北京：中信出版社，2006：125.

在 100 年前，只有华尔街纽约证券交易所大厅里的交易员才可能在一天之内买卖几十次股票。现在，只要你开设证券账户，拥有计算机或手机，就可以通过互联网成为股市的即时交易者，每天买卖多次股票。在我写这段话的时候，正是 2015 年 4 月 20 日，沪深两市证券交易所的成交额超过 1.8 万亿元人民币，导致系统爆表，创造了人类历史上最大的单日交易额。这个数字超过 2014 年埃及、新加坡两国全年的国内生产总值，能购买德国、法国、中国、日本的全部黄金储量，相当于 2014 年全国城镇居民总收入的 40%。

回想一下，在华尔街与费城之间，最早是通过每隔 6 到 8 英里安排一个人拿着大旗与望远镜站在山丘或高楼上，用旗语传递信息。纽约交易所的开盘价格大约半小时以后才能到达费城。后来交易可通过电报、电话。"互联网 +"让金融交易变得如此简单便捷。

金融最重要的价值是融金，即融资。同样的逻辑，"互联网 +"，在技术上，在理论上，可以实现"任何人向任何人融资，任何人为任何人投资"。我们知道资本是产业要素中最活跃的驱动力，如果资本的融通如此便捷，那么其影响将带来一次新的产业革命，将世界带入一个新时代，就像某品牌的广告语 impossible is nothing（无事不能）。最能体现"任何人向任何人融资，任何人为任何人投资"这一"互联网 +"金融美好愿景与深远意义的，是时下兴起的众筹。

什么是众筹

众筹，顾名思义，那是向众人筹集，筹的可能是钱，也可能是其他资源。众筹并不新鲜，早就有，叫"凑份子"（某电商众筹，干脆就给自己起名叫"凑份子"），遇到婚庆丧葬，亲戚朋友每家凑一点。在这个过程中，钱从一个人手中到了另一个人手中，即资金从一个主体流通到另一个主体。例如，今天我结婚，是别人给我钱，明天，别人结婚，我再把钱给别人，即资金实现了跨时间的流通。符合我们前面所说的金融的定义，因此，传统众筹属于金融的范畴。

当代众筹，有了"互联网+"的概念。

假想一个情景：明星朋友大婚，我们为他们众筹。

传统的婚礼众筹凑份子是在好友圈，每人发一份请柬，需要印刷费；新郎新娘在帖子上签名，电话联系亲友，需要花很多时间；再大的万人餐厅，最多只能请1万人。

现在，有了"互联网+"，一切变得不同：

（1）所有的粉丝都可以在线视频观看婚礼，互动参与，不必莅临现场，不再受喜宴餐厅规模的限制，数百万人可以同时在线感受新人的浪漫时刻。

（2）粉丝可以通过支付宝、移动支付终端随礼。

（3）边际成本递减，趋向于零。每增加的一份礼，不用花钱印请柬，也不用一对新人花时间应酬，不用增加喜宴的座位数，不增加婚礼成本，只需要增加网络同步直播与在线支付。

一个普通人如何吸引别人为自己众筹

作家斯蒂夫·约翰孙说过："一个只卖纽扣的商店在一个5万人口的小镇可能找不到市场，但在纽约有一个完整的纽扣商店区，这就是亚文化在大城市如此兴旺的原因。如果你有某种特殊的品位，在一个900万人口的城市，你一定能够找到知音。"今天，只要您有一个有趣的梦想，借助网络，在全球数以10亿计的网络终端屏幕前，一定有着与您梦想、兴趣相通的文化族群。

这就是众筹的力量，集腋成裘，聚沙成塔。

可见，众筹是"互联网+"金融中最能体现互联网精神的一种新的融资模式。也正因如此，众筹很热。在中国，新生事物的发展往往"其兴也勃，其亡也忽"。资本总是与投机相伴，在众筹热中，我们现在开始一起反思众筹，探究它的特点、本质、规律与模式，存在的问题，解决的方案及未来的趋势。

序 言

众筹，是当下的热门词语，不仅因为它是互联网金融的重要形式之一，不仅因为很多创客、中小微企业，以至于像万达这样的大型企业都探索通过众筹的方式融资，不仅因为阿里、京东等都纷纷开设了众筹渠道或众筹平台，更重要的是众筹已经成为"互联网+"时代中一种具有典型互联网思维与共享经济特征的新商业模式。

众筹的价值不仅在于通过互联网向公众开放便捷的融通筹集资金渠道，同时，也在吸引关注，推广市场，整合资源，集聚智慧。国务院 2015 年 9 月印发的《关于加快构建大众创业万众创新支撑平台的指导意见》指出："大力推进大众创业万众创新，实施'互联网+'行动，加快推动众创、众包、众扶、众筹等新模式、新业态的发展。"

该书全面地介绍了众筹的概念、类型、特点、模式、主体、法律问题、潜在风险等，希望了解众筹的读者可以系统地获得众筹的相关知识。但是，作者不满足于一般意义上的知识介绍，而是努力深入分析众筹的本质，从融资的本质、互联网的基因探究，抓住"信任"这一核心概念。正如作者所分析的，投融资的行为可以理解为投融资双方建立信任的过程。在互联网的虚拟世界中，面对众多陌生人筹措资金的众筹，更需要建立基于制度、合同、规范等正式控制机制的信任保障，建立基于共享价值观、关系网络、共同目标等非正式控制机制保障的信任。书中对于信任的分析，有新意，有价值。

作为中国传媒大学从事文化产业的研究人员，作者又进一步聚焦文化众筹。文化企业，尤其是从事创作的文化企业与创客们，如影视、演艺等，在融资上存在着轻资产、缺少抵押物、难以获得银行贷款的劣势，产品生产的艺术规律又决定了产品走入市场存在着更大的不确定性的劣势。但是，彭健博士在该书中提出文化企业、作品、明星、项目的注意力资源与影响力资源可以转化为融资的优势。在从关注到兴趣，从兴趣到信任，从信任到决策的投融资行为模式中，文化可以更好地吸引社会公众关注，更有效地影响受众而获得信任。尤其在粉丝经济的时代下，文化作品、项目、明星、企业等可以通过粉丝的铁杆支持与病毒式扩散的社交传播，高效地筹集资金、开拓市场，把预售、消费、投资、推广、生产等产业价值链的不同环节打通并重构。众筹对于文化而言，作用与价值更加突出。

作者进一步指出：围绕文化产品、项目、明星，大众由于共同的关注、共同的兴趣，建立了超越简单的追求投资经济回报的更深层的信任，开展众筹，共享价值，并通过线上线下联动的社交沟通，形成了一个具有文化部落特征的众筹社群。今后，一个众筹项目能否成功，关键在于发起者是否善于营造社群、创造各种有形的无形的价值共享。

作者也冷静地分析了众筹内在的悖论与存在的道德与法律风险，如众筹的投资者众多，可能产生盲从的羊群效应；如众筹的投资监督可能出现类似"公共之地即无主之地"的问题；如众筹存在着多层的委托代理问题；如目前的法律监管也还不够完善等。

但是，众筹未来仍将对商业、金融、社会乃至文化产生深远影响，作者提出的众筹思维，更是互联网思维的延伸。"一个人的人生成长，一个企业或组织的发展，从某种程度上，都是不断对外众筹，集合智力、信息、技术、人脉、资源、货币的过程，因此，众筹既是人生成长模式，也是企业发展模式，这个模式中的核心思维是用自己的创意、梦想、理念、资源，去吸引别人的注意、激发别人的兴趣、建立别人的信任，引导别人与自己交换资源要素，从而完善自己的要素配置，实现价值增值，并给与资源要素的所有支持者物质或者精神利益分享，在互换中协作，在协作成功中分享。"

该书具有一定的理论思考，结合作者许多亲身经历，读者在阅读的中可以发现不少有新意、有趣的观点。

北京大学经济学院金融系副主任

北京大学金融创新与发展研究中心副主任

教授、博士生导师

2015 年 11 月

目录

第六章　众筹，风险与问题

第七章　众筹，发展趋势猜想

第一章

众筹从融资说起，
融资的背后是什么

什么是融资？

凭什么融资？

为什么有的企业融资难？有的企业融资易？

什么是信用？信用与信任的关系是什么？

什么是脆弱？什么是风险？两者有什么不同？

什么是信任？信任有哪些分类？

什么是能力的信任？什么是意愿的信任？

什么是合同的信任？什么是关系的信任？

第一节　融资的逻辑是什么

什么是融资？

什么是金融？

什么是 OPM（资金筹集）？

为什么要融资？是因为缺钱吗？

为什么能融资？融资凭借的是什么？

投资的目标是什么？

投资回报的钱最终从哪里来？

钱能生钱吗？

什么是庞氏骗局？

为什么有的企业容易融资？有的企业很难融资？

融资的本质是什么？

　　既然，众筹是一种特殊的融资，我们就按照从一般到特殊的规律，先来探究融资。

　　融资，顾名思义是融通资本（资金）。如果我们把资本（资金）的概念泛化，把它理解成利益或者价值，那么人类的发展史与融资息息相关。

从古至今，单一个体的生存能力都是有限的，为了生存，为了繁衍，人们之间需要互助，在互助互惠中交换价值与利益。所谓原始共产主义，就是原始的共建共享，这与众筹的逻辑一致，也与融资的逻辑一致——让资金（价值）融通。

在《汉谟拉比法典》里已经有对高利贷的规定。13 世纪，威尼斯、佛罗伦萨和热那亚就已经以政府未来的税收作为抵押发行城市公债，这些金融工具直接推动了意大利城邦的兴起，间接地促进了文艺复兴。而美国历史，从独立战争起，也可以看作是一部融资史。中国近代科技、经济的落伍与融资的落伍相关。

一、用别人的钱

开一个总投资 10 亿元人民币的商业综合体，实际需要多少钱

建设一个商业综合体，需要购买土地，支付建筑公司的建设安装费用，添置商场设备、在商场里铺货。假设总投资需要 10 亿元人民币，你作为实施者需要出多少钱？经营过企业的人都知道，这些钱中的大多数可以让别人出。

土地可以抵押给银行贷款，用银行的钱；给建筑公司的建设安装费可以只付少量定金，其余的等完工之后再付，相当于用建筑公司的钱；围着商场开发一批可以分割销售的住宅、小商铺、写字楼，楼还未竣工就提前预售，先把钱收回来，相当于用购房者的钱；商场里的商品，让供货商拿来先用，卖掉了再给供货商结款，这是用供货商的钱；商场卖储值购物卡，储值 5000 元可以打 88 折，吸引客户购买，实际上商场还没开始卖东西，就先用了客户的钱；也可以围绕这个商场的建设，与信托公司做一笔信托，给出资者超过银行一般理财产品的利率，市民们为了获得更高的利息购买信托，使市民的资金流入。

开一个商业综合体，自己实际需要投资的钱只占总投资的几分之一，

这也是大连万达集团股份有限公司（以下简称"万达集团"）这些年能够高速扩张的原因之一。

二、什么是融资

融资，简单地说，就是用别人的钱，即 OPM（other people money，资金筹集）。不仅企业需要用别人的钱，政府也需要用别人的钱，发国债、政府债；居民也需要用别人的钱，购房按揭贷款，亲友拆借。政府、企业、家庭、个人都需要融资。

用别人的钱，听上去很美，可是这里有一个问题，别人为什么把钱给你用？

凭什么融资？从按揭贷款说起

小李今年 27 岁，年薪 15 万元人民币；谈了个女朋友要结婚，两人收入加在一起 25 万元人民币。他们结婚需要买套房，准备购买一套两居室，需要 300 万元人民币。两人钱不够，需要融资。找小李爸妈借，他们借钱给小李用，是因为亲情。但是，爸妈也是工薪阶层，给小李凑了 150 万元人民币，还是不够。找银行按揭。首付 50%，剩下的 150 万元人民币，用 20 年还，加上利息假设为 250 万元人民币，每年还 12.5 万元人民币。小李想，两人的收入会越来越高，今年挣 25 万元人民币，明年可能就是 30 万元人民币，贷款一点点还，现在日子紧一点，以后会越来越宽松。他们决定把房子押给银行，贷款融资，每月从收入里还款。

小李凭什么融资？他和银行没有亲情，银行业不做慈善。借款是要还的，还本付息。银行愿意把钱借给小李用，有以下 3 个原因：

（1）小李和女朋友作为共同还款人，每年的收入可以支付贷款本息，这是银行的第一还款来源。

（2）小李把房产证抵押给银行，如果小李不还款，银行可以把房子拿出去拍卖，卖掉的钱也足够还款，这是第二还款来源。

（3）银行通过小李的还本付息，收回了钱，还挣到了利息差。

小李融资凭的是有还款能力、有还款保证

从广义上讲，融资也叫金融，是资金的融通。陈志武在《金融的逻辑》中认为：“金融的核心是跨时间、跨空间的价值交换。”这里稍作补充，金融是资金跨主体、跨时间、跨空间的价值流通。

银行今天将150万元人民币一次性借给了小李，是资金的跨主体流通；小李在未来的20年，每年还给银行12.5万元人民币，是资金的跨时间流通。小李的还款能力基于小李和女朋友在未来的20年每年挣钱超过12.5万元人民币。这次按揭等于小李通过金融的手段把他未来的收入拿到今天使用，这就是折现。把未来的收入折现到今天使用，就是跨时间、跨空间的价值交换。

假设没有按揭贷款，没法折现，没法把未来的收入折现到今天使用。小李一辈子攒钱，到四五十岁才能够买到房。

企业凭什么融资？为什么有的企业融资易，有的企业融资难

与刚才小李的个人按揭贷款相同，企业融资也是凭借自己的还款能力。再来看前面说到的建设商业综合体的例子，假设万达集团要建设一个商业综合体，银行愿意给它贷款，施工方愿意为它垫款，供应商愿意先发货后收款，万达商场的信托产品有人愿意买。万达商业于2014年12月23日在港交所上市，每股48元港币，在笔者写这一段话的2015年5月4日已经涨到每股68元。

是所有的企业都这样容易融资吗？

当然不是，中小企业融资难是一个全世界的普遍现象。

如果万达集团发行建设万达广场的1亿元人民币债券，2年期，年利息8%，你可能愿意买几万元，你会觉得比把钱存到银行里利息高。所以，万达集团发起了一个众筹，名字起得很自信，叫作稳赢一号，几十亿元人民币的众筹很快就完成了。

但是，如果你家小区旁要建一个新的小超市，需要几百万元，个体老板向小区搞集资，要求每家出几万元，承诺给20%的利息，利息更高，你愿意买吗？不一定，这是一个决策，在做出这个决策的时候，你会考虑哪些因素？或者说你的顾虑是什么呢？

概括来说，最大的顾虑是怕他还不了钱，兑现不了利息。分析一下，这个顾虑又包括两层：

（1）担心他挣不到钱，小超市风雨飘摇，赔了怎么办？这种担心可以用学术的话说，对他的偿付能力缺少信心。

（2）担心他即使挣到钱，也不把钱分给你。这种担心也可以用学术的话说，对他的偿付意愿缺少信心。

根据金融的定义，我们知道融资是一种跨时空的交易，是今天与未来的交易。例如，几年前，笔者所在小区开了一家宠物店，笔者给家里的金毛狗办了一张储值卡，储值卡也是一种融资工具。笔者一次性向宠物店支付了1000元人民币，实际上笔者还没有消费，宠物店拿着笔者的钱可以去进货，也可以支付人员工资。一个宠物店的投资也就是10万元人民币，老板在小区里卖了100张储值卡，实际上是用小区里100个狗主人的钱办了宠物店，本质上也是众筹。不同于众筹的是，老板先投资10万元人民币开了一家宠物店，然后办卡的100个人，每个人用预付款的方式借给宠物店老板1000元人民币，老板收回了投资，承诺未来用狗粮等产品与为狗洗澡等服务来偿还我们的预付款（即借款）。但是，小区的宠物店只开了2个月就关门了。老板连夜走的，带走了所有的商品和所有客户储值卡里还没有消费的钱，还欠着小区物业房租。

这个例子说明的是偿付意愿的问题。有的企业的营利性不好，我们认为他们偿付能力不足，有的企业虽然有偿付能力，但诚信不好，我们认为他们偿付意愿不足。

衡量一家企业的融资的难易，第一个因素是它的偿付能力，第二个因素是它的偿付意愿

在发达的金融市场上，只要你具有交易信用，能够有支付能力，就会有人跟你做金融交易。

衡量一家企业的融资的难易，第一个因素是它的偿付能力，第二个因素是它的偿付意愿。

三、量入为出就对吗？寅吃卯粮就错吗？

企业为什么融资？仅仅是因为缺钱吗？

中国有一个褒义词叫"量入为出"，一个贬义词叫"寅吃卯粮"。"量入为出"是说现在有多少钱就花多少钱，不能花明天的钱。住房按揭就是花明天的钱，信用卡透支也是花明天的钱，如果我们明天的收入持续稳定增长，今天花明天的钱可以让我们今天过得更好。

但是，中国人崇尚储蓄，信奉不负债。所以，中国人的储蓄率在全球最高。

美国是全球负债第一大国，但美国也是世界第一强国，美国在立国之初就是靠负债幸存下来。在独立战争期间，由美国13个州组成的大陆会议发行"大陆币"，这种债券用以购买军火。在战争最艰难的时候，美国总统乔治·华盛顿派财长汉密尔顿向法国借款。汉密尔顿在法国的金币到达美国之前就用这笔借款抵押再贷款，维持独立军的运转。独立战争结束之后，又是汉密尔顿用债务重组计划使年轻的美国免于破产。对当时的中国清王朝与印度，国库里黄金、白银满满当当，没有负债，但没有发展起债券市场与金融市场。没有建立债券与金融市场，就意味着没有形成国家信用和政府的契约意识。

国富民穷，民莫能与之争；民富国穷，民众会约束政府。民众是否购买及购买多少国债，取决于民众对这个国家的信心，取决于民众对政府管理能力与制度优劣的判断。民众愿意持有美国国债，是因为对美国的未来有信心。因此，从某种程度上说，民众购买国债是一种经济投票！

很多企业会这么说：我有钱为什么要融资。

似乎企业融资仅仅是因为缺钱，融资的企业就是缺钱的企业，缺钱的企业不是好企业。是这样吗？

中国工商银行股份有限公司，中国最大的银行，上市公司 2015 年第一季度财务报告显示资产负债率 92.4%，资产负债率 =（负债总额 ÷ 资产总额）×100%，工商银行的负债占到总资产的 92.4%，也就是说真正银行的净资产只占 7.6%，其他的资产都是储蓄的储户的钱。储户把钱存给银行，银行一年给储户 3%~4% 的利息，银行去放贷，一年收贷款户 7%~10% 的利息。银行用的也是 OPM 模式，用其他人的钱。

中国最大的住宅开发企业万科企业股份有限公司（以下简称"万科"），2015 年第一季度财务报告显示资产负债率 77.9%，万科也是喜欢用别人的钱。如果说银行业是金融业本来就用别人的钱，地产业是类金融业，也喜欢用别人的钱，这是特殊性。但是，高科技企业呢，深圳市腾讯计算机系统有限公司（以下简称"腾讯"），盈利能力强，2014 年港交所年报显示，腾讯负债也是大于净资产。实际上，越是好的企业越容易也越喜欢用别人的钱。

华谊兄弟传媒股份有限公司（以下简称"华谊兄弟"），自创立以来，在 2000 年、2004 年、2006 年、2009 年先后大规模融资，2009 年创业板 IPO 融资总额达 12 亿元人民币，每一次融资都是华谊兄弟的一步跨越，在融资的同时，吸引了一批有价值的股东——马云、虞锋、鲁冠球、众多艺人……一部华谊兄弟的成长史，就是一部不断融资的历史，融资优势让华谊兄弟在当初众多的影视制作公司中脱颖而出，因为，华谊兄弟融资的过程也是融智与整合资源的过程，马云、虞锋、鲁冠球的儿子、马化腾，华谊兄弟的股东除了影视明星，还有企业家明星。

资金缺乏会导致企业融资，但是，企业融资并非仅仅因为资金不足。一个好的企业的发展史就应该是一部企业不断融资，不断整合资源，不断扩张的历史。

当然，确实有很多企业不向银行贷款，也不上市，如贵阳南明老干妈风味食品有限责任公司，但并不意味着它不用别人的钱。企业品牌大，就可以凭借强势品牌的议价能力，取得产业链上下游的信任，让上游的供应商先供货，自己再付钱，加大应付款，所谓应付款，就是应付而未付的钱；让下游的经销商先付款，自己后发货，加大预收款，所谓预收款，就是先收到手的钱。从现金流的角度来看，预收款、应付款，都是把本来是属于别人的钱，给自己用，也是OPM。相当于把上下游企业的钱先"蓄"在自己企业的资金池里用，这就形成了经营活动中的流动性负债，而且几乎是无息的，即不用向银行贷款一样缴纳利息。

很多企业都利用自己形成的品牌优势，采取这种方式获取别人的资金。例如，珠海格力电器股份有限公司（以下简称，"格力电器"）几乎没有多少对银行的长期借款与短期借款，而"应付账款＋应付票据＋预收账款"比重很高，对供货商采取应付账款＋应付票据融资，使用供货商的钱，对经销商采取预收款方式融资，使用经销商的钱。在风险合理的范围内，通过上下游占款形成的"预收账款"和"应付账款"，不仅能够弥补流动资产所需要的现金支付，还带来了大量的结余。这样，格力电器不仅可以不花自己的钱生产空调，而且可以利用这种结余形成的资金池，进行地产投资。

如果一个企业既没有向银行贷款，也没有股权融资，也没有通过经营性活动使用别人的钱，在资产负债表里没有任何负债，那说明这个企业拿着钱没有用，还没有形成稳定的好的盈利模式。

融资主要包括债权融资与股权融资两类，债权融资强调还本付息，股权融资强调利益共享、风险共担。

你为什么把钱给企业用

前面分析企业凭什么融资，一是有偿付能力，二是有偿付意愿。现在再从另一角度分析，看你为什么把钱投给企业。

以前，你把钱放在银行里买理财产品，银行每年给你 5% 的利息；现在有了 P2P（peer to peer）平台，你可以通过互联网直接贷款给企业，一家企业如果只给你 4% 的利息，你肯定不贷给它，钱还不如放银行呢。只有这家企业给你的利息水平大于你在银行获得的无风险收益，你才会考虑。

所以，在陆金所（上海陆家嘴国际金融资产交易股份有限公司）的借贷平台的短期借款（1 年以下）的利息一般也达到 6%~7%，大于同期的银行存款利率。在投资过程中，你获得的收益，如每年 6%~7% 的利息，就是融资企业为了能够获得资金支付的成本。这就牵涉融资成本的概念。

企业融资是一种以资本为交易对象的交易行为，按照交易费用理论，融资成本可以理解为企业融资过程中的交易费用，也可以理解为融资者支付投资者的报酬。

收益和风险是对等的，之所以把钱放在银行的收益低，放在小额贷款公司的收益高，是因为把钱存到银行里风险低。我们一般认为银行不会倒闭，不会跑路，银行的风险控制措施一般更完善；存到小额贷款公司中风险高。

一般而言，银行储蓄被看作是一种无风险收益。高于银行存款利率的收益是由于承担了这种风险所获得的风险补偿，这就是风险溢价的概念。风险越大，溢价越多。当然，随着存款保险制度的推出，应该建立意识——银行存款也是有风险的。以前我国的银行是以国家信誉作为背书的，今后是保险公司保障。金融危机期间，美国就有很多银行倒闭。

只有这个企业让钱产生的回报大于在你手中的回报，你才会愿意把钱投给它。你放到银行每年只能赚 4%，买国债每年只能赚 5%，这家企业每年能够承诺给你 15%，你可能就愿意把钱贷给它。

上面举的是债权融资的例子，其实股权融资的逻辑也是一样。你现在购买某只股票，是因为你相信未来这只股票可以给你带来更大的收益。如果你是沃伦·巴菲特型的价值投资者，坚持长期持有，要求企业分红，那么一定是这家企业分红的水平高于你把钱存到银行或者购买国债的水平；如果你是二级市场的炒家，今天买是为了在未来不长的时间卖出，只有一家企业股权的价值增值大于你在其他地方获得的收益，你才愿意投资这家企业的股权。巴菲特的公司在过去的几十年里每年的年化回报超过20%，远远高于银行的无风险收益，这就是他成为世界富翁排行榜探花的重要原因。

概而言之，投资的目标是为了在未来可预见的时期，获得收益或是资金增值。

因此，不管是股权投资还是债权投资，一般而言，理性选择的都是可以带来更大收益回报的企业。

四、回报的钱最终从哪里来？钱能生钱吗？从庞氏骗局说起

一个企业承诺每年给你40%的回报率，这是很高的回报，你会把钱借给它吗？2008年的时候，笔者投资过一家邮票销售企业，它承诺的年化收益率就高达40%。但是，后来笔者认为虽然有奥运收藏热，但邮票的价值增长很难持续超过40%，所以，笔者就早早地退出了。当时，笔者很担心那是一个庞氏骗局。

什么是庞氏骗局

庞氏骗局是一个名叫查尔斯·庞兹的投机商人首创的，是利用新投资人的钱来向老投资者支付利息和短期回报，以制造赚钱的假象进而骗取更多的投资。查尔斯·庞兹1903年从意大利移民到美国，1919年他开始策划一个阴谋，让投资者向一个子虚乌有的企业投资，许诺投资者将

在 3 个月内给予 40% 的利润回报，然后，狡猾的庞兹把新投资者的钱作为快速盈利付给最初投资的人，由于前期投资的人回报丰厚，后续的投资者趋之若鹜，庞兹成功地在 7 个月内吸引了 3 万名投资者，这个阴谋持续了 1 年之久，被利益冲昏头脑的人们才清醒过来。后人称之为庞氏骗局。

所以，判断投资给什么样的企业，不能仅仅看这个企业承诺的收益率有多高，更要看这个收益最终从哪里来。如果是拆东墙补西墙的庞氏骗局，虽然它可以给出更高的收益率，最终是不可持续的。因为，钱自身不能生钱，只是价值储存、流通、度量的手段，本身并不能产生价值（关于货币、金融资产与实物资产的讨论详见本章第三节）。投资能够产生回报，归根结底是所投资的企业用投资人的资本创造了更大的价值，这是资本的定义。

五、什么是资本

货币、财富、资本是不同的概念（见表 1-1）。辨析这些概念有助于更好地理解什么是资本。

表 1-1　货币、财富、资本的区分

货　币	财　富	资　本
流动性强，是价值贮藏的载体，交换的媒介、计价的单位，如金、银	流动性不强，代表存量，需要变卖才能获得增值，如红木家具	流动性强，代表增量，指未来能创造价值的货币资本、实物与权证，如股票

货币，是价值贮藏的载体，交换的媒介、计价的单位，货币可以是金银，也可以是贝壳、纸币，只要是交易者普遍认同的形式即可。货币的特点是流动性强。

财富与资本不同，财富通常是"死"的，流动性不强，代表存量。说一个人有多少财富，说的是他已经拥有的各种有价值的物品。这些有价值的物品有的能够增值，如好位置的土地；有的只能贬值，如汽车。即使能增值的物品也需要通过变卖的方式才能获得增值。红木家具代表财富，在增值，但是它本身并不能带来利息或者分红。想把增值兑现，需要把红木家具卖掉，但即使是红木家具，也未必可以很快出手，这就是流动性不强。

资本是活的，是"能够产生价值的价值"。资本代表增量。说一个人有多少资本，说的是他可以通过这些资本在未来创造更大的价值。资本的流动性更强。资本包括流动的货币资本，能够直接产生价值的实物资本，也包括一些权证，如股票、土地产权证，这些虽然不是实物，但是可以产生价值。一个企业未来的收入，由于还没有实现，所以不是财富，但是通过购买这个企业的股票，可以拥有对这个企业未来的收入的分配权与处置权，股票就是把这个企业未来的财富转化成今天的资本。

通过华谊兄弟的 2014 年年报，我们可以看到华谊兄弟每股收益是 0.73 元人民币，华谊兄弟每股净资产是 4.07 元人民币，现在华谊兄弟的股价在每股 40 多元附近波动。也就是说，现在投资 40 多元人民币可以拥有一股华谊兄弟的股票，理论上，最多可以在当年获得 0.73 元人民币的分红，对应 4.07 元人民币的存量资产，仅凭分红需要 50 多年才能够收回投资（华谊兄弟的市盈率是 50 多倍）。人们为什么愿意花 10 倍的价钱购买目前仅仅值 4.07 元的资产，为什么购买仅仅依靠分红需要 50 多年才能回收的权益？前提是市场认为在文化大发展大繁荣的背景下，内容产业蓬勃向上，华谊兄弟明天的收益会大于今天的收益，明天的资产会大于今天的资产，所以，市场给予华谊兄弟这样的价格，股价是市场决定的。这反映了市场对于华谊兄弟的股票（资本）的态度。

投资一家企业，由这家企业把投资人的钱转化为企业的资本生产运营，从而生钱，而不是投资人的钱直接生出钱来。换句话说，货币本身不能直接产生货币，货币通过转化成企业的资本通过企业的生产运营才能产生新的价值。

　　既然如此，为了保证自己的钱的投资回报率，投资人所选择的企业应该能够创造更大价值的企业，或许它暂时没有盈利，就像当年的阿里巴巴网络技术有限公司（以下简称"阿里巴巴"）与现在的京东集团，但是，从长期来看，它一定是盈利率大于投资人现在所能获得的收益率的企业。归根结底，投资人所得到的投资回报是要由这个企业赚出来的，投资人只是分配了它创造的价值。

　　至此，企业融资的逻辑已经基本清楚：

　　企业融资不仅是因为缺钱，也是为了发展；企业融资凭的是偿付能力与偿付意愿；支持企业偿付能力的是企业最终的盈利水平与盈利能力，即企业的盈利率大于融资利率，企业的盈利大于融资成本。

　　一个企业能融资（用别人的钱）的本质是：有能力让资本在自己手中产生比在别人手中更大的价值。一个企业要融资（用别人的钱）因为可以让资本优化配置。

第二节　脆弱中的信任

什么是信用？

什么是信任？

什么是脆弱？

什么是风险？

信任与脆弱是什么关系？信任与风险是什么关系？

什么是基于历史的信任？什么是基于未来的信任？

什么是合作？

什么是基于合同的信任？什么是基于关系信任？

什么是合同？什么是关系合同？

什么是正式控制机制？什么是非正式控制机制？

什么是基于能力的信任，什么是基于意愿的信任？

为什么说投资与融资的过程是一次构建信任的过程？

金融交易是跨时间、跨空间的人际价值交换，是把交易双方在不同时间的收入进行互换，所以，彼此的信任是交易是否成功的关键之关键，信用与交易安全是核心基础。

那么，什么是信任？什么是信用呢？

一、什么是信用

从经济学理解信用，狭义上指的就是借贷关系。《新帕格雷夫经济大辞典》的解释是：把对某物（如一笔钱）的财产权给予让渡，以交换在将来的某一特定时刻对另外的物品（如另外一部分钱）的所有权。货币银行学中的解释是：以还本付息为条件的暂时让渡资本的使用权的借贷行为。借一笔钱或者赊销一批货，相当于得到了对方的一个有期限的信用。这个信用是有额度的，如果到期未能兑现当初的承诺，借款人的信用额度就用光了；如果他兑现了承诺，其信用就增强了，还可以继续使用，甚至扩大使用（见表1–2）。

表 1–2　信用的解释

经济学	法律
狭义上指借贷关系；以还本付息为条件的暂时让渡资本的使用权的借贷行为	合同（契约）中规定的双方的权利和义务不是当时交割的，存在时滞，就存在信用

从法律理解信用，但凡合同（契约）中规定的双方的权利和义务不是当时交割的，存在时滞，就存在信用。如果权利和义务的实现是同时进行的，那么就不构成信用。在菜市场买一把蒜，一手把钱递过去，一手把蒜拿过来，这个过程不存在信用。但是，在2009年至2010年"蒜你狠"的炒蒜热潮中，炒蒜团在地头商定未来的蒜价，然后再收货交割，这种期货行为就属于信用。

合同（契约）的概念，可以看成是狭义的经济合同，小到两个企业之间的供货合同，今天发货，下月付款，牵涉两者的信用；大到两国之间的主权债务，我国之所以持有这么多美国国债，也是因为国家信用。

信用的契约关系也可以看成是广义的社会契约，如子女和父母之间的社会关系契约。养儿防老就可以理解为一种养老保险的金融安排。在传统的农业社会，没有养老保险，父母抚养儿子成人，父母老了，无法耕田劳作时，儿子再赡养父母尽孝。我国农村强调多子多福，就是因为养儿防老的文化与经济制度。现代社会里，在城市，人们对生子养老已经不大在意了，对生男生女也多无所谓了，因为自己可以通过储蓄、投资、保险等方式养老。

信用既是一种经济关系、法律关系，也体现为授信人和受信人的一种社会关系。

什么是授信人？什么是受信人？

授信人是授予信用的人，受信人是接受信用的人。银行在吸收存款时，是受信人，储户是授信人，储户把一定期限的信用给了银行，双方建立了信用的法律关系。银行在发放贷款时，又成为授信人，把一定期限的信用给了贷款客户，此时，贷款客户成为受信人。可见，信用关系在不同的信用合同中是存在角色变化的，不同的信用关系是错综复杂的，信用关系已经深入到社会生活几乎每一个角落，形成与信用关系不可分的社会关系网络。

社会交换理论（social exchange theory，SET）以增强理论（reinforcement theory）及经济学的基本观念，分析人复杂的社会关系网络，认为社会交换模式遵循3种假设：

（1）社会行为是一连串的交换。

（2）社会交换中每一个个体都尽力将所得的报酬最大化和所付出的成本最小化，这符合理性人的假设。

（3）当个体得到他人报酬时，会觉得有义务回报。

1993年Munch指出建立信任是社会交换程序的关键因素之一。

信用与信任是什么样的关系呢

信用作为一种经济关系与社会关系，是以信任为前提和基础的，信用包含两层含义：信任与借贷。

信用首先来自对方的信任，有时也可能是对方为了获得其他利益考虑或不得已而为之。熟人社会容易有彼此的信任，即使彼此不够信任，出于利益考虑，在整个社会关系网络下也不会轻易地背叛。笔者在前面说到城市小区里"跑路"的宠物店的老板，假如是在家乡的村镇，就不敢为这点钱跑路，因为他的父母兄弟姊妹还在村里，一旦背叛，他将失去整个人伦关系。

《乔家大院》里乔致庸的理想所谓"汇通天下"的核心不只是在全国都建有乔家的票号；而是让信任从血缘、乡邻扩大到全国。"汇通天下"的本质是信通天下。过去跨地区贩卖需要运银子，为了防止银子被抢，就需要镖局，长途贸易的交易成本高；有了山西票号，在大同府，把银子存到票号里，拿一张纸——汇票，到几千里外杭州府的票号里就可以兑成银子，提高效率，降低交易成本。现在的货币是法定货币，体现的是国家信用。拿一张纸可以去买东西，是因为相信这张纸的国家信用背书，当时相信票号，把真金白银存进去，换回一张纸，这张纸背书的是山西票号的信用。

那么，为什么当时的商人相信山西票号的信用？

二、什么是信任

在我国，《说文解字》中对信任的定义为"信，诚也，从人言"。《现代汉语词典》对信任的定义是"相信而敢于托付"。在中国古代道德标准中所谓的"五常"（仁、义、礼、智、信），"信"就是其中非常重要的一常。中国古典文化将"信"作为儒家重要的思想之一。

19 世纪末、20 世纪初，社会学家齐美尔（G. Simmel）对信任进行了专门的阐述，开始对信任进行专门系统的研究。经过 100 多年，信任的研究范围从原先单一的社会学研究，拓展至心理学、经济学、组织行为学等多学科视野，因此，对信任的定义也非常纷繁复杂。

李永峰总结以往对信任的定义，指出"有信心的期望和接受脆弱性是信任定义最关键的成分"[1]。笔者在自己的博士论文中，将信任概括为"在脆弱性中对另一方有信心的期望"，学术的定义有其更深刻的内涵，我们先来仔细分析一下什么是脆弱性。

三、什么是脆弱性

脆弱性指的是一种关系，其中一方无法完全控制另一方，但又依赖另一方（见表 1-3）。包括两个维度：无法控制和彼此依赖。

表 1-3　脆弱性、信任与信用的对比

脆弱性	指的是一种关系，其中一方无法完全控制另一方，但又依赖另一方。包括两个维度，无法控制与彼此依赖
信任	在脆弱性中对另一方有信心的期望
信用	信任 + 借贷

陌生人之间没有建立任何经济社会联系，任何一方不需要依赖另一方，也就不存在脆弱性。不存在脆弱性，就谈不上信任。所以，我们通常不会说"我信任或者不信任阿根廷的菲尔南德斯"，"我"根本不知道这个人是否存在。一个企业的老板可以完全控制自己的企业，他和自己的企业之间不存在脆弱性，所以，他也不会说信任或者不信任自己的企业，他会说"我信任某家企业"，这家企业指的是另一家自己没法完全控制的企业。中国传统文化下，我们和父母的血缘关系也基本上接近于完全控制关系，彼此间不存在脆弱性，所以，我们很少说信任或不信任父母。但是，

---

1 李永锋. 合作创新战略联盟中企业间相互信任问题的实证研究［D］. 上海：复旦大学，2006.

我们和伴侣之间的关系是经济法律关系，存在着脆弱性，有出现背叛的可能性，所以，我们会说信任或不信任伴侣。

Mayer 认为"在这种脆弱性下，对另一方仍然存在有信心的期望，认为对方不会利用这种脆弱性伤害自己"[1]就是信任。

融资的双方之间需要以信任为基础。

首先，无法完全控制对方，但又依赖对方，融资者与投资者两者之间存在脆弱性；其次，融资是不同主体跨时空对未来的价值交换，需要在脆弱性中对未来建立有信心的期望，相信对方会回报自己。否则，不可能达成融资。

信任在"具有绩效模糊、重大结果、高度互相依赖等特点的关系上建立能够发挥更加重要的作用"[2]。融资的特点恰恰绩效模糊——未来融资企业的绩效怎么样，能否有还款能力是不确定的；重大结果——无论对于融资企业融资，还是对于投资企业投资，一个投融资最后结果的影响都是重大的；高度相互依赖——投融资双方是相互依赖的，融资企业在融资前依赖投资企业给它的投资，投资企业在投资后依赖融资企业给它投资回报。因此，信任是融资的重要前置条件。

脆弱性与风险

按照纳西姆·尼古拉斯·塔勒布在《反脆弱性》一书的观点，脆弱与风险的概念是相似的。脆弱指的是人与人之间关系的相互依赖性与不稳定性，而风险指的是未来结果的不确定性。

前文说到小李按揭贷款。银行按照他的收入水平为他放贷，小李依靠未来的收入来还款。按照常理，他未来收入的增加是大概率事件，但是，

1　Mayer RC,Davis JH,Schoorman FD. An integrative modelof organizational trust［J］. Academy of Management Review, 1995, 20（3）.

2　Singh J, Sirdeshmukh D. Agency and trust mechanisms in consumer satisfaction and loyalty judgments［J］. Journal of the Academy of Marketing Science, 2000（28）.

未来是不确定的，小概率事件也可能会发生。贷款的第二个月，经济危机爆发，小李和女朋友都被单位裁员失业了，没法每月还给银行本息。这是银行承担的风险，当风险发生时，银行必须控制风险。银行采取处置小李抵押的房产的方法，通过第二还款来源保证还本付息，所以，第二还款来源是在第一还款来源无法保证时，启动的第二方案，是应对风险。

四、什么是风险

风险就是不确定性

小李未来能不能还款是不确定的。他可能会失去工作或者丧失劳动能力，可能会有道德问题，跑路或者入狱。银行愿意给某公司贷款、施工方愿意垫资，人们愿意在某公司没有建成房子之前就预付款买楼花，供货商愿意先发货，在几个月账期以后再拿到货款，都是基于一个假设：某公司的未来收入保证。但是，假设又一次严重的SARS来临。很长的时间，人们都不敢去影院观影，都不去商场购物。某公司院线、某公司商业没有收入，某公司写字楼与公寓的房子卖不出去，也没有收入。没有收入，又需要归还银行贷款，归还施工方的建安费，归还供货商的货款。如果所有的债主都开始挤兑，某一个时刻收入无法保证还本付息，就会出现资金链的断裂。这时，有些债主，如某家供货商就拿不到钱，而他自己可能也欠着自己的原材料供应商和物流公司的钱，于是产生连锁反应，这就是金融体系的风险。2008年金融危机也只是来源于一些当初看似很小的金融违约事件，千里之堤毁于蚁穴。

根据美国的纳西姆·尼古拉斯·塔勒布的观点，黑天鹅事件指的是"意外的、有极端影响的、不可提前预测的"，而"黑天鹅事件几乎可以解释这个世界发生的所有事情"。

我们对未来唯一确定的是：它是不确定的

由于未来是不确定的，充满着随机事件。所以，通过把任何金融交易合同的细节条款转化为不同的未来的随机事件，分析清楚在每一种事件出现时交易双方的得失，由此得到交易双方得失与未来时间的关系，计算概率论中的随机变量。金融学就是研究如何实现这些随机变量的交易，如何为这些随机变量的风险定价的问题。

所以，信任也可以理解为一种风险决策过程。"信任可以减小风险"[1]。从融资的角度上看，融资者与投资者由于未来发展的不确定性（风险）、双方信息的不对称性及合作契约的不完备性，投资者只有在信任融资者不会利用这种脆弱性伤害自身利益，对合作"有信心的期望"时，才会做出投资决策。

理性选择模型与关系选择模型

理性选择模型认为，人们在进行风险决策时，都会根据自己内在的、稳定的价值观体系，对各种选择进行利益计算，并最终做出使自己利益最大化、损失最小化的决策。但是，在现实中，人们的决策通常很难用理性选择模型全部解释，尤其是在复杂、动态的决策环境中，人们的行动很少是基于精确理性计算的结果。

信任是基于理性的，此外，有些社会学对信任的研究中，认为信任含有非理性行为。Hosmer 对信任的定义为：信任是个体面临一个预期损失大于预期收益的事件时，所做出的非理性的选择。换句话说，甲方知道采取某种行为，可以让自己得到更大的好处，而使乙方受损，但是，因为甲方与乙方之间的信任，甲方没有采取这种行为。

按照社会关系模型，信任还表现为互惠，"一旦甲方让乙方受惠，甲方就相信乙方在未来的某一个时刻会给自己以回报，这时双方就建立了信

1　Deutsch M. Trust and Suspicion［J］. Journal of Conflict Resolution, 1958, 2.

任。因此，要想成为对方信任的对象，需要给对方带来好处。要想使这种信任关系维持并加强，就要使双方得到预期回报的次数增大。互惠的次数越多，关系纽带就会越紧密，信任感就会越强"[1]。

因此，信任既体现理性选择模型的特点，也体现关系模型的特点。信任既是理性决策过程，也受到情感、关系的影响。

五、信任的分类

对信任可以有不同的分类方式。

基于时间轴可以把信任划分为两类，基于历史的信任与基于未来的信任（见表1-4）。

表1-4　基于历史和未来的信任

基于历史的信任	基于未来的信任
来自于对方过去的历史总结与评估而形成的信任	来自于双方的共同目标与对未来合作利益的展望

什么是基于历史的信任？什么是基于未来的信任？

基于历史的信任是来自于对方过去的历史总结与评估而形成的信任。

我们信任童年的伙伴，因为一起长大，我们充分了解他的过去。所谓"一起扛过枪，一起同过窗"，说的就是基于历史的信任。我们信任一个产品的品牌，往往是因为我们使用过后对它的认可。银行在为小李办理住房按揭时，做小李的信用核查，也是对小李过去历史进行总结。如果小李有过欠债不还的记录，贷款就很难批复，或者小李贷款的利息水平会上升。为什么对小李的贷款利率水平会上升呢？由于小李曾有欠债不还的历史记录，银行对小李信誉的评估认为，向小李贷款，银行承

1　许科. 风险视角的信任研究［D］. 上海：华东师范大学，2008.

担了更大的风险，要求收益与风险相匹配，于是提高贷款利率。

信誉被概括为历史交易的记录。你兑现每一次交易的承诺，就是在积累你的信誉。这种交易是广义的，不仅仅指钱与物、钱与钱的交易，你向对方承诺完成的工作、提供的服务都可以算作你们双方之间的交易。任何一次承诺的不兑现，都会影响你的信誉。

一个人的信誉将成为其重要的资产，当然资产可能是正资产，也可能是负资产。尤其在"互联网+"的背景下，"人肉搜索"很容易呈现出一个人过往的交易记录。众筹中调研众筹发起人的历史记录，就是在评估其是否值得信任。

基于未来的信任是指来自于双方的共同目标与对未来合作利益的展望。

双方没有合作过，不存在历史的信任，但双方合作的未来有巨大利益，双方相信彼此为了未来的利益不会做出背叛和相互伤害的行为，就产生了基于未来的信任。

讨论基于未来的信任，首先需要认知什么是合作。

1992 年 Mattesich 和 Monsey 对合作的定义是：合作是一种资源和收益共享的互惠互利关系，一种共同承担责任、共同完成目标的关系。笔者把合作的特性概括为：资源互补、目标共同、风险共担、利益共享。

双方有共同目标，就容易同心同德，产生信任。如果双方合作的利益远大，会倾向于选择暂时牺牲自己的短期利益，不会为小利益而伤害对方。电影《十一罗汉》中，来自五湖四海的 11 个盗贼为了一个共同的目标走在一起。他们彼此建立的信任，不是因为基于历史的信任（他们每个人都有犯罪前科），而是基于未来的信任。在拉斯维加斯大干一票，对未来合作利益的展望，让他们团结。一般对未来合作的利益的期望值越高，信任度也越高。

基于合同的信任和基于关系的信任

按照信任的保障机制，信任也可以分为基于合同的信任与基于关系的信任。

先来认识一下合同的作用（见表1-5）。

表1-5　合同的作用

	1	2	3	4
合同的作用	增加安全感	信息交换	具有象征意义	证明作用

什么是合同？合同（contract），又称为契约、协议，是平等的当事人之间设立、变更、终止民事权利义务关系的约定。签署合同（契约）一般有如下作用：

（1）是增强交易双方安全感的手段，降低交易中的不确定性。

（2）是双方沟通的工具，通过合同彼此交换信息，确认各自的责权利义务，并找出符合双方期待的共同利益。

（3）合同有时是一种习惯，具有仪式的象征意义，用来确认或宣扬双方已经达成共识。所以，很多重大合同的达成会举行签约仪式，为双方留存纪念。尤其很多政府的合同签署，仪式的目的大于实质的条款。

（4）不针对事前，而是针对事后，发生冲突时作为证明，避免事后时间、人力等综合成本的浪费，并作为法律诉讼的依据。

所谓基于合同的信任，就是通过正式控制机制保障的信任。合同（契约）被认为是正式控制机制的重要组成部分，所以，我们通俗地称为"基于合同的信任"。

那么，什么是正式控制呢？正式控制机制，不仅包括合同，按照正式控制机制的定义，通过可预见的、有规律的、被整理成的规则、程序、规章都属于正式控制机制。

正式控制机制的特点包括三个方面：制度化、组织化、条文化。

笔者所服务的创业投资基金有意投资一家基于移动互联网的慢性病管理企业。在投资决策委员会上，我们讨论是否要投资它。几个投资决策委员对这家企业有一些顾虑，律师与会计师的尽职调查显示，这家企业在财务管理上比较随意，主要股东与企业之间，企业与关联企业之间的账务处理不严谨。但是，大家还是看重移动医疗慢病管理这一领域，看重这一团队的能力，怎么保证投资呢？通过投资合同约定，很难把企业成长过程中，所可能遇到的各种问题提前预判，并以准确翔实清晰的法律语言在协议文本上描述完备，合同有其不完整性。所以，我们要求派员参与该企业的董事会、监事会，实际上也是为了建立正式控制机制。

为什么正式控制机制的保障可以产生信任呢？

你对交易对方的历史不熟悉，缺乏基于历史的信任，你与交易对方也没有远大的合作前景，缺乏基于未来的信任，这时，你们之间的信任不足。不签署合同，你不敢和他做交易；签署了合同，就敢和他做交易了，那么，这个签署合同的过程，就建立了基于合同的信任。这里所说到的合同，未必一定是多么严密的法律文本。例如，借款人打张欠条，留个凭证，这张欠条，也属于我们所说的合同，也是增加信任的手段。

同样，我们愿意把钱存进银行，信任银行，很大程度上，是因为银行过去是以国家信用为背书的。现在推出了存款保险制度，又是在用保险的正式保障机制来为银行存款增加信用。

正式控制机制包括两类：基于结果的控制和基于行为的控制。

结果控制是指双方明确约定合作要达成何种结果。事前就设定好合作双方的任务以及应该达成的目标，明确双方对未来的期待，建立报酬和目标的关系，即达成共同目标时，双方能够得到哪些物质与精神的报酬，将报酬作为诱因，促使双方建立信任，共同努力，最终使结果符合双方预期。通过合同规定双方的责任与权利及在完成责任与义务时得到怎样的利益，如果没有兑现承诺得到怎样的惩罚，就是建立基于结果的控制。

行为控制是指包含事前定义交易伙伴应该有何种行为，在事中、事后监督交易伙伴的实际行为是否服从事先约定的控制方法。笔者所服务的创业投资基金派员出任被投资企业的董事或监事，就属于在事中监督交易伙伴的行为是否符合事前的约定。

非正式控制就是没有组织化、条文化、制度化的控制，是利用价值观、文化、风俗、情感、习惯、社会网络关系、社会道德规范进行控制。其特点是不确定的、软约束的、非组织的。

通过非正式控制机制保障的信任就是基于关系的信任

合同（契约）被认为是正式控制机制的组成部分。关系合同（关系契约）被认为是非正式控制机制的组成部分（见表1-6）。

表 1-6　正式与非正式的控制

	内　涵	特　点
正式的控制	正式控制机制，不仅包括合同，按照正式控制机制的定义，通过可预见的、有规律的、被整理成的规则、程序、规章与合同的控制机制都属于正式控制机制	（1）制度化 （2）组织化 （3）条文化
非正式的控制	非正式控制就是没有组织化，没有条文明确化，没有制度化的控制，利用价值观、文化、风俗、情感、习惯、社会网络关系、社会道德规范进行的控制	（1）不确定的 （2）软约束的 （3）非组织的

中国传统宗族社会中，人与人之间的信任往往不是通过合同或者其他正式控制机制来保障，彼此是亲人、乡邻、朋友，形成人伦信任、情感信任。在这样一个熟人社会中，一个人如果一旦对某个熟人做出不诚信的事情，没有兑现承诺，没有尽责任、尽义务，就会被一传十，十传百，其行为被整个社会关系网络所知道，就失去整个社会关系网络对他的信任。

由于交易的双方面临着未来发展的不确定性、交易双方信息的不对称性、合作契约的事前不完备性，保障交易双方的权利很难完全依赖基于合同的信任，常常需要依赖基于关系的信任。这主要有3种作用机制。

第一，情感的作用机制。"人虽然有自私的动机，但有时也会超越理性假设中人们只追求有形回报的局限，牵涉到情感的成分"[1]。很多社会学对

1　许科. 风险视角的信任研究［D］. 上海：华东师范大学，2008.

信任的研究中，就将信任视为是一种非理性行为，情感行为。

第二，理性计算的选择机制。交易双方在合作中建立了一种长期关系，出于理性的选择，任何一方通过计算认为破坏这种关系中的信任，损失大于收益或者长期损失大于短期收益。

第三，社会关系的制约机制。人是社会关系的总和，交易双方都在社会网络关系，且社会网络关系彼此交织，即使甲方觉得背叛对乙方的承诺，可以使自己获得更大的收益，但是甲方也担心对乙方的背叛有可能使自己在整个社会网络关系中的信誉受损，因此，在社会网络关系的软约束下，形成信任。

第四，共享价值观的内在约束机制。有时，关系的信任是基于双方共同的文化背景、共同的价值观，这种信任被视作一种强信任、一种自发的信任，即信任不是来自正式控制机制的制度、法律、条文、组织的外在保障，而是来自双方内心共同的价值观念，是自发自愿的，强度也更大。

关系信任的观点对于本书讨论文化众筹非常重要。信任来自双方的情感、社会关系、文化和价值观，人们会倾向于信任一个和自己有情感，有共同的社会关系网络，文化背景接近，价值观接近的人。这是文化众筹创造信任的优势。

什么是基于能力的信任？什么是基于意愿的信任

信任可以根据一方对另一方的能力与意愿的判断分类，1992 年 Sako 将信任分为基于能力的信任与基于意愿的信任。

基于能力的信任指相信对方有能力做到他所说的；基于意愿的信任相信对方会有意愿兑现承诺，采取互利行动，不会投机。

前文说到：相信你有能力挣到钱还给我，是基于能力的信任；相信你挣到钱后有意愿还给我，而不是找借口拖延或赖账，是基于意愿的信任。实际上，任何一次投资行为，都是在从能力与意愿两个方面评估投资对象。

在信贷评估中，评估偿付能力就是评估对能力的信任，评估偿付意愿就是评估对意愿的信任。

同样，在股权投资评估中，也有类似的信任评估过程。1974 年 Wells 在研究风险投资时，发现风险投资家对有融资需求的创业企业的评估主要考虑 4 个因素：

（1）创业企业家的历史背景和经验，从信任的角度，这是建立基于历史的信任。

（2）创业企业家的团队和能力，从信任的角度，这是建立基于能力的信任。

（3）创业企业家的人格、责任与忠诚，从信任角度，这是建立基于意愿的信任。

（4）创业企业的成长空间与发展前景，从信任角度，这是建立基于未来的信任。

一旦形成合作意愿，风险投资家会与创业企业家谈判，谈判除了交易价格以外，很重要的方面是确定投资合同、决定董事会与监事会的人选等，从信任的角度，这是建立基于合同的信任；在签署合同时，风险投资家也会从社会关系嵌入性出发，认为风险投资家与创业企业家之间，在未来充满不确定的长期合作中，无法保证事前对合同契约的所有细节思考设计完备，把合同契约条款制定完备。因此，不如订立一个灵活的、可以适应变化调整的合同契约。不仅仅依靠合同契约治理双方的合作关系，而是更多地依赖双方重视未来合作的巨大价值，不会为蝇头小利伤害双方的合作价值；重视自身声誉，不会在合作中投机而伤害自己的声誉；重视双方的社会关系网络，不会因伤害对方，而失去整个社会关系网络对自己的关系，从而在合作中形成一种柔性的治理。

因此，搜寻、选择、谈判、达成投资与融资合作的过程，可以理解为建立信任的过程。

第三节　金融的有用与无用

金融能创造社会财富吗？

为什么说金融能够分配社会财富？

什么是实物资产？什么是金融资产？

什么是泡沫？

什么是金融资本？

什么是实体经济，什么是虚拟经济？

在写作这本书的时候，笔者去书店买了一些关于互联网金融与众筹的书，首先，惊讶于从李克强总理提出"互联网＋"的短短几个月里，已经有了这么多关于互联网金融的书；其次，发现一些人在讨论众筹与互联网金融时，把它们提到了时代革命的高度。笔者相信互联网金融的未来对这个世界将产生巨大的作用与深远的影响，但笔者也深知金融本身并不创造社会财富，对于互联网金融及互联网金融一个小分支——众筹的作用的过分夸大或许不利于它们的健康与持续成长。所以，下面来讨论金融的作用，并重点了解金融的无用。

金融的简单定义是资金跨主体、跨时间、跨空间的配置。金融的作用是什么呢？为什么说金融本身并不创造社会财富？

一、10 亿美元从天而降的美国国债与《鲁滨孙漂流记》

本章第二节提及电影《十一罗汉》，11 个盗贼为了一个共同的目标走到一起，偷了一笔大钱，这里假设是 10 亿美元大额无记名式美国国债。无记名式的美国国债是票面上不记载债权人姓名或者单位名称的债券，不挂失，随时可以流通。假设，盗贼们盗窃成功，带着存放着这 100 张纸的一个皮箱驾机逃走，飞机失事了，这只皮箱掉到了茫茫大洋中 1 个与世隔绝的海岛上。被星期五捡到交给了他的主人鲁滨孙，即《鲁滨孙漂流记》中的那对主仆。拥有一定金融知识与懂得英文的鲁滨孙，当然认得美元，此时的鲁滨孙兴奋吗？这笔飞来横财，对鲁滨孙的荒岛农夫生涯意味着什么？

这个故事固然荒诞，但反映的恰恰是金融的无用性。对于鲁滨孙而言，100 张总价值 10 亿美元的美国国债并不比印刷它们的那些纸更值钱，更有用。

在纽约，可以凭着这些纸，在任何一个地方消费。因为这些纸意味着一种权利，可以交换与其票面价值等价的物品权利，这种权利是以美国政府的信用作为担保的。

金融本质是一种权力，凭着这种权利可以获得与之相应的商品与服务，可以获得社会财富的分配。

但是，我们知道，社会财富的多少，取决于社会经济的生产能力，即社会成员提供产品与服务的能力。根据经济学原理，人的生活水平，取决于他所在的国家与地区生产物品与劳务的水平（当然还要考虑人均因素），即一个国家生产的物品与服务越多，这个国家的整体生活水平越高，社会财富越大。

金融虽然可以获得社会财富的分配，本身并不能创造社会财富。从天而降的 10 亿元美金本身不能帮助鲁滨孙谋生。鲁滨孙的刀、鱼叉、木棒、植物种子、火柴，可以帮助鲁滨孙吃上饭。这些鲁滨孙的生产工具与劳动对象，构成这个荒岛的生产能力。

二、实物资产与金融资产

一个社会中的生产能力是社会经济中，实物资产的函数。实物资产（real assets）指经济生活中，创造的用于生产物品和提供服务的资产。实物资产包括：土地、建筑物、知识、用于生产产品的机械设备以及拥有运用这些资源所必需的技术工人。

通常理解实物资产，很容易想到的是实物，确实大部分实物资产都是看得见、摸得着的实物。但是，知识虽然看不见、摸不着，但也属于实物资产。因为衡量实物资产的根本标准是能否直接生产出社会财富。不管是原始社会、农业社会、工业社会、信息社会，知识都是创造社会财富最重要的力量之一。衡量是否是实物资产，不以看得见的实物为标准，而是以能否直接创造社会物质与精神产品为标准。

与实物资产相对应的概念是金融资产，如股票或债券。股票，即使是苹果公司的股票本身也不可能创造出苹果手机。股票的价值某种程度上与它所代表股权份额的企业的价值是不一致的。在 2015 年春天的中国 A 股市场，一个股票可能仅仅因为其所代表的企业换了名字，就价格不断攀升，企业并没有改变，企业的生产能力以及决定其生产能力的实物资产也没有改变，而作为其股权凭证的股票价格或许已经翻番。这就是虚拟资产的泡沫，用啤酒杯里满溢的泡沫来形容虚拟资产的泡沫现象确实很形象。一个高高的啤酒杯，倒啤酒的速度越快，泡沫越多，等到泡沫慢慢消失，才能看到实际的啤酒到底有多少。

金融资产不能创造社会财富，但可以分配社会财富。苹果公司的股票不能生产苹果手机，但如果你拥有它，你可以在全球苹果手机销售所产生的利润中，获得属于你的那部分股票所对应的收益。如果你拥有阿里巴巴的万分之一的股票，那么从法律上意味着阿里巴巴所赚取的税后净利润，你有权利获得其中的万分之一。如果鲁滨孙持有10亿美元的无记名式的美国国债，意味着他只要能够回到西方文明世界的一座城市，都可以凭手中的100张纸，获得同样价值的社会财富。那时，《鲁滨孙漂流记》就变成了另一个《基督山伯爵》的逆袭故事。因此，金融资产可以被定义为索取实物资产的权利。金融资产也可以被当作商品在金融市场上买卖，你今天购买1000股工商银行的股票，意味着你在今天拥有对应工商银行1000股的所有权、收益分红权、处置权、表决权。明天，你把这些股票出卖，同时转让的是你的权利。

概括而言，实物资产创造社会财富，金融资产决定社会财富的分配。

金融资产对社会生产的非直接作用

虽然金融资产对社会经济的生产能力没有直接贡献，但是，有其间接作用。

第一，金融可以实现价值跨时间交换。

储蓄是把今天的价值存起来，暂时不用，在未来的某个必要的时间再把价值拿出来使用。同样，金融也可以让人们把明天的价值拿到今天使用，就是前文提到的折现。前面举例的小李办住房按揭，就是小李通过银行（金融中介）把自己未来的收入提前拿到今天来使用（购买房屋），再把自己未来的收入还给银行（每月的还本付息）（见表1-7）。

将未来收入提前变现的证券化技术最早出现在1262年的威尼斯。威尼斯城邦政府以未来的税收作为抵押物向大众发行城市公债，大众持有公债可以每年得到利息，如果大众需要现金也可以把公债拿到债券市场交易转让，这实际是一种资产证券化。这种资产证券化的手段让早期地中海的城邦把未来的收入折现，集聚了发展的资本。考虑到文艺复兴与意大利银

表 1-7　金融对社会产生的作用

实现价值 跨时间交换	实现价值的 跨空间、跨主体交换	资源集聚 与风险分担	价值发现 与资源配置
储蓄就是把今天的价值存起来，暂时不用，在未来的某个必要的时间再把价值拿出来使用。同样，金融也可以让人们把明天的价值拿到今天使用	凭着银行的信用证，所有的商人都可以向自己的买家发货，不必担心货到款不到，也不需要长途运输银币，银行在各地的分支机构只需要把商人的账户进行余额调整即可	向众多人募集资金，分散单个人投资的风险，通过股票实现了所有权与经营权的分离	融资是因为可以把资本运作得更高效，让资本产生更高的回报。资本也倾向于流入更有效的企业

行家族——美第奇家族资助的关系，也可以认为，地中海城邦及其银行家所设计的早期金融工具与所培育的早期金融市场，在某种程度上，推动了文艺复兴在意大利的出现。显而易见，金融跨时间交换价值的能力，对社会经济生产能力有促进作用。

第二，金融可以实现价值的跨空间、跨主体交换。

中国宋朝发明了被称为"交子"的纸币，宋朝也是中国古代史商品经济与文明最发达的朝代之一。山西的钱庄要到几百年以后才发展起来。欧洲地中海沿岸的佛罗伦萨、威尼斯等银行家更早地发明了与山西钱庄银票作用类似的商业票据与银行票据。威尼斯商人向佛罗伦萨的商人买油画，佛罗伦萨的商人向米兰的商人买衣服，米兰的商人向法国波尔多谷的商人买红酒，有了商业或银行票据，这一系列生意变得非常简单，凭着银行的信用证，所有的商人都可以向自己的买家发货，不必担心货到款不到，也不需要长途运输银币，银行在各地的分支机构只需要把这几个商人的账户进行余额调整即可。金融跨空间、跨主体的价值交换极大地促进了贸易与专业化分工。

第三，金融更重要的是一种资源集聚与风险分担的作用。

来看看股票的作用。葡萄牙人、西班牙人比英国人更早地开始航海探险。葡萄牙王子亨利从 1418 年就开始带领船队出海远航，很早就建立了对印度、中国的海上贸易渠道。西班牙王室从 1484 年开始资助哥伦布向西寻找到印度与中国的航行路线。随着哥伦布发现新大陆，西班牙在 16 世纪中期开始成为世界头号强国。但是，注意葡萄牙、西班牙的国际贸易都是王室推动并出资的，缺少可持续性，缺少市场性，缺少金融工具。

英国的海洋贸易则是民间融资。航海投资大、周期长、风险巨大，航行去一趟印度或者中国，动辄一两年的时间，可能会赚得杯满钵满，也可能会在风浪中失败，需要向众多人募集资金，分散单个人投资的风险，通过股票实现了所有权与经营权的分离。投资者获得股票，拥有船只与船上货物的所有权以及海上贸易的分红权；船长出力，甚至出命，承担经营权。这种所有权与经营权的分离，出现了有限合伙企业与股份有限公司。东印度公司、开发今天美国弗吉尼亚州的弗吉尼亚公司、马萨诸塞州的马萨诸塞公司，都是早期的股份有限公司。

第一，股票高效地集中了社会大量闲置和零散资金投资企业，满足企业的资金需求，推动企业的发展，正如卡尔·马克思所说："假如必须等待积累去使某些单个资本增长到能够修建铁路的程度，那么恐怕直到今天世界上还没有铁路。但是，集中通过股份公司，转瞬之间就把这件事完成了。"

第二，股票实现了所有权与经营权的分离，投资者出钱不出力，不用亲自参与远程的海上贸易，也可以分配利益；船长出力不出钱，可以向投资者融资买船购货，更多地发挥自身的专业性。使得专业的人力资本与金融资本实现合作。同时，有限责任的设计，使得出资者以个人出资额为限承担有限责任，避免了一旦船毁人亡所带来的各种后续索赔，就按照在有限责任公司中出资的多少进行赔偿，不至于因为一次经济投资的失败，造成自己家庭、个人财产生活无休无止的麻烦。这样，投资的风险降低了，投资的意愿增强了，人们更愿意把钱拿出来投到实体经济中，促进了实体经济的增长。同时，船长作为一个专业人士，不需要自己出资买船购货，发挥自己的技能——驾驶航行或者销售，赚到钱就可以获得基于人力资本价值所带来的分红，也有助于激发远洋贸易的积极性，发挥了资本方与技术方各自的优势。

第三，金融分散了经济活动的风险。早期的保险业也是来自海上贸易，一个投资者可以分散投资多艘船的股票，一次海难、一次经营的波动，只能影响投资者的局部。

第四，金融最重要的功能是价值发现与资源配置。

前文说过，人们愿意购买美国国债，是因为我们相信美国的经济，支持这个信任的是美国的生产能力、金融市场的发达程度、制度与法律完善程度、政府的运作能力与诚信程度等。因此，一个运作效率越高的国家越有可能融资，资本越发达；一个运作效率越低的国家越难以融资，资本越不发达；或者一个运作效率越高的国家的融资成本越低，一个运作效率越低的国家的融资成本越高。不难理解，人们宁可购买每年给我们6%利息的美国国债，也不太敢购买每年12%利息的索马里国债，因为，前者虽然收益低，但风险也小，后者虽然收益，但风险更高。由此可见，资本倾向于流入更有效的国家。

同样，前文已经分析，企业融资不一定是因为缺钱，企业要融资且能融资是因为可以把资本运作得更高效，让资本产生更高的回报。资本也倾向于流入更有效的企业。

资本是土地、人力、信息、技术等生产要素中最活跃的推动力量，资本的流入与流出带来其他生产要素的流动与优化配置。

复杂性、脆弱性、流动性、投机性、周期性的虚拟经济

实体经济是人类社会生存与发展的基础。人类要生存，首先要解决吃、穿、住、行等所需物质产品，这些物质产品都由实体经济生产出来。人们需要提高精神生活水平，需要电影、演出、挂在墙上的艺术品，文化产业主要是为人类精神生活提供产品，精神生活产品也是由实体经济生产出来的。

虚拟经济是与实体经济相对应的，基于信用的，以资本为手段的，以实现资本增值为目标的经济形态。前文已经说到虚拟经济的作用是集中社会闲置和零散资金投资实体经济，满足实体经济的资金需求；同时，通过资本市场看不见的手以资本价格为引导，让社会资源向生产效率更高、经济效益更好的行业、领域、地区、企业流动，促进科技成果转化和产业结构升级，并分散市场风险，从而提升社会资源的整体配置效率。

虚拟经济比实体经济要复杂得多。

第一，交易主体复杂。除了大量的个人和机构投资者，还有大量的金融机构和中介机构参与交易。

第二，交易载体复杂。随着金融创新和金融深化，市场上出现了五花八门的金融产品，股票、股票基金、偏股基金、股权基金，债券、债券基金、偏债基金，期货、股指期货、金融期权等金融工具。

第三，交易决策复杂。

例如，投资股票，要分析企业的财务、法律、市场状况、技术水平、股权结构、管理能力、法人治理、宏观政策、行业政策、竞争状况等。

这些已经很复杂，但更复杂的是，还要了解别人对这个企业的判断。

同实体经济相比，虚拟经济还具有更强的不稳定性。

2008 年，席卷全球的金融危机就是不稳定性的明证，一组违约带来更大的违约，千里之堤毁于蚁穴。

第一，因为实体经济的价格系统是由生产成本和技术来支撑的，生产与技术相对客观。虚拟经济的价格系统是由心理来支撑，心理是主观的，高度变化，有羊群效应。

第二，国际经济环境、经济政策、企业的业绩、技术革命、自然灾害、政治动荡、甚至绿色公益组织的一次行动都会对虚拟经济产生影响。正如加勒比海的一只小蝴蝶扇动翅膀可以为华尔街带来一场降雨，影响虚拟资本的因素实在太多。

第三，投资者面对复杂的金融市场，受制于投资水平，受影响于主观偏好，本身也容易做出错误决策。加上随着金融衍生品发展，投资者只需要支付少量的保证金，就能参与几十倍，甚至上百倍的杠杆交易，杠杆可以放大收益，也可以放大亏损。

第四，实体经济的交易，虽然也有价值偏离，但大致遵循客观的价值规律。虚拟经济的交易主要取决于投资者对未来的预期，而未来是不确定的。

有个形象的比喻，资本市场的投资者，如股民，是驾驶着一辆前挡风玻璃被涂黑的汽车向前、向未来行驶。驾驶员不确定前方道路的走向，只能透过观后镜，根据已经行驶过去的道路来推测未来。虽然历史有其相似性，有其规律性。中国 2014 年至 2015 年 4 月的牛市前半场在 A 浪与 B 浪上与 2007 年牛市的 A 浪与 B 浪有相似性，但是相似不等于相同。《盲探》中，刘德华扮演的盲人探员在驾车，速度很慢，不断磕碰着左侧或右侧护栏，通过磕碰，不断地调整方向。这很像真实的资本市场，每一个投资者都在不断犯错误，并在试错中寻找方向。但是，资本市场的投资者不是一个人，是一群人在共同驾驶，越是大量投资者，越容易产生集体非理性，个人的智慧容易被群体所左右，产生羊群效应。即使是资本市场最发达的美国，在几百年的虚拟经济发展历程中，也经历了一次又一次狂热，一次又一次的泡沫破灭。

但是，正如纳西姆·尼古拉斯·塔勒布在《反脆弱》一书中所阐述的核心观点，反脆弱性是在挫折中成长，越挫折越坚强。实际上，纵观美国华尔街的历史，其实就是一部在不确定中收益，在挫折中成长，一次次利用泡沫发展，一次次在泡沫破灭后修正方向，重新站起来的历史。就像《未来战士 1》中那位来自未来的战士，可怕的不是他刀枪不入，而是受伤后，伤口迅速愈合。这才是好的反脆弱的虚拟经济。

同实体经济相比较，虚拟经济还具有高度流动性。

虚拟经济是虚拟资本的交易，只有价值符号的转移。从这个角度看，金融与互联网有其先天相似的基因，都可以转化成比特，转化在虚拟世界中。转化容易，瞬间完成。随着信息技术的发展，股票、有价证券等电子化，其交易过程可以接近于实时。很难想象中国 A 股市场每天万亿计的交易只有短短的 4 小时的交易时间，通过与上海交易所、深圳交易所相连的全国数以亿计的计算机、手机、平板电脑就可以完成。

同实体经济相比较，虚拟经济先天具有高投机性。

需要注意，根据投资学的定义，投机本身并不存在贬义或褒义。投机是为了获取相应的报酬而承担一定的风险。

投机是一个成熟的资本市场所需要的，如股票的做空机制。如果说，股票投资是通过所投资的企业的成长与发展而分享股票价值的增长，那么投机做空是对整体股票市场或者某些个股的未来走向（包括短期和中长期）看跌所采取的借机获利的操作。预测某股票或者整个股市未来要跌，从别人那里借来股票卖掉，待股票下跌后再买回来还给别人，在中间赚取价差。

做空作为一种投机，有利于提高市场的流通性。在不允许做空的市场条件下，当投资者预期股价将下跌时，他唯一的理性操作选择就是抛出相应股票，空仓等待。做空机制的存在，一方面，投资者可以运用做空机制对资金进行保值，化解投资风险，增加资金的安全性；另一方面，投资者也可以主动出击，获取股价下跌带来的收益。在不存在做空机制的市场上，投资者要想获利，就必须不断地低买高卖推升股指，致使股票市场的风险不断积聚。整个市场经过非理性的上涨后必然会形成暴跌，造成大多数投资者套牢。因此，做空有利于维持股票市场的平稳运行，达到自身的平衡。同时，做空有利于提高股市的融资效率，引导市场理性投资。

例如，美国的浑水研究公司（Muddy Waters Research Inc.），它先后公布真实的研究报告揭露了在北美上市的中国公司——东方纸业（ONP）、绿诺科技（RINO）、多元环球水务（DGW）和中国高速传媒（CCME）的问题，这些公司因此股价大跌，有的甚至被交易所摘牌。而在公布报告之前，浑水研究公司对企业进行卖空的操作，从而大大获利。这种"浑水摸鱼"的投机行为从客观上狙击了造假公司，有助于企业规范治理，完善信息披露。

虚拟经济还具有周期性。

从泡沫形成到泡沫破灭，再到修复，形成新的泡沫。这种周期性也不是简单的循环往复，而是螺旋式上升发展。

实体经济与虚拟经济的辩证关系

实体经济是虚拟经济产生的基础，虚拟经济是实体经济发展的产物。实体经济产生信用，产生借贷资本，借贷资本是虚拟资本的存在基础。没有实体经济，没有实体经济的信用化，就没有虚拟经济。如果没有股份制企业，就不会发行股票。实体经济状况好，可为虚拟经济的健康运行提供基础，反之相同。

虚拟经济又不完全同步于实体经济，在实体经济的基础上相对独立运动，尤其是衍生品的运动，更是可以完全脱离实体经济的自行膨胀。

在经济全球化背景下，虚拟经济对实体经济的影响是双方面的：一方面促进了实体经济的繁荣；另一方面，虚拟经济对实体经济发展也存在消极作用，增加了实体经济运行的风险。而在虚拟经济过度膨胀时，会使得大量资金进入衍生品的炒作，反而减少了进入实体经济的资金，降低了社会资金的有效利用率。最严重的是虚拟经济的过度扩张会造成经济的虚假繁荣与金融危机。金融运行本身就具有脆弱性，从根本上讲，金融运行是建立在信用链条上的，由于各种原因，一旦某一环节发生断裂，就会引发连锁反应，产生危机。根据《一个股市投机者的回忆》一书的观点："当你看到现实生活中上演的资本市场的起起落落时，最让你震惊的是，无论是市场投机还是市场投机者本身，千百年都几乎没有丝毫改变，这个资本的游戏亘古不变，同样亘古不变的还有人性。"

在即将开始讨论的众筹里，关于众筹背后的融资逻辑、信任规律、虚拟资本与实物资本之间的关系、人性都是一样的。笔者相信众筹经历过萌动，高速发展，也会经历泡沫形成与破灭的过程。

但是，不要畏惧泡沫与泡沫的破灭，华尔街就是反脆弱的典型，每一次危机带来的是新的成长。相比之下，英国的股市早在 1555 年就已经开始交易，当时美国还未建国，17 世纪末英国股市进入泡沫期，到 1720 年的南海股票泡沫达到顶峰，英国政府做出一项严格限制股份有限公司的法案，所有公司上市必须得到议会通过。闲不住的手代替了看不见的手，这个法案让英国股市沉闷了 130 年。把股权中心的位置让给了华尔街。

三、小结

众筹是一种融资，融资是用别人的钱。

企业融资未必因为缺钱，企业能融资是因为有偿付能力与偿付意愿，偿付能力是它可以更好地运用别人的钱产生更大的回报，偿付意愿是它愿意回报别人。投资者愿意将钱给融资者是基于信任。

信任是在脆弱中有信心的预期。包括基于历史的信任与基于未来的信任；基于合同、制度等正式控制的合同信任，基于社会网络、价值观、信仰、关系等非正式控制的关系信任；基于能力的信任与基于意愿的信任。

实物资产创造社会财富，金融决定社会财富的分配。金融资产不能直接创造社会财富，但可以对经济社会发展有促进作用。

第二章

众筹，
从"互联网+金融"说起

互联网金融与"互联网＋金融"有什么不同？

是"互联网＋金融"？还是"金融＋互联网"？

互联网金融的本质是金融？还是互联网？

互联网＋金融的现有模式有哪些？

互联网的基因与精神是什么？

金融中介的作用是什么？

互联网能否替代金融中介的专业价值？

互联网对金融市场带来怎样的改变？

互联网＋金融的对我国的时代意义是什么？

第一节 "互联网＋金融"，
本质是金融，还是互联网

互联网＋金融是一个新鲜事物吗？

互联网＋金融的本质是什么？

互联网＋金融有哪些模式？

什么是第三方支付？

什么是互联网理财（P2P）？

什么是网络征信？

什么是互联网金融门户？

什么是非国家货币？

什么是大数据金融？

互联网＋金融，仅仅是多了一个"＋"吗？

有人说，在工业革命以前的人类历史只是王侯将相的杀戮史，工业革命开启了人类的真正篇章；也有人说，与瓦特的蒸汽机开启人类工业时代类似的人类历史上另一个伟大的发明就是互联网。互联网这个产生于冷战对抗背景的技术最终却走向了连接人类的道路。

凯文·凯利（《连线杂志》的主编）说："我们通过结合把自己变成了一个更加强大的物种，互联网重新定义了人类存在的目的。"这个连接起每个人的互联网以前所未有的速度改变着世界，自从20世纪互联网技术在美国诞生，以互联网为核心基础的技术就在彻头彻尾地改造各行各业，金融行业也不例外。

一、互联网 + 金融是一个新事物吗

在英国资产阶级革命开始前，暗流涌动，1640年只是一个爆发的时间点。同样，从互联网产生以来，互联网 + 金融作为一种现象也随之出现，存在、发展了多年。

网上银行，对大家来说都不陌生。今天，走进一家储蓄所，会发现排队的人中大多数是老年人。年轻人越来越多地通过线上而非线下进行银行的各种交易。网上银行又被称为"3A银行"，因为它不受时间、空间限制，能够在任何时间（anytime）、任何地点（anywhere）、以任何方式（anyway）为客户提供金融服务。

在1997年笔者刚刚参加工作的时候，华夏银行曾经开展了24小时银行业务。那意味着员工需要坐在网点轮班熬夜。后来，24小时银行无疾而终，但现如今任何一家银行的网络银行都可以实现24小时的服务。

1994年，美国3家银行联合创建了美国安全第一网络银行，网页构成了银行交易的营业窗口。1994年，中国实现与互联网的全功能连接，成为接入国际互联网的第77个国家。1996年，中国银行建立了自己的网站，开始通过互联网提供金融服务。1999年招商银行推出网络银行服务，招商银行被普遍认为是国内首家在全国范围内提供官网上服务的商业银行。中国银行业协会《2014年度中国银行业服务改进情况报告》显示：截至2014年年末，我国网上银行个人客户数达到9.09亿户，比2013年新增1.5亿户；

交易笔数达 608.46 亿笔。手机银行个人客户达到 6.68 亿户。微信银行个人客户约 3666.81 万户。报告显示，2014 年，中国银行业金融机构离柜交易达 1167.95 亿笔，比上年增加 204.56 亿笔；交易金额达 1339.73 万亿元人民币。互联网电子金融服务丰富、方便、快捷，受到广大客户欢迎，使银行业平均离柜率达到 67.88%，同比增加 4.65 个百分点。 概言之，今天，超过 2/3 的银行交易是通过互联网进行的。

网上炒股是指通过网络把买卖股票的指令直接发到证券交易所的委托服务器上实现股票的买卖。只要在网上交易的经纪公司开立了账户，就可以获得一个账户和密码，通过该账户和密码在网上交易。通过网上炒股，投资者不需要进入证券交易所，即可实时监视股市行情，实时操作买卖。

1996 年，深圳证券交易所实现证券账户全国统一，建立了全国性的登记清算网络，实现了资金结算与资金划拨的电子化和自动化。在 2000 年前后，大部分股民还是习惯于到证券公司营业部现场交易。但到今天，使用网络交易的客户已达 90% 以上。随着网络技术的发展和智能手机的普及，网页版炒股软件和移动炒股计算机应用程序（App）大量涌现，使得"互联网＋股票"进一步普及。

由此可见，互联网技术与金融业务的结合并非新鲜事物。

（案例分析：ING Direct 网络银行）

ING Direct 由荷兰国际（ING）集团在 1997 年发起成立，是全球最成功的网络银行之一，曾覆盖美国、加拿大、德国、英国、法国、西班牙、意大利、澳大利亚等国家，高峰时客户接近 4000 万户。按照长尾理论的原则，ING Direct 以规模降低成本，其德国分部 ING Diba，在 2013 年年底，拥有 810 万客户，总资产 1260 亿欧元，约合 9000 亿人民币。但其员工仅有 3000 人，是德国第二大零售银行。其成本收入比也不断下降，从最高峰时的 80% 下降为 2013 年的 48%，成本比一般银行低很多，同时为客户提供更优惠的价格。

二、是"互联网 + 金融"还是"金融 + 互联网"

1999 年，马云与 17 名同事在马云杭州的住宅里创建了阿里巴巴，阿里巴巴与其旗下的淘宝、天猫在互联网上销售各种产品。阿里巴巴从互联网起家开始进军金融。马云认为，互联网企业从事金融业务是"互联网金融"，传统金融机构利用互联网是"金融互联网"，按照马云的标准，前文提到的网络银行与网络炒股都属于金融互联网，不属于互联网金融。马云是做互联网的，他的观点是：互联网是本质，金融是领域。支付宝、蚂蚁金融、腾讯微信支付等都是互联网进军金融吹响的号角。

案例分析：阿里巴巴——互联网进军金融的先锋者[1]

阿里巴巴进军金融始于自我建立的网络电商信用体系，金融的本质恰恰在于信用。2002 年，阿里巴巴推出"诚信通"。"诚信通"是阿里巴巴为从事国内贸易的中小企业推出的会员制服务，主要用以解决网络贸易信用问题，要求企业在交易网站上建立自己的信用档案，并展示给买家。2004 年，阿里巴巴推出"诚信通指数"，建立了交易双方的信用状况量化总和评分系统，把诚信通会员的认证状态、档案年限、交易状况、客户评价、商业纠纷、投诉状况等纳入"诚信通指数"的统计分析。此外，建立依托的是淘宝商城的海量卖家的交易数据，形成信用数据库。淘宝商城的企业多为中小微企业，互联网数据恰恰为财务信息不规范、信用评级艰难

---

1 李耀东，李钧.互联网金融：框架与实践［M］.北京：电子工业出版社，2014：3.

的中小微企业融资创造了条件。有了可靠科学的信用评价体系和信用数据库，互联网与金融的联姻开始悄然酝酿。

2007 年，阿里巴巴携手建设银行推出企业信用度贷款服务，允许优质客户通过阿里巴巴向银行申请贷款和融资，阿里巴巴的信用数据是银行发放贷款的依据之一，"诚信通"会员只需要报名参加并按照要求填写真实资料，阿里巴巴便可向银行进行推荐。同年 6 月，阿里巴巴同建设银行携手推出"E 贷通"，通过"E 贷通"，中小企业不仅可以凭互联网信用货款，而且贷款的全部流程——申请、调查、审批、发放、监控、回收等环节全部通过互联网线上完成。随后阿里巴巴与传统金融银行再续合作，推出"易融通""网络联保"等金融服务。到这一阶段，阿里巴巴涉足传统金融还只是停留在传统金融的框架内，为传统金融银行放贷提供信用数据支持。

阿里巴巴官方曾经声明："我们现在服务的客户平均贷款金额只有 6 万多元人民币，当年我们跟工商银行、建设银行平均的融资金额大概在 200 万元人民币，这在我们眼里不叫小微企业。我们喜欢的是更小的企业……只要有信用，我们就愿意借 2 万、5 万、10 万元，这是我们喜欢做的事"[1]。

为此，阿里巴巴自营的小微信贷业务——阿里小贷起步了。由于淘宝、天猫、聚划算等商户业务经营全过程均在淘宝平台上完成，其经营状况、信用历史记录十分详尽，故放贷审核、发放等全过程都在网上完成。阿里小贷最大的特点是"金额小、期限短、随借随还"，阿里小贷的大多数微贷业务以日计息，支持随借随还。阿里小微金融服务创新金融事业群的信息披露，户均贷款 4 万元人民币，不良贷款率仅为千分之几。阿里巴巴通过网络大数据和计算机自动化处理技术，大大降低了信贷操作的成本，据介绍，阿里巴巴创新金融单笔小微信贷操作成本只有几元，而银行

1　曹金玲. 阿里金融的前世今生［N］. 第一财经日报，2013-03-29.

单笔信贷操作成本一般在千元人民币上下。

阿里金融依托海量的数据支持、技术开发的模型建设，构建了低成本的科学的信用评价体系，为中小微企业融资做出了开拓性的探索。此后2013年，阿里巴巴还推出余额宝，不仅仅打造了企业理财借贷的金融平台，而且连接了消费者的互联网金融圈。余额宝对接的是天弘货币基金，用户将资金转入余额宝相当于购买了基金，将资金划出余额宝或者消费使用掉相当于完成基金赎回。

互联网企业进军金融的优势，首先是数据，正如克里斯·安德森在《长尾理论》一书中所说，21世纪经济学的秘密就藏在企业的服务器里。互联网企业拥有客户的数据，可以更便捷地甄别客户的信用，为客户建立信誉评价系统，更便捷地淘汰有"搭便车"或者"破坏"行为的劣质客户。

在美国，Trust Cloud是一个新兴的信誉服务网站，这家网站评估人们在网络上留下的行为与交易数据，将这些信息转化成为一个诚信指数。在搜索的时代，我们可以通过互联网更好地了解一个人过往的交易记录，按照信任的分类，建立对一个陌生人的基于历史的信任或不信任。同样，通过诚信排名、诚信打分、诚信黑名单等机制，可以对一个陌生人的行为建立一种基于控制的机制，从而形成合同的信任。

还有一种观点与马云的观点不尽相同，就是强调在"互联网＋金融"中，金融是本质，互联网是手段，是金融运用互联网。清华大学五道口金融学院院长吴晓灵提出，互联网金融的本质是利用互联网和信息技术，加工传递金融信息，办理金融业务，构建渠道，完成资金的融通。[1]

---

1 李冰漪.更新理念深化金融改革——专访清华大学五道口金融学院院长吴晓灵［J］.中国储运，2014（8）.

案例："三马卖保险"[1]

2012 年 4 月中国平安马明哲、阿里巴巴马云和腾讯马化腾共同成立一家网上保险销售公司。该公司不设任何实体分支机构，产品需求来自于互联网，保险流程通过互联网技术手段来实现，完全通过互联网进行销售和理赔。在产品研发上，该公司也避开了传统的车险业务，专攻责任保险、保证保险这两大非车险品种。2013 年 3 月，中国保险监督委员会正式发布批文，同意筹建"三马"的"众安在线财产保险公司"。"三马"联手意味着新模式的诞生，开启一个新的网络金融时代。"众安在线"的首批产品与电子商务、支付有关，在电子商务领域，每个环节都存在设立保险产品的机会，如围绕商家信誉、产品真假、商品损坏、物流延误等问题来设计产品。例如，"众乐宝"，淘宝卖家无须缴纳消费者保障基金即可获得消费者保障服务资格，并可获得最高可达 20 万元人民币的保障额度。"众乐宝"实行"先行垫付，事后追赔"的模式，提高了卖家的资金使用效率，也缩短了卖家的维权过程。

这个案例中，保险是本质，互联网是手段，是金融利用互联网。

互联网金融，到底互联网是本质，还是金融是本质呢？互联网的出现在一定程度上代替了金融中介（银行）、金融市场（资本市场），让金融（即资金的融通）更加便捷，更加广泛，更加深入，但是，互联网并没有代替金融（价值在不同主体不同时空之间的交换）本身。余额宝的理财资金是去购买天弘基金的份额，余额宝的获利仍然遵循金融本身的逻辑。同样，百度金融、阿里金融、腾讯理财通可以对传统金融机构与金融市场带来巨大的冲击，甚至有一天可以改变整个金融生态，取代银行、保险、券商等传统金融机构，但那只是金融换了形式。因此，本书认为互联网金

1 李耀东，李钧. 互联网金融：框架与实践［M］. 北京：电子工业出版社，2014:71.

融，金融是本质。

因此，包括众筹在内的互联网金融仍要按照金融的内在逻辑。这就是为什么本书首先讨论融资与金融的逻辑。

三、"互联网＋金融"是一种新的融资模式

中国投资有限责任公司副总经理谢平、中国人民银行金融所博士邹传伟认为，互联网金融模式是随着互联网为代表的现代信息科技，特别是移动支付、社交网络、搜索引擎和云计算等的发展，出现既不同于商业银行间接融资，也不同于资本市场直接融资的第三种金融融资模式。

这种观点认为，互联网金融不同于传统金融机构应用互联网，而是一种新的投资融资方式。

本书认为，狭义而言，互联网金融基于互联网思维、互联网精神与互联网技术产生的金融创新，不同于传统金融机构简单地应用互联网技术。广义而言，"互联网＋金融"，指的是互联网对于金融生态的重塑，既包括狭义的互联网金融创新，也包括传统金融对互联网的应用，其中互联网企业向金融的渗透，本质上仍然是金融应用互联网。互联网＋金融是一个现在进行时的过程，刚刚开始，远未结束。本书所研究的众筹作为一种新的互联网融资模式，属于狭义的互联网金融，也是最能体现互联网"互联互通、共建共享精神"的互联网金融。

互联网金融大致有哪些创新模式呢？我们可以根据用户最基本的金融需求来梳理。一般而言，用户的金融需求包括四类：支付、融资、投资、风险管理。从这4类需求出发，可以大致划分目前已有的主要的"互联网＋金融"的创新模式。

第三方支付

在支付方面，除了网络银行可以实现转账、支付以外，很多互联网企

业提供第三方支付系统。

第三方支付指非银行机构，借助通信、网络、计算机和信息安全技术，在用户和银行之间建立支付与结算的连接。包括支付宝、贝宝（PaYPaL）、微信支付等，都属于这种模式。

第三方支付模式的起步较早，1998 年已出现北京首信、网银在线等支付公司。随后在十几年的发展过程中，行业发展良莠不齐。2010 年 5 月，央行发布《非金融机构支付服务管理办法》，为第三方支付行业颁发准入许可证，将第三方支付企业纳入监管范围。从此，第三方支付公司进入持牌经营阶段。目前获得支付牌照的企业已经超过 250 家。在牌照监管下，第三方支付行业发展逐渐有序，在市场的各个领域都有涉足，也涌现出一些实力雄厚的第三方支付企业，像银联商务和拉卡拉基本定位于银行卡业务的受理；支付宝和财付通依托自有电商平台，在个人网络支付领域占具绝对优势；易宝支付和汇富天下是将细分行业作为发展的主要方向。

目前，第三方支付行业呈现出蓬勃发展的态势，市场上的第三方支付公司大致可以归结为两种模式。

一种模式是有担保功能的第三方支付，在交易完成前暂由第三方平台监管货款，是以第三方平台为信用中介的支付模式，以支付宝、财付通为代表。以支付宝为例，买方在电商平台选购商品后，先将货款支付到支付宝账户，支付宝收到货款后会通知卖家款项到达，这时卖家安排发货，整个过程中款项暂由支付宝托管，待买方检验物品并确认收货后，支付宝再将款项转至卖方账户。

另一种模式是独立的第三方支付，在此类支付模式中，第三方支付平台与电子商务网站完全独立，平台不提供担保功能，而仅为用户提供支付系统解决方案及增值服务，以易宝支付、汇付天下、拉卡拉、快钱等为典型代表。以易宝支付为例，其最初以网关支付模式立足，针对行业做垂直支付，并对不同需求的企业量身定制支付解决方案。

比较而言，担保模式的第三方支付平台着重于个人消费者领域，凭借用户资源的优势渗入行业，占有较大的市场份额；独立第三方支付则立身于企业端，通过服务于企业客户，间接覆盖客户的用户群，虽规模较小，但发展力量也不容小视。

第三方支付公司利用其系统中积累的客户的采购、支付、结算等完整信息，能够以非常低的成本联合相关金融机构为其客户提供优质、便捷的信贷等金融服务，其主要收入来源有交易手续费、行业用户资金信贷利息及服务费和沉淀资金利息等。

互联网已经渗入人们生活的方方面面，第三方支付也随之高速发展，参与者不断增多，产品差异性越来越小，竞争越来越激烈。近年来，更便捷的移动支付，更具发展潜力。此外，第三方支付公司也开始渗透到信用支付和消费信贷、细分行业的深度定制化服务、跨境支付、便民生活服务等领域。第三方支付企业不断寻找新的业绩增长点，已不仅仅局限于最初的互联网支付，而是成为线上线下全面覆盖，应用场景更为丰富的综合支付工具。

今后，人们用手机、计算机、平板电脑、可穿戴式设备通过二维码、声波码等各种码，指纹、人脸、瞳孔、掌纹、声纹等各种生物特征，身份证、电子身份证、车牌、工牌、银行卡等各种身份识别的物理介质都可以进行电子支付。

案例：支付宝[1]

目前，国内最知名的、占据份额最大的第三方支付平台是支付宝。

2003 年 10 月，淘宝推出的第三方交易服务——支付宝。

"其最大的创新在于对当时信用不健全，买家担忧付款后收不到货，卖家担忧发货后收不到款的情况，提供了革命性的第三方担保交易功能，该功能为买卖双方提供了一个担保账户，买家拍下物品后，将货款

---

1 李耀东，李钧. 互联网金融：框架与实践［M］. 北京：电子工业出版社，2014:33.

支付到第三方的担保账户——支付宝账户，账户收到款项后通知卖家发货，买家收到货物确认无误后，最终确认付款，该款项由支付宝账户转向卖家账户。支付宝这一功能，成功保障了买卖双方货款安全，有效防范欺诈行为。同时，使得人们的支付业务不再需要经过银行等传统金融中介，而是在网上通过第三方支付平台就完成资金的流转。它采用了网络担保交易和发货即付的交易模式，克服了时间、地域的限制，提高了交易双方资金的使用效率，减少了交易对手的信用风险，为企业对企业的电子商务模式（Business to Customer, B2C）、个人对个人的电子商务模式（Customer to Customer, C2C）平台的交易提供了一个安全、便捷的交易环境，导致用户规模快速增长"。到目前为止，没有出现过严重的交易风险事件披露，可见，支付宝的交易风险较低。"支付宝采取阶梯费率，交易量越大费率越低，且支付的资金含 3 个月退款功能，轻松解决了买方不满意退货难题。支付宝通过各种形式和节假日的促销，强化了客户的支付意愿，拓展了用户数量和加强了用户黏性，支付宝网络平台基于各种物流、资金流的大数据处理，更容易评估卖方的信用和声誉，为买方提供各种信息，解决信息的不对称带来的逆向选择和道德风险"[1]。

网络投融资

在融资与投资方面，P2P 借贷、众筹、网络资产交易等都提供基于网络的投资与融资对接平台，此外，人们可以通过网络银行、网络证券、网络基金进行投资理财、融资、财富管理。

P2P 金融

P2P 借贷（peer to peer lending）即点对点信贷，通过网络平台进行资

1　霍兵，张延良. 互联网金融发展的驱动因素和策略——基于长尾理论视角 [J]. 宏观经济研究，2015（2）:86-93.

金借贷双方的匹配，资金需求者寻找到有出借能力并且愿意出借的资金供给者。

P2P 是一种对等信贷或社会信贷的新型信贷机构，它们直接对个人和项目架设信贷渠道，不需要银行作为信贷的中介。由于网络辅助借贷与放贷，让交易过程中的边际成本近乎为零，去掉了银行等大型金融机构作为中间人的取费，一方面降低借贷人的借款利率，降低借贷人的融资成本；另一方面，也提高放贷人的存款利率，提高放贷人的投资收益。

P2P 是借助互联网形成的新型金融模式，平台只提供信息匹配服务而不参与借款交易，资金供需双方以个人和小微企业为主，一般单笔交易金额较小，属于小额民间借贷的性质，但透明程度比传统民间借贷高。

P2P 网络借贷为小额资金拥有者开拓了个人投资理财的新方式，提高了社会零散闲置资金的使用效率，同时又为小额资金需求者提供了新的融资渠道。此外，P2P 网络借贷以个人信用评价为基础，其发展有助于体现个人的信用价值，促进社会个人信用体系的建设。

国际著名的 P2P 机构包括英国首家对等信贷机构可达成协议的空间（Zone of Possible Agreement, Zopa），美国的 Lending Club 和 Prosper。美国的 P2P 业务的特点是由美国的 SEC（securities and exchange commission）监管，主要为个人消费贷款，没有担保。

我国的 P2P 业务的特点主要是个人和企业的经营性贷款，多采取担保制，由于起步时没有准入门槛、没有行业标准、没有监管，处于野蛮生长状态，P2P 网贷平台跑路现象时有发生。

P2P 网贷中贷款者处于信息劣势、借款者由于人的自利性和监管缺失，可能故意隐匿一些不良信息，导致信息的不透明、不对称。同时，互联网金融是个新兴行业，从业人员缺乏金融风险管理专业知识和经营经验，网络平台也缺乏对借款者的约束能力，所以借款者极易将风险转嫁贷款者，加大了 P2P 网贷的信用风险，降低了贷款者的贷款意愿和数量。据艾瑞咨询统计，仅 2014 年 6 月 1 月内，就有 6 家平台倒闭，截至 2014 年 6 月，共有 148 个平台倒闭。影响 P2P 网贷的主要因素是信用风险。

中国的 P2P 平台比较著名的有陆金所、人人贷、拍拍贷等。

目前中国的 P2P 平台主要有以下 3 种运营模式：

一是无担保借贷平台。资金供需双方自行通过借贷平台竞标来完成交易，网络平台只是帮助资金借贷双方进行资金匹配而不进行担保承诺。出现违约等潜在风险只能由出借方承担。因此，平台会严格审核交易双方的信用资质，并尽量向出借方开放贷款方的信用信息以减弱风险。代表企业如拍拍贷，采用竞标方式来实现借贷，如果出现贷款违约，平台不赔偿出借方本金及利息。与其他 P2P 借贷平台相比，拍拍贷更注重利用现实生活中借款人的人际关系和信用作为放款依据。每位借贷的参与者都可以直接或间接地了解对方情况，这样做可以降低操作风险。该模式的本质类似直接融资，使金融脱媒，是最具互联网金融核心的 P2P 借贷模式。

二是提供担保借贷平台。资金出借方通过这类平台进行竞拍贷出资金，平台提供本金甚至利息担保，若贷款逾期或违约，平台对出借方进行赔付。这种模式下，出资方的借款更多是出于对 P2P 借贷平台的信赖，而平台除了负责匹配双方资金的需求外，还要提供担保，在出现违约时，协助出借方联合追款。"提供担保借贷平台是目前 P2P 的主流模式，交易额远高于无担保平台。担保借贷平台的实质承担了间接融资职能"。

三是债权转让模式。"借贷双方不直接进行借贷交易，而是通过第三方先行放款给资金需求者，再由第三方通过 P2P 网贷平台将债权转让给投资者，P2P 网贷平台将第三方债权打包成理财产品供投资者选择，并负责借款人的信用审核及贷后管理服务。此种模式在国内为宜信公司首创"[1]。该模式是将大的债权拆分得更零散、更灵活，以便于小额投资者出借，便于交易转让。网络平台接近于一个资金的枢纽，本质上属于信贷资产证券化的模式。

近年，P2P 网贷平台数量增长迅速，由于其便利性、灵活性，加上民

1　李蓉. 互联网金融模式研究［D］. 北京：对外经济贸易大学，2014.

间小额贷款供需紧张，未来 P2P 网贷平台还将增长。

网络风险管理

在风险管理方面，包括网络保险与网络征信等。

除了前文在案例中举到的众安保险的例子之外，泰康人寿、平安、华泰保险等都开展了网络保险，推出了基于互联网的一系列保险产品。例如，网络退货运费险，还有充满互联网趣味的情人节意外怀孕险。互联网保险的特点是降低保险门槛（这是互联网丰饶经济的长尾优势）与全程网上操作，发展方向是基于大数据的保险产品定价，保险本质是概率，大数据让保险的定价更科学。

所谓网络征信，是互联网商业与金融的基础，2013 年我国推出了《征信业管理条例》与《征信机构管理办法》。

阿里巴巴网通过电商的交易数据采集并构建信用大数据。以翼龙贷为代表的 P2P 网贷，开创了基于线下实地调查收集农村个人信用凭证的征信模式。拍拍贷利用互联网的登记、填写、搜索、挖掘和整理数据的功能，收集借款人的征信资源，对借款人做出信用评级，供投资人参考选择。任何人只要登记注册和使用拍拍贷网，就会留下他的行为轨迹，拍拍贷可以根据这些轨迹追踪其他网络活动留下的轨迹，然后根据过去和现在的各种活动按照不同的权重计算出信用等级。如果成为拍拍贷的借款人，今后的一切都将纳入它的追踪范围。

"互联网 + 金融"还包括依托互联网的金融搜索与金融门户。

互联网金融门户

互联网金融门户指专门为金融机构发布贷款、理财或保险产品信息，进行金融产品销售，以及为金融产品销售提供第三方服务的平台。核心是"搜索 + 比价"，采用金融产品垂直比价的方式，将各家金融机构的产品放在平台上，用户通过对比挑选合适的金融产品。

这种模式基本上不存在政策风险，平台既不负责金融产品的实际销售，也不承担任何不良的风险，同时资金也完全不通过中间平台。

目前针对理财、信贷、保险等细分行业分布有91金融超市、融360、好贷网、银率网等。

互联网金融门户以大数据应用为基础，为供需双方提供服务。互联网金融门户提供的产品数量越多，质量越好，投资者的支付意愿越强，交易规模就越大，用户流量越大，广告商的广告投入越多，互联网金融门户收益越多。互联网金融门户不实际销售金融产品，资金也不通过网络平台，网络平台不承担投资者的投资风险，所以，交易特性风险对互联网金融门户影响较少，但是，基于大数据技术的交易系统的风险大小会影响门户的交易。

大数据金融

大数据金融以云计算为基础。集合海量的非结构化的数据，通过对其进行实时分析，为互联网金融机构提供客户全方位信息，通过分析和挖掘客户的交易和消费信息，掌握客户的金融与消费习惯，并准确预测客户行为，使金融机构和金融服务平台在营销和风控方面有的放矢。

"大数据能够提高风险透明度，加强风险的可审性和管理力度，减少小微企业的融资成本"[1]。

除了助力小微企业融资，以大数据为基础的服务创新还能够有效提升金融产品和服务的消费。

互联网货币

如果说互联网＋金融对传统金融中介与传统金融市场带来了去中介化、去中心化的冲击，那么，虚拟货币对整个金融权力的冲击更大。

19世纪的社会学家格奥尔格·齐美尔（Georg Simmel）在其权威著作

1　张琼.数据挖掘在经济运行中应用研究［J］.经济研究导刊，2013（33）.

《货币哲学》(*The Philosophy of Money*)中提出,货币对人类发展史至关重要,货币建立了陌生人之间的信托,凭借货币人类的交换得以持续。从贝壳,到金银,到国家法定的纸币,货币是社会成员的社交媒介。

今天越来越多的人尝试使用替代货币,只要一种媒介可以使得社会共同体内的价值交换得以完成,这种媒介就是一种替代货币。例如,你通过义务献血得到了义务献血证书,它可以使你在需要输血的时候得到无偿输血,这一证书就表现为互惠与交换的载体,也可以理解为一种替代货币。

互联网货币,又称为虚拟货币或电子货币、数字货币,就是一种替代货币。"是由计算机运算产生、采用一系列经过加密的数字,在全球网络上传输的、可以脱离银行实体而进行的交易媒介物"[1]。

互联网货币通常没有以商品为基础的价值,不直接与实体经济相挂钩,它的发行、使用、运作都存在于网络的虚拟社区之中。互联网货币表现为比特币、Q 币、亚马逊币等,信用卡积分、手机卡积分、会员卡积分,航空里程,累积的信誉度也是"电子货币"的一种表达形式。目前被认可的互联网货币只有比特币,但我国还没有承认比特币的合法地位。

比特币的概念最初由日裔美国人中本聪在 2009 年提出,是由计算机生成的一串串复杂代码组成,新比特币通过预设的程序制造,随着比特币总量的增加,新币制造的速度减慢,直到 2140 年达到 2100 万个的总量上限。和法定货币相比,比特币不依赖于特定的中央发行机构,使用遍布整个 P2P 网络节点的分布式数据库来记录货币的交易,并使用密码学的设计来确保货币流通各个环节的安全性。比特币理论上是创造了一种货币体系,存在的信用基础是人们基于对恒定货币总量的预期。这种货币体系,创造了信用,理论上可以理解为发行了新的货币,规模如果足够大,会对货币体系产生冲击。

铸币权是一个国家垄断的权力,但是,货币超发造成的通货膨胀对公

---

1 丁化美.互联网货币的未来:加速金融回归本源[N].第一财经日报,2013-09-07.

民的财富是一种稀释与变相的掠夺。经济学家弗里德里奇·哈耶克认为，政府发行的纸币迟早都会贬值。因为垄断了货币发行的政府，首先考虑的是自身财政的需要。哈耶克提出货币的非国家化。让多家机构发行货币，让用户自由选择。互联网货币的出现，或许不会导致货币的非国家化，但是，会给用户更多的自由、民主的选择。

互联网金融，还包括很多模式（见表2-1），如基于互联网的财富管理等。

表 2-1 互联网金融创新的主要模式

第三方支付	有担保功能的第三方支付，如支付宝 独立第三方支付，如拉卡拉
网络投融资	P2P 金融，如英国的 Zopa，美国的 Lending Club 和 Prosper，中国的人人贷 众筹，中国的点名时间 网络资产交易
网络风险管理	网络保险，如众安保险 网络征信，如阿里诚信通、拍拍贷征信、翼龙贷农村征信
互联网金融门户	如 91 金融超市、融 360、好贷网、银率网
大数据金融	如京东供应链金融
互联网货币	如比特币、Q 币、会员卡积分

四、"互联网＋金融"，仅仅是多了一个"＋"吗

李克强总理《政府工作报告》提出的"互联网＋"行动计划国家战略。"互联网＋金融"不仅仅是金融应用网络技术，也不仅仅是互联网企业渗透拓展金融业务，更重要的是互联网的开放、平等、自由、分享的精神赋予金融业新的革命。

"互联网＋金融"中的"＋"，不是简单的算术相加，而是一个深度融合的过程，是现在进行时，刚刚开始，远未结束。在这个过程中，互联网逻辑与金融逻辑找到契合，互联网精神与金融精神相互激发，互联网与金融之间发生不仅是物理反应，更是化学反应，将激发出一个新的金融生态。

所以，"互联网＋金融"不同于互联网金融，"互联网＋金融"是互联网与金融两者融合的进程，是动态的，是不断深化的，互联网金融则是这一进程的成果，这个结合中所孕育的新生命。

金融模式的形成和发展有自己的轨迹，互联网具有颠覆性和创新性，但并不改变金融的本质，在互联网时代的撞击之下，金融生态将呈现全新的价值跨主体、跨时空的交换的面貌，为实体经济的发展与社会文化的变革提供新的动力。

第二节　互联网对金融的重塑

什么是互联网的基因？

什么是互联网的精神？

什么是互联网的逻辑？

金融系统的交易者是谁？

金融中介的专业价值是什么？

互联网怎样取代金融中介的专业价值？

互联网对金融市场的影响是什么？

什么是金融普惠？

什么是金融民主？

在这个互联网时代，关于互联网精神的宣扬及互联网逻辑的解读的各种文本已经太多。笔者从互联网的出现归本溯源，试图找到互联网的基因。

一、互联网的精神与逻辑，从基因说起

1957 年，苏联人把人类第一颗人造卫星"斯普尼克"送上太空，冷

战的均衡被打破了。地球另一边，美国总统德怀特·戴维·艾森豪威尔认为，美国必须重视科技与教育，很快，一份设立简称为"阿帕"的国防高级研究计划机构的提案被国会批准，该计划拥有数以亿计的美元预算。阿帕资助众多的科研项目，每一个项目都会投入数十万甚至百万美元添置计算机设备。那时的计算机不是我们今天看到的PC，是一个个庞然大物，彼此不兼容。1966年，阿帕信息处理技术办公室主任罗伯特·泰勒发现了这种经费与资源的浪费，产生了把每一台无联系的计算机连接起来的建立阿帕网的设想。这个设想被阿帕的所长认同了，还有真真实实100万美元的经费保证。罗伯特·泰勒找来了一群绝顶聪明的人，他们是"互联网之父"。这个互联网最初的故事告诉我们，互联网的缘起就是连接与分享。

阿帕网的负责人拉里·罗伯茨和他卓越的同事发现一个共同的问题，这样一个试图把计算机全部连接在一起的伟大构想，不能采取通常所想到的中心式，即所有的电脑与一个中心相连，如果互联网采用中心式，那么中心会因为流量大，过载崩溃，如果今天全世界的计算机由一个中心节点所链接，那么用拉里·罗伯茨的话最形象："这个节点将有美国全国这么大。"所以，互联网采取的是分布式，在这个网上，每一个点都可以到达另一个点，每一点的地位相同，每一点都重要，又都不重要，每一点的新加入会增强整个网的规模，每一点又都可以分享整个网的价值。互联网从技术原理出现的那一刻，就决定了它的精神基因是平等，取消中心或者简称为"去中心"，是一切点对一切点的平等，其背后是一切人对一切人的平等。

1969年，最初的阿帕网连接了美国的4所大学，分别是加州大学洛杉矶分校、加州大学圣巴巴拉分校、斯坦福大学和犹他大学。之后，越来越多的点连接进来，几年以后，这个网络就跨越大西洋，连接了英国，世界级的网络开始形成。但是，这些彼此连接的点，却受制于人的局限，各说各话，互不开放，人类联合起来兴建的通往天堂的巴别塔再一次受制于人的沟通而走向分裂。互联网需要一个所有人都认可的标准，规范数据如何接入，信息如何传输。人与人的协商总比人与机器更难，发明互联网用了3年，而各国各地区各机构探讨互联网的通信协议标准用了 10 年。

1983 年，阿帕网的 TCP/IP 协议在众多标准中胜出，成为人类共同遵守的网络传输控制协议。每一个点拥有了一个平等的 IP 地址，更重要的是，这份协议是开放的，人们可以通过 IP 地址联系世界任何一台计算机。这也是互联网最重要的基因之一，开放。

但是，那时互联网的所谓开放，面临的还仅仅是专业人士，普通人还没有掌握互联网的语言。因为只有专业人士，才能通过复杂的代码程序，找到想要的点，找到想要的信息，蒂姆·伯纳斯·李，万维网的发明人发明了 HTTP、URL 与 HTML，HTTP 是超文本传输协议，URL 是网址，HTML 是超文本标记语言。超文本就是超越人们原本创作的各不相同也各不相通的文本，成为共同的协议。通过蒂姆·伯纳斯·李撰写的网页编辑程序，每一个非专业人士都可以通过键入 www（world wde web）找到http 的网址，找到想连接的点。真正的全面开放实现了。更重要的是，蒂姆·伯纳斯·李放弃了专利，让人们可以无偿的自由接入 HTTP 的地址。如果他像比尔·盖茨一样坚持专利，他的财富应该最终会大于比尔·盖茨。但是他的做法让互联网得以更大、更快、更广、更深地发展，并诠释了互联网另一个重要的精神基因，不设门槛或尽可能低的门槛。

下面，我们用互联网的精神：连接、分享、平等、取消中心、开放、降低门槛或者取消门槛来重新审视金融。

二、金融系统中的交易者

听到金融，你首先想到的图景是什么？听到金融系统的交易者，你首先想到的人是谁？可能，你首先想到的是华尔街交易所的屏幕变幻，交易员的忙碌身影，想到高大上的银行大楼；听到金融交易者想到的是西装革履的经纪人、投资银行家。

实际上，他们只是交易的执行者。股票投资基金的经理是拿着我们投资到基金中的钱而不是他们自己的钱，在股票市场上进行买卖，并把买卖所得的大部分回报给我们；银行家是拿着我们存到银行里的钱，贷款给企业、地方政府或者我们的买房邻居，并赚取存贷款的息差。普通人也是交易的主体。

投资环境中的客户分为三类：家庭、企业和政府。这种三分法并不完善，它不包括非营利机构，而且也难以处理像非公司或家庭企业那样的混合经济组织。但是，从资本市场的立场来看，这种三分法是有用的。

是企业、家庭、政府有资本价值跨时空、跨主体交换的需求，才有金融交易的执行者为企业、家庭、政府提供满足需求的服务。因此，金融系统的最终交易者，是家庭、企业与政府。

企业需要融资，并将融来的资本投资于实物资产，如技术、设备、厂房等。为此，企业发行股票、债券，或者向银行贷款。政府在税收不能满足支出需求时也需要借款，发行国债或者地方债。家庭需要理财，将闲置资金在银行储蓄，或者购买企业的股票、政府或企业发行的债券，以获得利息或者投资收益。在这种情况下，家庭是资金的供给者，企业和政府是资金的需求者。

有时，企业用资金购买政府债券，或者投资政府工程，这种时候，企业成为资金的供应者，政府成为资金的需求者（见表2-2）。

表2-2　直接融资与间接融资

间接融资	通过银行等金融中介进行的融资
直接融资	资金供应者与需求者直接交易

金融是资金供给者与需求者，通过金融中介或者金融市场进行交易。资金供给者与需求者有两种方式实现资本跨主体的交换。

一种是通过银行或者其他类似银行的中介机构，如保险公司、信托公司、基金公司等。比较典型的是通过银行，人们把钱存入银行，银行再贷款给企业，这种情况下，资金的供应者与需求者不直接发生经济与法律关系，而是分别和银行发生经济与法律关系。银行就是金融中介。通过银行等金融中介进行的融资就被称为间接融资。

另一种是资金供应者与需求者直接交易，被称为直接融资。借款人和贷款人需要一个交易的地点。如同水陆码头容易集聚买家、卖家成为商品市场一样，有些金融交易的地点也逐渐固定下来成为金融市场。旧伦敦的一家称为劳埃德的小旅馆，创立了海员保险业。21 个经纪商与 3 家经纪公司签订了众所周知的梧桐树协议，据推测是华尔街 68 号外的一棵梧桐树下，这一协议将规范纽约华尔街的场外交易，建立一个共同规则的拍卖中心，开启了纽约证券交易所的源头。真正的纽约证券交易所还要再等 25 年才正式成立，在这之前，这些经纪人聚集在一家咖啡屋里，进行证券的拍卖。与本书主题相关的是，这家咖啡屋是用众筹的原理建立的，当时共发行了 203 股，每股 200 美元，只有会员才能参加这里的证券拍卖。

我们可以将金融交易市场分为四种类型（见表 2-3）。

表 2-3　市场的四种类型

直接搜寻市场	买家与卖家直接搜寻对方
经纪人市场	经纪人帮助买家与卖家互相搜寻
交易商／做市商市场	做市商买下商品，在合适的情况下，卖给需要的人
拍卖市场	所有参与者集中到此报价进行物品买卖

（1）直接搜寻市场，买家与卖家直接搜寻对方。就像男人直接找到心仪的女人，女人也同时心仪于他，我们可以想象这种成功率低，带有偶然性，市场的效率低。

（2）经纪人市场，由专业的经纪人帮助买家与卖家相互寻找、相互撮合，如二手房市场中的链家地产、21 世纪不动产等就扮演这种角色。经纪人的专业性帮助买家卖家节约了时间，提高了效率，经纪人也赚取自己的佣金。

（3）交易商市场，有时也称为市商市场。例如，在二手车市场，二手车的价格与质量，受制于驾驶年限、车型、驾驶状况、驾驶里程等各种因素影响，外行人难以判断，该不该买或卖，该多少钱买或卖。两个外行更是难以达成一致，你有一辆老车要卖，可能很多天都找不到一个合适的买主，你想买一辆老车可能很多天都不敢轻易出手。由二手车商按照其专业判断买下一辆老车，再在合适的情况下，卖给一个需要的人。做市商与经纪商不同，挣的不是交易佣金，而是买卖价差。目前的全国中小企业股份转让系统，即所谓的新三板，采取的就是做市商制度，由专业的做市商来买卖股票。

（4）发育最完备的市场是拍卖市场。所有的参与者集中到此报价进行物品买卖。纽约证券交易所是拍卖市场之一。拍卖市场的优势是采取集中公开报价的方式找到最佳价格。

金融的最终交易者，一定需要金融中介吗

家庭、企业、政府是金融的最终交易者，传统金融交易大量通过银行、保险、担保、基金公司等金融中介。中介在英文里是 intermedia，inter 是居中的意思，中间人；media 是媒介的意思，信息交流的载体与渠道。

互联网（internet），其缘起就是为了信息的连接、交流与共享。因此，当互联网拥抱金融，改变了金融中介的模式，甚至颠覆了金融中介的存在。这就是"金融脱媒"。

金融脱媒中的"媒"，是媒介的意思，即金融摆脱媒介，金融脱媒也称为"金融非中介化"（financial disintermediation）。它指资金的供需双方不通过金融中介直接资金融通。

在撰写这本书期间，笔者注册了中国平安集团旗下的陆金所的账号，尝试了 P2P 交易，有人购买了期限 36 个月的保险产品，但还有差不多 30 个月才到期，他想转让，通过陆金所的互联网平台，把这个保险产品的权益转让给了笔者，他得到了现金，笔者得到了后面 30 个月的收益权。我们彼此不相识，天各一方，通过互联网完成了这样一笔人对人的交易，这个过程中，没有通过银行，没有通过其他金融中介。

实际上，金融脱媒并非因互联网而起，早已发展。2001 年弗雷德里米·米什金（Fredcric S. Mishkin）指出金融脱媒最早出现在 20 世纪 60 年代的美国。1969 年 Hester 认为金融脱媒是交易体系中，由最终的储蓄者和投资者脱离中间人而直接交易的一种形式。商业银行体系是传统主要的投资融资渠道，金融脱媒实际上是以商业银行为金融中介的间接融资比重逐渐下降，居民资产中储蓄存款比重持续下降的过程。

钱存在银行每年可以获得 4% 左右的利息，银行把钱贷给企业少则 7%、8%，多则 10% 以上，如果人们直接把钱给企业使用，企业也可以给人们超过银行的收益，如 6%，让人们获得更多的理财收入。企业也可以降低融资成本，从而降低企业总体的经营成本。

这么说来，通过互联网的信息技术与社交网络直接把钱给需要的人，让双方受益的金融去中介化确实有很多好处，但是，是这样简单吗？

你敢把钱贷给一个陌生人，或者贷给一个企业吗？你为什么敢把钱存进银行？虽然，你知道银行赚到了更多。这牵涉到前文所说的信任问题，也牵涉到金融中介的专业价值。

互联网能否代替金融中介的专业价值

金融中介包括银行及非银行两类，具体包括商业银行、证券公司、保险公司、信托公司、基金公司等，金融中介已经发展成为一个十分复杂的体系，这个体系对整个经济社会具有极其重要的作用（见表 2-4）。

表 2-4　金融中介的专业价值

1	具有聚集社会闲置零散资金的功能
2	配置资金与时间期限的匹配结构
3	规模相应降低成本
4	对风险的分散
5	可以发挥风险控制的专业能力
6	减少投融资双方的信息不对称

第一，金融中介具有聚集社会闲置零散资金的功能。宝山钢铁股份有限公司（以下简称"宝钢"）需要贷款 10 亿元人民币采购铁矿石，即使人们信任宝钢，愿意贷款给它，可我们绝大多数人口袋里没有这么多的钱，银行吸纳众多社会的闲散资金，积少成多、集腋成裘，有足够的资金规模可以贷款给宝钢。

第二，金融中介可以配置资金与时间期限的匹配结构。有的人这个月有余钱储蓄，下个月钱就要用；有的人钱放在那里，一年也没有用。拥有大量存款人的金融中介可以根据对存款人偿付期限与时间要求，管理资金，进行期限配置，让短期存款配置给有短期资金需求的人，让长期存款配置给长期资金需求的人。

第三，金融中介具有规模效应。金融中介资本管理的单位成本可以远远低于大多数个人。

第四，金融中介可以分散风险。把款贷给不同的存款人，把鸡蛋放在不同篮子里。如果你只有 1 个鸡蛋碰巧放到了那个错误的篮子里，你的损失是 100%，如果你是金融中介所集聚的 1 万个鸡蛋之一，假设 1 万个贷款人平均有 1 个违约，1 万个篮子有 1 个坏篮子。你的损失是 0.01%，降低了个体的风险。

第五，金融中介可以发挥风险控制的专业能力。金融中介遴选篮子，优选劣汰，减少碰到坏篮子的概率；可以通过其专业性与优势地位对放鸡蛋的篮子进行实时监控，在篮子可能变坏的时候，提前把鸡蛋拿出来。金融中介是高度专业化的，专业化提高它们的竞争力。

第六，金融中介可以减少在投资者与融资者双方的信息不对称，这是最重要的。

普通投资者和他们潜在投资的企业之间存在着信息不对称，很难了解企业的财务、法律、市场、技术状况，也就很难判断企业的投资价值，普通投资者为获取信息，需要耗费大量的时间、精力、体力、资源，而且还未必有效。金融中介的工作人员可以对企业进行详细的尽职调查，发挥技

术上的专业性，更多地了解企业信息；进行严格的投后管理，发挥正式控
制机制的作用，在投后实时持续了解企业信息，监督企业行为，保证企业
健康发展，减少投资风险的发生。在这个过程中，金融中介的功能本质是
通过其专门化的金融信息挖掘与生产能力减少信息不对称性。

　　当然，每个人都可以雇佣律师、会计师、审计师去调研企业，都可以
通过法律文本的事前约束以及派专人的实时跟踪进行事后监督，从而达到
减少信息不对称，控制风险的目的。巴菲特就是这样遴选分析从而决策是
否投资一只股票的。但是，一方面单个人这样做不具备巴菲特或者金融中
介的规模效应；另一方面，每个人都这样做，信息的重复生产也是一种浪
费，信息生产的特点是公共性，一个信息生产出来以后可以为大家广泛使
用。信息交易不同于实物交易，你有一个实物 A，我有一个实物 B，我们
比较交换后你有了 B，我有了 A，但是，信息交换意味着我们都有了 A+B。
所以，当一个更专业的金融中介主体，如银行已经生产出了某个企业的投
资价值与可信度的信息时，这种信息就可作为公共财富为银行的所有储户
共享。

　　概括地说，我们不敢把钱直接贷给一家企业，因为我们自己在信息不
对称下无法判断一家企业值不值得贷款，怎么贷款，贷款后怎么管理。我
们把钱存给银行，因为我们知道，银行可以比我们成本更低、效率更高、
风险更小地把钱贷给企业。实际上，银行就是依靠生产这种值不值得贷
款、怎样贷款、怎样管理的信息，而赚取息差，获取劳动报酬的。

　　这样，我们就不难推理："互联网＋"能否有助于消除这种信息的不对
称性，能否有助于降低普通人的借贷的风险与交易成本？

互联网＋，众包的信息生产机制

　　互联网的缘起恰恰是信息的连接与分享，互联网所链接的无数个人
在大规模协作的前提下是否可以实现金融中介专业化的投融资信息挖掘
与生产？

维基百科的例子告诉我们这是可能的。18 世纪后期，苏格兰启蒙运动的几位成员开始将工业界的科学管理和装配线原理用于百科全书的编写，创造了史无前例的成就。《不列颠百科全书》就是这样出版的。一组组专家应招加入学术文章的创作阵营，服从一个经理的统一指挥，遵照一个详细的计划表工作。这种团队化、专业化的工作方式很像金融中介。

但是，2001 年 1 月，富有的期权交易商吉米·威尔士开始编纂一部网上百科全书，他的方式前无古人——利用大众智慧，向上百万业余专家、半专家甚至自信有点学问的普通百姓通通敞开怀抱。这产生了这个世界上最大的百科全书。更为可贵的是它是免费的，开放的，随时更新的。现在，再出版一本全书，在印刷成品的那一刻很多信息与知识已经过时，所以，人们越来越不愿意付费购买。维基百科，集体生产、免费提供、不断改进、让业余战胜了专业。他们的成功原理可以概括为一个成语——集思广益。这种通过互联网集合众人之力共同完成一项任务的工作机制被称为众包。

互联网具备这种力量可以编纂数百万篇的维基百科，也可以用众包的模式对一个企业的投资价值与风险的信息进行挖掘并分享。这是"互联网＋金融"的价值所在。

通过互联网，金融的专业信息得以挖掘、生产、传播与共享，人们对传统的金融中介依赖性就会大大减弱，加快金融脱媒。借助互联网技术，普通人或者非金融中介机构能够以更低的成本，更快的速度直接进入投融资领域。在互联网的影响下，金融脱媒将深化，互联网将大范围地替代金融中介。

三、互联网、海量交易、双边匹配改变金融市场

市场是交易的场所，市场的功能是交易的撮合，市场信息的作用是将参与的一方的需求与另一方的供给匹配起来。

金融市场按照交易的内容不同，可以分为货币市场和资本市场。货币市场上的交易品是短期的、流动性强的、低风险的现金等价物；资本市场又包括债券市场（交易长期的固定收益的证券）、股票市场、期权市场和期货市场。

互联网＋金融，互联网代替传统的线下的市场，将市场搬到线上，一端连接数量庞大繁杂的资金需求方，另一端连接的是同样数量庞大繁杂的资金供给方。今天，你只需一台计算机、手机、平板电脑，就可以通过互联网随时随地的参与金融市场的交易。沪深股市单日超过 2 万亿元人民币的海量交易，我们很难想象，就在 20 世纪 90 年代，股票交易在证券公司经纪业务的营业部网点，买家卖家通过填写纸质单据委托下单的情境下，如何实现 2 万亿元人民币的交易额。"互联网＋金融"让金融交易变得更简单的同时，也极大地增加了金融交易的规模。

互联网，如何有效的发挥市场的功能，如何有效的匹配海量的交易需求，从而撮合海量的交易，成为一个重大的问题。

美国著名经济学家罗伊德·沙普利（Llogd Shapley）和学者戴维·盖尔（David Gale）最早研究匹配概念（也因此获得 2012 年诺贝尔经济学奖）。1962 年，他们发表文章《大学录取和稳定婚姻匹配问题》，提出了双边匹配算法，被应用于金融领域。互联网可以通过算法、大数据、搜索，帮助供需双方更好地了解彼此的需求、匹配彼此的需求、搜索到合适的交易对象。

互联网非常适合标准化的交易品。例如，股票市场上，每一家上市公司的股票都是标准化的，你买的招商银行 A 股的股票与我买的招商银行 A 股的股票是一样的，在每一个特定的时点，招商银行股票在二级市场的价格是一样的。通过券商的网络版在二级市场交易招商银行的股票，是参与对同一种标准品的拍卖，每一标准品实时拍卖，买家与卖家实时报价、报价匹配，计算机自动撮合。

非标准化的产品的交易除了需要考虑价格匹配以外，还要涉及诸多因素，自动撮合要复杂得多。我们以网络信贷市场为例来分析。

网络信贷市场的非标准化交易的匹配

传统的信贷市场，银行与企业之间信贷的谈判过程是非标准化的。有的企业贷款利率高，因为银行需要更高的风险溢酬；有的企业贷款利率低，因为有规模优势或者所有制优势（在中国，国有企业在获得银行贷款时有优势）。有的企业需要中长期贷款，有的企业需要短期流动性贷款。有的企业需要贷款 10 亿元人民币，有的企业只贷款 30 万元人民币。每一笔信贷业务的利率不同、期限不同、规模不同，所以，信贷业务是非标准化的。

在网络信贷市场，互联网平台可以成为一个开放的匹配清算所，连接着作为资金需求者的贷款企业，作为资金供应者的银行，个人融资者或者个人投资者的集合（如果单个投资者过小，可以通过互联网集聚若干个投资者），进行匹配。根据贷款的条件，匹配的内容包括贷款的时限（3 个月以内、3 个月至半年、半年至 1 年、1 年至 2 年、2 年以上）、金额、利率（不同期限，不同金额、不同用途的贷款利率水平不一样）、付息方式（每月付息，每季度付息，贷款到期一次还本付息）、担保方式（有担保、无担保，抵押担保、质押担保、担保公司担保）、信息披露方式、提前赎回方式、违约处置方式等。

传统的信贷市场，存在众多的、分散化的、每一个都是单独的、一对一的匹配。这样，也很容易理解银行为什么出现规模歧视与所有制歧视，对于银行信贷员的人工操作而言，调研、评估、决策、处理并监管一家企业的信贷，所投入的时间与贷款金额没有正相关关系。为一家大的国有企业贷款 10 亿元人民币与为一家小的民营草创企业贷款 30 万元人民币，投入的时间精力资源成本区别不大，收益可差异数百倍，既然如此，"向有钱人微笑"是一种最优选择。

网络让这一切发生改变，任一用户，无论是贷款的企业，还是有闲置资金的个人，都可以在任意时间、任意地域进行投资与融资信息的聚合和交流，任一用户可以参与，可以互动，尤其是点对点共享机制，如微信、脸书（Facebook）等，让这些用户以不同标准或方式凝结在社群中。相对于传统金融市场，资金的供需双方可以直接对接、对话、交流、谈判。众多的、哪怕很小的投资与贷款需求在自动匹配程序下互相搜索。只要某家企业提出贷款申请，匹配程序就自动地开始运作，根据期限、利率、付息方式、担保方式、信息披露方式、提前赎回方式、违约处理方式等约束条件不断选择，一旦双方相互满足，就实现匹配，撮合交易。如果把建设与运营这样一个网络平台的投入分为初始投入（建设这样 1 个网络平台所投入的成本）和边际投入（平台达到一定规模后每增加 1 个用户所增加的投入），那么，这样的每一次匹配与交易的过程所消耗的边际成本只是网络的流量与数字世界的字节。换句话而言，一旦网络平台建成并达到一定规模，每增加一个贷款需求或者每增加一个投资者对于整个平台而言，边际成本接近于零。

正如克里斯·安德森在《长尾理论》一书中所比较的传统实体零售商沃尔玛和网络在线音乐零售商 Rhap-sody 的经营模式。沃尔玛公司由于货架空间、存储和交付货物的成本约束，销售的商品只能是在一个有限物理空间内的预留选择的畅销产品，沃尔玛公司总收入的 80% 来自 20% 的畅销产品。网络音乐商 Rhap-sody 出售纯数字产品，如音乐或图片等，数字产品存储、复制和分发的边际成本几乎为零，没有货架空间的限制，收入的 98% 来自于非畅销产品。同样，传统金融市场受制于空间、成本的约束，其特点接近于沃尔玛公司，客户倾向于选择"高大上"。"互联网＋"让金融市场的交易者，在理论上可以实现一切人对一切人的点对点，规模"海量"，超越时空。

我们知道金融的定义是价值跨主体与跨时空的交换，其特点是交换的虚拟性，即以虚拟数字符号为载体的信息与权利义务的交换，金融的定义与特点和互联网的逻辑相通，因此，互联网可以把传统线下的金融市场搬到线上。

四、从高大上到蚂蚁，互联网降低金融门槛，促进普惠金融

曾经在媒体上看到过有人非议中国各城市最"高大上"的建筑都是当地的银行总部，似乎银行有奢侈之嫌。假想一下，一家银行的地区总部是二层简易板房，你敢把钱存到这家银行里去吗？在信息不对称的情况下，我们很难了解交易对象的实力，奢侈品的出现在信息经济学上有着减少信息不对称性，增加合作伙伴信任的作用。因此，"高大上"是传统机构金融实力的体现。但是，"高大上"也带来了传统金融成本的上升。银行网点的装修、租赁、员工薪酬这些成本最终都要摊到银行的收入（即存贷款息差）中。信息不对称性、交易成本、风险管控的制约，致使传统主流金融市场排斥性中小企业和低收入人群，因此，传统金融客户也倾向于"高大上"，否则传统金融机构很难获得较满意的利润。

前文介绍互联网基因的章节中说过，互联网的逻辑是去中心化、平等、开放、免费或降低门槛，因此，互联网＋金融的精神也可以概括为金融普惠与金融民主。

普惠金融（financial inclusion）是指立足机会平等要求和商业可持续原则，通过加大政策引导扶持、加强金融体系建设、健全金融基础设施，以可负担的成本为有金融服务需求的社会各阶层和群体提供适当的、有效的金融服务，并确定农民、小微企业、城镇低收入人群和残疾人、老年人等其他特殊群体为普惠金融服务对象。惠普金融是联合国系统宣传 2005 年小额贷年时广泛运用的词汇。由于富裕群体普遍比较容易获得全面的金融服务，普惠金融实际上侧重于弱势群体或低收入群体，目的是使这些群体中有真实需求的人，能够以合理的价格，方便和有尊严的获取全面、高质量的金融服务。

诺贝尔和平奖得主穆罕默德·尤努斯教授在孟加拉的乡村调查中，把钱借给贫困的村民，使其免受高利贷的盘剥。为此，他在国有商业银行内创立了格莱珉（意为"乡村"）分行，开始为贫困的孟加拉村民，尤其是

贫困妇女，提供无抵押无担保的小额贷款业务。同样，中国的农民缺少信用记录，缺少抵押和担保，一直难以获得金融支持，被传统金融体系边缘化。翼龙贷针对农村融资需求，采取实际调研的方式采集构建中国农民的信用数据，把农民的融资需求接入互联网。

根据长尾理论，市场中利基产品种类远远超过少量畅销产品种类、虽然每个利基产品销量微小，但是众多利基产品可以汇聚成长尾市场，规模与传统的主流畅销市场相匹敌。利基产品的数字特征使其储存、分发的成本微乎其微，互联网连接和搜索技术使供需双方的交易成本和搜寻成本显著降低，为众多利基产品提供平台服务的企业也可以获得利润。

同样的逻辑也适用于互联网金融。互联网金融公司依托互联网连接技术和信息处理技术，拓展了信息的传播渠道，降低了交易双方的交易成本，实现了投融资需求自动匹配对接，实现了投融资撮合的便捷与非人工化操作。服务于普罗大众或小微企业，虽然每个用户交易规模较小，数量庞大的大众或小微企业的集合需求可以积沙成塔。[1]

就像蚂蚁一样，虽然渺小，但它们齐心协力，焕发出惊人的力量，在去目的地的道路上永不放弃这是脱胎于阿里巴巴的蚂蚁金融服务集团（以下简称"蚂蚁金服"）命名为"蚂蚁"的原因。

(余额宝案例分析)

2013 年 6 月，来自互联网的阿里巴巴与来自金融的天弘货币基金合作推出"余额宝"的个人金融服务，是互联网+金融的典型案例。

余额宝是支付宝为个人用户推出的余额理财增值服务。个人用户日常暂时不用的活期的零钱，如果在银行存为活期存款，是 0.35% 的利息。但是，如果转到了余额宝，收益是银行活期存款的 10 倍。余额宝把个人用户的沉淀资金转

---

1 霍兵，张延良. 互联网金融发展的驱动因素和策略——基于长尾理论视角 [J]. 宏观经济研究，2015（2）:86-93.

成天弘货币基金。这样，淘宝成了天弘基金的发行渠道，天弘基金成了支付宝沉淀资金的财富管理机构。天弘增利宝基金一跃成为中国最大规模的货币基金。

余额宝最吸引人的是：哪怕你只有1块钱它也可以这么做，每天计息，并且通过信息推送告诉你挣了多少钱。余额宝让"草根""蚁族"也可以轻松便捷地享受金融理财服务。以开创中国互联网理财新时代的余额宝来说，2013年6月正式推出至2014年6月底，用户数超过1.24亿，资金规模超过5700亿元人民币。蚂蚁虽小，但其能量不可小觑。中国股民人数达到余额宝用户的规模花了20多年，互联网的效率由此可见一斑。

支持互联网金融业务的是强大的云计算、大数据和信用体系。以蚂蚁金服的云计算平台为例，这一平台可以支撑每天10亿笔的支付交易，具有30分钟亿级账户的清算能力。基于蚂蚁金服的云计算平台，支付宝对接200多家金融机构，为超过3亿的活跃用户和近千万家商户提供支付服务，每年能完成数百亿人次的电子支付。而蚂蚁金服旗下的保险平台，同样接入了100多家保险机构，为超过1.5亿的用户提供服务。

可以说，正是互联网的开放、平等精神，互联网技术，互联网的长尾模式与平台模式让金融普惠走向深化。

金融平等与金融民主

什么是金融民主（financial democracy）？民主是人民当家做主，作为一种制度指的是在一定的范围内实行平等与少数服从多数的原则治理。

金融民主是耶鲁大学教授罗伯特·J·希勒在2004年的著作《金融新秩序：管理21世纪的风险》中提出的。传统金融的缺陷是"向有钱人微笑"，部分人在金融掠夺中获益更多，如股市中，散户往往受伤，庄家或专家可以获得更大的财富增长。因此，金融民主可以理解为金融平等，金融为每个人服务，每个人获得公平的收益。

根据李耀东、李均的观点，金融民主应包括如下条件：金融服务是人民的一项基本权利的理念；金融体制应促进社会福祉，保证人民共担风险、共享成果；一个公平、公开、公正、透明的监管环境，包括平等的准入门槛，以风险作为准入和监管的主要衡量依据，满足条件者可平等加入；在合法的前提下，市场竞争主体不因其资本结构、所有权归属等遭受区别对待，鼓励与包容金融创新，确保人们方便、自由的选择金融服务的基础设施等。

所谓金融平等，首先是融资者与投资者的地位对等与利益平衡。

根据《2013 年中国企业 500 强发展报告》：2013 年中国企业 500 强中，268 家制造企业创造利润 4382.4 亿元人民币，还不及工商银行、建设银行、农业银行、中国银行、交通银行 5 大国有商业银行利润总和的 57%。从规模占比看，5 大商业银行的营业收入仅占 500 强企业的 6.2%，利润却占到 35.6%；268 家制造业企业的营业收入占 500 强企业的 41.1%，利润却仅占 20.2%。2013 年中国企业 500 强中，15 家银行的收入净利率为 23.9%。而剔除 15 家银行后，剩余的 485 家非银行企业的收入净利率仅为 2.5%。银行的净利润率比非银行企业高 9 倍还要多。

对比 2013 年世界 500 强企业中，除中国外的 45 家国际银行的收入净利率仅有 4.69%，而入围的 9 家中国银行的收入净利率为 24.42%，是国际银行净利率的 5 倍多。我国银行净利率比国际银行高 5 倍多，是因为我们银行业的管理能力与运作能力高 5 倍吗？显然不是。世界 500 强企业中 446 家非银行企业的收入净利率为 4.46%，银行业与非银行业的收入净利率基本相当。

"互联网＋金融"催生的 P2P 信贷与众筹有助于促进金融平等和金融民主。

起源于英国的 P2P 信贷，有资金的投资人，通过第三方网络平台，将资金贷给有需求的借款人。P2P（peer to peer）原来是网络通信技术名词，意思为对等网络，网上各台计算机有相同的功能，无主从之分。每一个节点都既是客户端，又是服务器，没有中心服务器，所有的客户端都提供贷款、存储空间和计算能力等资源。所以，P2P 信贷也被称为对等信贷。对等信贷从对等网络到对等的金融服务，让金融走向民主。每一台终端，不管是手机还是平板，信息对等、透明，用户根据设定的条件可以在全球范围内搜索寻找合适的金融服务，这将彻底的改变金融中介机构与传统金融市场的权利。

传统金融行业对于筹资者与投资者都有较高的门槛。通过众筹，每个人都可以是筹资活动过程中的主体，是融资者或者投资者，每个人都享有金融权利，这种权利不再受财富、社会地位等外化因素的限制，只需要一台能够连接网络的终端，就能参与一个众筹项目的投资。

五、小结

根据前文的讨论，总结互联网＋金融的思维模式如下：

（1）多，服务"海量"客户，多对多，让"海量"的投资者对接"海量"的融资者。

（2）小，从1亿个的小客户身上每人赚10元人民币，而不是从10个客户身上每人赚1亿元人民币。重视草根，"蚂蚁家也会有余粮"。小对小，让个性化的需求被个性化的满足。

（3）新，以理念创新、模式创新、技术创新、产品创新来满足多样化的金融需求。

（4）点对点，直接对等，去中心化，去中介化，金融脱媒。让互联网来采集投融资所需的信息，通过大数据挖掘来消除投融资双方的信息不对称性，互联网让人与人的知识协作替代金融中介的专业化知识生产。

（5）让金融走向普惠与民主。

根据杰里米·里夫金（Jeremy Rifkin）在《零边际成本社会》一书中的预言：互联网以及所带来的物流物联网与能源物联网的革命将使得资本主义逐步淡出世界的舞台，催生一种新的经济模式，其本质就是协同共享。对于互联网＋金融而言，带来的思维模式最重要的改变是共同投资、共同生产，共同消费、共同分享。

最能体现这一精神的互联网＋金融的模式是众筹。

第一节 文化产业融资难，
仅是因为轻资产吗

是所有的文化企业都面临融资难吗？

究竟是什么样的文化企业面临融资难？

什么是内源融资？什么是外源融资？

什么是金融排斥？什么是地理排斥？什么是规模排斥？

为什么版权等无形资产不适合抵押贷款？

为什么同样轻资产的高科技企业比文化企业容易股权融资？

科技企业的成长逻辑与文化企业的成长逻辑有什么不同？

信息产业的成长规律是什么？

债权投资者看重企业什么？股权投资者看重企业什么？

一、是所有的文化企业都面临融资难吗

有人说，文化企业融资难。是这样吗？

2014 年 11 月，华谊兄弟向阿里巴巴、腾讯、平安资产管理、中信建

投证券股份定向增发，完成融资 36 亿元人民币。或许您要说，华谊兄弟是上市公司，融资易是个案。那么，郭敬明持股的上海最世文化发展有限公司（以下简称"最世文化"）不是上市公司，它在 2013 年 12 月 1 日上海新闻发布会宣布浙江华策影视股份有限公司（以下简称"华策影视"）转让郭敬明持有的 26% 股权，完成募资 1.8 亿元人民币。或许您要说，最世文化拥有郭敬明的品牌，还拥有安东尼、落落、笛安等国内人气实力青年作家，比较值钱。那么再看这个例子。华策影视公告称计划用 1800 万元人民币收购海宁华凡星之影视文化传播有限公司（以下简称"海宁华凡"）60% 的股权，这家公司的注册资本为 200 万元人民币，主营业务为艺人经纪业务，成立后尚未正式运营，净资产也仅有作为注册资本金的 200 万元人民币，资产一下子增值 15 倍，从 200 万元人民币增长到 3000 万元人民币，这是因为海宁华凡的实际控制人吴翊凤女士"是台湾第一位送艺人到大陆拍戏的经纪人，曾是林心如、林熙蕾、刘德凯、焦恩俊、刘雪华、孙兴、吴辰君的经纪人"[1]。

在 2012 年，很多企业——沾上文化的概念，就引得热钱汹涌。一家从事预制混凝土桩的研发、生产和销售的企业，上海中技投资控股股份有限公司（以下简称"中技控股"）推出非公开发行 A 股股票预案，拟定增募资金收购曾出品过《致我们终将逝去的青春》与《老男孩之猛龙过江》的北京儒意欣欣影业投资有限公司（以下简称"儒意影业"）。中技控股是与文化产业完全不相关，信息披露后股票大幅上涨。儒意影业在金融危机以后才成立，仅仅几年，价值就超过 10 亿元人民币。这些年，卖鞭炮的熊猫烟花集团股份有限公司，卖汽车的沈阳松辽汽车股份有限公司，做餐饮的北京湘鄂情餐饮管理有限公司等，都在投资文化产业。

有人说，文化企业融资，准确说是向银行融资难，因为轻资产，缺少可抵押物。实际上，通过近两年的摸索，银行开展的文化产业贷款已经从

---

1 皇甫嘉. 华策影视联手"台湾星妈"布局艺人经纪业务控成本［N/OL］. 每日经济新闻，（2013-03-11）［2015-10-11］. http://www.nbd.com.cn/articles/2013-03-11/721531.html.

传统的依靠抵押物与质押物的贷款，向有第三方担保的信用贷款模式转型。与以往版权抵押贷款、应收账款贷款、播映权质押贷款等模式相比，现在的银行针对影视行业的信用贷款更加注重综合考察贷款企业能力、剧本、导演、演员、档期等方面，无须贷款企业提供抵押或质押物。

过去银行要求企业以版权、应收账款、播映权等方式质押或抵押，主要是考虑如果企业在市场上无法盈利，无法偿还贷款，就将抵押或质押资产进行处置从而降低银行风险。企业从市场赚的钱是银行贷款的第一还款来源，抵押资产处置或拍卖只是银行的第二还款来源。银行更加注重综合考察影视企业的能力、剧本、导演、演员，开展信用贷款，而非抵押或质押贷款。这一方面反映出银行对影视市场的深入了解，相信可以依托企业的第一还款来源控制贷款风险；另一方面也反映出银行的相关部门在影视专业判断能力的提升。以民生银行为例，其重点支持的博纳影业集团、太合传媒投资有限公司、欢瑞世纪影视传媒股份有限公司（以下简称"欢瑞世纪"）等国内影视企业在 2013 年陆续推出了《一场风花雪月的事》《非常幸运》《逃出生天》《扫毒》《奥林匹斯的陷落》《偏执》《少年四大名捕》等影视剧，其中多个项目都采取了有第三方担保的信用贷款模式。

可见，笼统地说"文化企业融资难"是不准确的。

实际上，所谓文化企业融资难，难的是盈利能力不强或商业模式不清的中小文化企业。融资难，也并非是因为他们是"文化"企业，并没有产业歧视。相反，在国家推动文化大繁荣大发展的背景下，"文化"二字是加分项。难是因为他们的规模小、业绩差、商业模式不清晰。

其实，中小企业融资难是一个世界的普遍现象，不局限于中国，更不局限于文化企业。2012 年 4 月初，美国总统奥巴马签署颁布的《创业企业扶助法》（*Jumpstart our Bussiness Startups*，JOBS Act），简称"乔布斯法"，就是试图应对解决中小企业融资难的问题。

这已经不是美国政府第一次针对小企业融资难的问题，颁布专门法案了。早在 1958 年美国就颁布了《中小企业投资法案》（*Small Business Investment Act*, SBIA），由小企业局（Small Business Administration, SBA）负责对小企业投资公司（small business investment companys, SBICS）颁发执照、协调管理和融资。小企业投资公司本身就是创业投资基金，只是美国政府参与其计划的财务融资保证。由于政府积极的推动，1958 年法案实施后，小企业投资公司雨后春笋一般纷纷成立，成为 1960 年美国创业投资基金运作的主要形式，但也因取得政府融资过于容易，小企业投资公司良莠不齐。我国政府对小微企业支持融资，也要注意避免美国政府走过的弯路。小企业融资难，有其内在的原因，生硬的帮助，未必有效，可能造成财政与金融资源的浪费。世上没有免费的午餐，因为不该有免费的午餐。

二、中小文化企业融资难的原因

融资分为内源融资与外源融资。

顾名思义，内源融资是企业家把自己的储蓄，企业把自己的经营盈余，转化为投资。但内源融资本身融资量就不多，对于中小企业而言更是极其有限，当无法满足企业自身发展需求时，企业就会选择外源融资。

所谓外源融资，即向企业之外的经济主体筹集资金。它主要包括两种方式，一种是股权融资，融资不用归还，利润大家分配；另一种是债权融资，借钱要还，还本付息。当然，还有兼顾股权融资与债权融资特点的可转债、优先股等。

根据 Weston 和 Brigham 于 20 世纪 70 年代提出的企业金融成长周期理论，中小企业由于自身的信息不透明、信誉基础、规模等原因，获得外源性融资非常困难。中小企业融资难在世界各国，甚至是金融体系较为完善的发达国家都存在。

文化企业的债权融资的问题

债权融资就是"小型企业投资法"。在前文已经讨论过，我们借钱给别人的时候，会考虑什么？是对方的还款能力与还款意愿。然而，大量中小企业生产技术薄弱，财务制度不健全，信用程度低，中小企业破产率远远高于大型企业。如果你担心借出去的钱收不回来，会借吗？银行也一样，它借出去的是储户的钱，要为储户的信托责任负责。

当然，面对那种有一定还款能力与还款意愿的小企业，传统金融机构也可能会借贷。这是因为中小企业的自身特点和融资特点与现行的以商业银行为主导的传统融资体系不匹配。这就是前文分析过的金融排斥（financial exclusion），一般界定为在金融体系中某些群体缺少分享金融服务的一种状态。

金融排斥包括：

（1）地理排斥。相对落后地区，交通不便地区金融服务相对更匮乏，被排斥到主流金融服务之外。

（2）规模排斥。"小微企业的组织和经营特征决定了其融资需求具有灵活性、小规模、高频率和信息传递成本高等不同于大企业的一些特殊性，银行从节约经营成本和监管费用的经济性出发，在同样的选择下，倾向于给大企业贷款，不倾向于给中小企业贷款"[1]。另外，银行有自己的风险控制标准与程序，有些中小企业达不到银行贷款的风险控制要求，既然达不到要求，银行就不能给中小企业贷款。

当然，除了地理排斥，规模排斥，还有所有制排斥，如国有企业比民营企业更容易贷款，贷款利率更优惠。与本文关系不大，这里就不展开讨论。

---

[1] 邢乐成，王延江.中小企业融资难问题研究：基于普惠金融的视角［J］.理论导刊，2013（8）.

为什么版权等无形资产不适合抵押贷款

风险控制，就是如何防范控制企业不愿还款或者不能还款的状况。一般要求：企业做资产抵押或质押；或者要求有其他公司或者专业担保公司进行担保；或者要求捆绑企业实际控制人的无限责任。2007年，招商银行同意向华谊兄弟借款拍摄电影《集结号》，就加上了华谊兄弟公司实际控制人王中军的个人无限责任连带的担保方式，王中军名下的资产包括房产状况，可以保证出现极端情况，华谊兄弟无法偿还贷款的时候，通过处置王中军的房产进行偿付。

简单地说，企业有资产就用企业的资产抵押，企业没有资产就用企业实际控制人的个人资产抵押，或者由其他公司进行担保，都是为了防控企业不能或不愿还款时，处置资产或者让为企业担保的公司替企业还款。

目前所谓的文化企业融资难，专指这种情况：文化企业具有轻资产属性，缺少固定资产，一般拥有的都是无形资产，缺少银行抵押物，所以申请抵押贷款较难。固定资产比较好处置，如土地、房产、大型设备比较容易拿到房地产市场或大宗交易市场进行拍卖，拍卖回来的钱，银行可以弥补损失至少可以减少损失。但文化企业的无形资产，如著作权（版权）、专利权（包括实用新型等），都面临一系列问题，如何估值？如何处置？

集结号版权贷款案例分析

2007年，招商银行对华谊兄弟《集结号》贷款2年期5000万元人民币，贷款性质为版权质押。版权质押，根据《中华人民共和国担保法》与《中华人民共和国物权法》的规定，是债务人（本案例中是华谊兄弟传媒股份有限公司）以版权为担保，如果不能偿还到期债务，债权人（本案例中为招商银行）有权将版权拍卖、变卖，以所得的价款来偿还债务。

但是，我们做一个假设：华谊兄弟未能完成作品，或者作品无法上映，无法偿还招商银行的债务，招商银行拿着一部未完成的《集结号》或者完成但无法上映的《集结号》，招商银行该怎么处置，才能把自己的5000万元人民币收回来，至少收回来一部分。拍卖或变卖？谁会买？行业外的人不会买，他们拿着一部未完成的或无法上映的影视作品没有任何价值。其他的影视公司会买吗？如果华谊兄弟与冯小刚无法完成或无法上映，其他的影视公司就能吗？就算有人买，会以多大的代价买？这个价款能收回招商银行贷款的5000万元人民币吗？

这是所谓文化企业轻资产，缺少抵押物，融资难的原因。

第一，存在价值评估风险。文化产业的版权或者专利的专业性强，版权价值评估非常复杂，如何评估一个剧本值多少钱？由谁来评估？目前，还缺少专门的价值评估机构。在短时间内，即使成立了类似的专门机构，又怎样认定它的评估就是准确客观，而不会被人买通呢？

第二，市场变现能力的风险。无形资产与不动产不同。不动产的价值在一定阶段内基本稳定，即使缺乏专业的经营管理，价值也不会有太大的落差。一块地、一个重型工程机械，在谁的手里价值都差不多。然而无形资产，尤其是文化企业最典型的无形资产——著作权，其价值必须靠人才实现，同样的一部剧本在冯小刚手里和在另一位导演手里，所产生的市场价值是不一样的。

第三，处置风险。版权、专利、商标等无形资产的处置通道不畅，文化创意企业因缺乏市场交易渠道而无法实现版权资产的流动性。风险是通过流动来控制的，版权资产难以流动，就意味着风险难以转移。此外，还存在版权权属争议的风险、版权维护（被盗版）的风险等。

文化企业的股权融资的问题

股权融资是你把钱投给一家企业，换得它的一定股份，你之所以投资，一定是希望这家企业将来不断给你分红或者它的股份价格上涨。

为什么高科技企业比文化企业股权融资容易？

很多中小高科技企业和中小文化企业一样，仅有专利，没有任何有形资产，没有银行倾向的可抵押物，但是，较中小文化企业而言，中小高科技企业更容易获得股权投资。

私募（private equity,PE）股权基金目前较通用的定义为：对未上市企业进行股权投资和提供经营管理服务的利益共享、风险共担的集合投资制度。广义的 PE 的投资涵盖包括企业上市前的各个阶段：种子期、初创期、发展期、扩展期、成熟期和上市前（pre-IPO）等，按照投资阶段的不同，PE 可划分为天使资本、创业投资或风险投资（venture capital）、发展资本（development capital）、并购基金（buyout/buyin fund）、夹层资本（mezzanine capital）、重振资本（turnaround），pre-IPO 资本等。天使资本、创业投资（或风险投资）都倾向于对高新技术企业，进行股权投资。根据表 3-1 对创业投资的定义的汇总，可以发现在"投资对象"一栏表述的都是高科技或高成长的"双高"企业，可见高科技企业是创业投资的方向。

表 3-1 创业投资定义汇总表

研究者	年份	投资对象	投资方式	投资目的
Campanella Kelly Mckierman	1971	高风险高成长的企业	由股权参与的方式提供创业资金	增值变现的资本利得
Dominguez	1974	（1）新创的风险性公司（2）新创的科技导向的企业	直接投资	（1）股利（2）资本利得
Coutarelli	1977	迅速成长的中小型企业	（1）股权或近似股权（2）不以控制股权为目的	（1）股利（2）资本利得
Rind	1981	新创事业或旧事业的新创行为（如重整或扩张现有事业）	（1）高风险、高利润（2）投资前缜密分析调查（3）长期投入（4）直接参与投资事业的经营	资本利得
Pratt	1982	迅速成长的中小型企业	（1）提供上市前各个阶段资金融通（2）上市之后，提供稳健与支持性的投资	资本利得
白俊男	1983	高科技事业	（1）结合资金、技术和人才的投资（2）提供经营管理	（1）长期性资本利得（2）支持高科技事业的发展

续表

研究者	年份	投资对象	投资方式	投资目的
Gonenc	1984	新技术或新构想的企业	（1）资金提供 （2）以特殊的技术来评估、创立和经营该公司	高利润
陈振祥	1985	具高度发展潜力与新技术、新构想的新事业	（1）长期性投资 （2）参与经营管理	高利润回收
康润生	1985	尖端科技产业	（1）专业性的长期投资 （2）主动提供专业知识	协助企业经营资本利得
徐敏雄	1988	高科技或产品生命周期较短的新创事业	（1）长期投资 （2）提供各种专业技巧 （3）股权或近似股权方式	透过出售股权或并购赚取高额资本利得
唐富藏	1989	专门针对高科技事业的小公司	（1）专业性的长期投资提供种子基金 （2）主动参与经营管理	透过辅导股票公开上市赚取高利润
Wise Ray	1990	国内外高科技事业	（1）资金投入 （2）技术咨询 （3）专人驻厂服务	（1）技术转移 （2）取得国外行销通路 （3）资本利得为次要
蔡正扬	1991	拥有新生产技术、发展潜力大、风险也大的事业	（1）资金投入 （2）提供服务 （3）监督经营	资本利得
孙辑五	1991	有创意者创造的新事业，具有高风险的科技事业	（1）资金投入 （2）以专业能力提供经营协助	高额报酬
谢剑平	1996	高成长、高风险、高科技产业	（1）资金、技术、人才与专业管理知识 （2）股权投资	中长期资本利得
丘家邦 吴文彰 许端芳	1999	认为深具潜力、值得冒险且有专门技术又无从募资的高科技事业	（1）直接投资 （2）不参与产品的产销 （3）参与经营决策管力	（1）股利、红利 （2）资本利得

金融投资讲求收益与风险匹配。债权投资，要求还本付息，风险小，收益也固定，双方是签约定的利息。股权投资，不要求还本，可能颗粒无收，风险大，对收益的要求也很高。所以，股权投资一般要求更高的风险溢酬，更高的收益率。中小科技企业一旦突破发展的瓶颈期，业绩与价值呈指数函数增长。彼得·蒂尔（Peter Thiel）投资了Facebook，投资回报高达2万倍。当年为Facebook的第一个总部绘制壁图的涂鸦艺术家，做了一

个明智的决定：要股票，不要钱。这位艺术家名叫崔大卫（David Choe），等到 Facebook 股票上市时，他所持有的股票价值达到 2 亿美元。科技企业一旦突破，市值井喷。

这就意味着，一旦投资选准了中小高科技企业，收益极大。因此，投资者在投资高科技企业时，风险容忍度会大大增强。

但是，中小文化企业的成长曲线与高科技企业相比，要平滑得多。这是高科技企业的增长逻辑与文化企业的增长逻辑的不同造成的。高科技企业的的业绩成长及股权价值的成长，依托的是科技。

典型科技企业的成长逻辑与典型文化企业的成长逻辑不同

我们以信息、生物医药、新材料等三类典型的高科技产业为例，说明科技企业的增长逻辑，并分别与文化企业相比较。

信息产业遵循的 3 个规律。

（1）信息复制的边际成本趋于零。信息产业的固定成本高，复制成本低，这种结构产生了巨大的规模效应，即产量一旦突破一个临界点，复制得越多，单位成本越低，边际成本趋向于零。

（2）摩尔定律。摩尔定律，即计算机芯片的能力将在 18~24 月内翻一番，价格还不到原来的 1/2，信息产品速度越来越快，性能越来越强，价格越来越低。"摩尔定律的理念在信息产业甚至整个高技术产业界都具有很强的指导意义，它涵盖着技术的和经济的双重内容，并揭示出技术和经济相互统一的关系"[1]。

（3）信息平台的价值是平台规模的二次方。互联网把小的平台连起来，扩大网络规模带来的增长是几何倍数的，这也是云技术的价值。而且，平台一旦达到规模会产生一种虹吸的力量，让更多的人加入平台，形成一种正反馈循环。微信公众平台规模增长的案例就说明了这一点。

---

1 周子学 . 互联网冷思维［J］. 中国经济和信息化，2014（10）：5-13.

文化企业更接近于传统行业，边际成本不会趋向于零，华谊兄弟每完成一部电影作品，都需要一次人力物力的再投入。每一部电影作品的单位成本随着公司电影总产量的增长，下降的幅度不明显，能够公摊的大概只有一些管理费用、设备费用、宣传发行费用，比起信息产品的规模效应要弱很多，规模效应甚至弱于一般的制造业。生产100部电影，与生产10部电影相比，每部电影的单位成本下降非常有限。

院线接近于平台，但一个拥有500名用户的影院，与另一个拥有500名用户的影院两者相连，价值不是二次方级增长，所以，万达院线的扩张，只是观众规模、屏幕规模的扩张，观众与观众之间、影院与影院之间没有产生平台效应。

所以，信息产业的发展呈现的是加速度，中小信息企业经过技术生命周期的导入期，完善产品、服务、模式、管理以后，在成长期会高速成长。而中小文化企业即使进入成长期，仍然要一部作品一部作品的生产，一群用户一群用户的开发，仍然是算数增长，而非几何增长。

生物医药企业也有类似信息产业的成长特点。在药品的研发与临床试验阶段，资本投入大，风险也大，新药的开发可能失败。但是，一旦临床成果取得美国的FDA认证、欧盟认证、中国的CFDA认证，其投资价值就能实现井喷。

材料产业是另一种成长逻辑，材料产业是工业之母，人类的大的技术进步与新材料的开发与应用是分不开的。一个新材料企业研发的新材料技术实现突破，如纳米级的涂粉在物理性能、化学性能上大大优于传统油漆。技术的突破，性能的提升，意味着它的应用将持续拓宽，从家具到线缆，从汽车到电子器材，应用的扩展意味着市场的迅速扩大，企业利润的高速增长。而文化企业的一项研发，如一个剧本的成功，虽然也可以向不同的领域延展，从电影到电视、游戏、戏剧，但一方面，这种延展，进入每一个新的细分市场，都需要新的研发生产成本的投入，并不像材料企业一样直接进入新的市场；另一方面，这种延展未必能够保证在新市场的成功，一个成功的电影，未必会成为一部成功的戏剧。

科技企业与文化企业都是智力密集型企业，都高度地依赖人的创造力。不同的是，高科技企业的研发人员可以把创造力转化为物，物可以复制，通过物的复制，一个人或者一群人的创造力可以脱离人，被批量生产，大规模工业化。创造力所转化的物可以脱离人而成长、裂变、扩张，带来相应的市场增加与经济利润。例如，一家科技企业发明了永磁直线运动电机，只要这个直线运动电机的小试、中试成功，开始规模化生产，第一台和第一万台的性能、质量都是一样的，而且随着生产规模的扩大，成本还会降低，可以应用于搅拌机、切割机、冲床、泵车等一系列领域，替代传统电机。这些电机是科技企业的研发人员开发设计的，但它们一旦成功，可以工业化复制，不需要再依托于研发人员的头脑与双手。

文化企业的创作者很难把创造力转化为完全不需要依附自身的产品。云南杨丽萍文化传播有限公司于2014年10月完成新三板挂牌，成为全国第一家舞蹈演艺企业登陆新三板的公司。杨丽萍把自己的创造力转化成了舞蹈剧作品，转化成了物，物可以复制，在全国的剧院巡演，但是每一场演出很难和杨丽萍本人相脱离，如果作为主演，她需要亲自跳舞，如果作为编导，她需要亲自排练，亲自组织舞美、音乐、服装、化妆、道具、演员部门。一年能演多少场？人的精力是有限的。

舞台演出高度依赖于演员，难以大规模复制，但电影、电视剧是可以电子复制的，一部电影、电视剧可以数字化复制，电影在全球数以万计的影院同时播放，电视剧在全国数以百计的电视台次第播出。但是，一个演员一年可以演几部电影，一个导演一年可以拍几部？所以，一个明星是把自己的创造力通过自己的面孔、身体转化为价值，还是通过形象授权变成工业产品再转化为价值呢？

科技企业遵循的是科技规律，科技的产品是可以工业化的，文化企业遵循的是文化艺术规律，文化艺术的产品有的可以工业化，有的只能半工业化，有的很难工业化，有的就不应该工业化。这是科技企业成长与文化企业成长的内在不同。

三、融资的逻辑与文化企业的矛盾

无论是债权融资还是股权融资，融资者能否吸引投资者的资金，一要有还款能力，二要有还款意愿。

债权融资，投资者借贷本金获得利息，是在有限的风险下追求有限的收益。所以，投资者并不关注融资企业的未来的高成长性，而是关注融资企业已经形成的存量资产，作为资产抵押或质押，以控制还款风险。或者关注企业的历史交易记录，即企业的信用。如果融资的企业信用良好，也会给予无抵押、无担保的信用贷款。

股权融资，投资者投入资本金获得股利分红，与融资者风险共担，利益共享，是在更大的风险下追求更高的收益。所以投资者并不关注融资企业过去的已经形成的存量资产，而是更关注融资企业的未来的成长性，融资企业的增量资产。对企业估值的办法是计算融资企业未来收入现金流的折现。

还没有形成明确的竞争优势、明确的商业模式的中小文化企业融资难，不仅是因为缺少可以在市场上迅速变现的，可以明确估值的存量资产作为可抵押物，更重要的是缺少无抵押贷款所需的信用，缺少股权融资所需要的成长性。

（1）缺少良好的历史交易记录。一年忙几个项目的文化企业，即使每年有千万元人民币的收入，百万元人民币的利润，但由于项目运作的间歇，体现在财务报表上，收入并不稳定。而一家中型超市，每一天都会有稳定的收入、支出，历史交易记录清晰完整，其信用往往会好于同等收入水平的文化企业。所以，这种中小文化企业也很难适用于信用贷款。

（2）缺少高成长性。股权投资要求更高的风险溢酬，希望融资企业有高的成长性。但是，前面在讨论文化企业的成长逻辑中已经分析文化企业的成长性往往不如科技企业。天使投资、风险投资，承担着同样的风险，为什么不投资高成长性的科技企业，而选择文化企业呢？所以，这种中小文化企业也很难吸引天使投资或风险投资。

四、小结

融资的两个关键：第一，存量资产与历史交易，即企业的昨天业绩；第二，未来的成长空间，即企业的明天成长。没有形成明确的核心竞争力、明确的商业模式的中小文化企业在这两方面均不占优势。经济学的定义之一，就是"研究稀缺状态下的选择"，稀缺是传统经济学的基本假设。干净的饮用水是稀缺的，每天的时间是稀缺的，金融服务同样是稀缺的，资金分配给谁自然也是有选择的。在传统金融体系下，有限的金融资源当然不愿意倾向这些没有形成核心竞争力与明确的商业模式的中小文化企业。这是所谓中小文化企业融资难的根本原因。

在"互联网+"的背景下，我们从另一个角度来审视：中小文化企业在融资上只有劣势，没有优势吗？如果有优势，是什么？怎么把这种优势转化为融资？

第二节 文化融资的优势是什么

什么是文化企业融资？什么是文化项目融资？

什么是注意力？什么是注意力资源？什么是注意力经济？

为什么文化拥有注意力优势？

什么是部落？什么是文化部落？

互联网是如何加强文化部落的力量的？

什么是影响力？注意力与影响力有什么区别？是什么关系？

为什么说文化的影响力巨大？

什么是消费行为的 AIDA 模式？

为什么说兴趣是注意力经济下一种新的力量？

为什么说信任是投融资的核心因素？

一、文化融资：文化项目融资与文化企业融资

不管是以文化企业为主体的融资，还是以文化项目为主体的融资，在本书中，为了简便起见，都称为文化融资。其内涵是：融资主体将融到的

资金最终投向于文化产品的创造、生产与文化服务的提供上。

文化融资的外延包括两类：

（1）文化项目融资。融资主体是一个或一组文化项目。例如，2013 年，《快乐男声》《新女人本色 3》《大鱼·海棠》和《十万个冷笑话》等电影通过众筹的形式募集到资金，其中《快乐男声》电影版用 20 天的时间筹集到了 500 万元人民币的资金，进行融资行为的法律主体是《快乐男声》这一电影项目，投资者分享的收益也来自这一项目，与这一项目共担风险。

（2）文化企业融资。融资主体是一个企业。例如，2012 年 5 月底上交所、深交所发布中小企业私募债（即中国版高收益企业债）发行办法以来，6 月份已有多家中小企业完成私募债发行。影视企业新丽传媒股份有限公司（以下简称"新丽传媒"）成为在上交所发行私募债的 10 家公司之一，承销商为中信建投证券，期限 2 年，规模 1 亿元人民币，票面利率仅为 7%，是首批募资成功的企业中唯一一家影视类公司。融资主体是新丽传媒这家企业，投资者与新丽传媒发生法律关系，由这家企业还本付息。

本章将讨论文化融资有哪些自己的优势。

让子弹飞一会儿

2011 年，姜文拍了一部电影《让子弹飞》，票房创纪录，据说突破了 7 亿元人民币，超过了之前冯小刚的《唐山大地震》，姜文一跃成为"票房一哥"，一时成为街头巷尾的热议。笔者当时还在做文化企业，向周围做企业的朋友说起《让子弹飞》的现象，他们也都听说过这部电影。一位做房地产的朋友问笔者这部片子票房卖了多少，笔者回答差不多破 7 亿元人民币。做房地产的朋友很奇怪，说"一部只卖了 7 个亿的片子都弄得沸沸扬扬，我哪个楼盘不卖 7 亿！"可是哪个楼盘被这么多人知道，又有谁知道他呢？这个朋友问中国电影年度总票房多少，笔者回答说大概是 200 亿元人民币（当年的数字）。这个朋友很惊讶，我们脑海中那么多如雷贯耳的电影界大腕，数以百计的响当当的名字，一年总产值只有

200 亿元人民币。知道中国有多少企业，单个企业的年产值就超过 200 亿元人民币吗？

这时候，笔者明白了一个道理：数以百计的电影明星、名导创造出的产值对于其他实业的产值而言，实在不足道。文化产业的价值不在产值，而在其注意力与影响力。

由此可见，文化产业中，无论是项目、企业、人，都有其他产业很难比拟的注意力与影响力优势。这能否构成文化融资的优势呢？

二、注意力、注意力资源、注意力经济

什么是注意力

注意力，从字面上解释是注意（attention）的能力，是人的心理活动指向和集中于某种事物的能力。

注意有两个特征：第一，指向性，心理活动有选择地指向一些现象而离开其余对象。第二，集中性，心理活动停留在被选择对象上的强度或紧张。指向性表现为一种选择，对出现在同一时间的许多刺激，选择其中的一部分；集中性表现为对干扰刺激的抑制。

注意，是选择刺激忽视其他刺激。人在同一时间内不能感知很多对象，只能感知环境中的少数对象。感觉（视觉、听觉、味觉等）和知觉（意识、思维等）同时对一定对象的选择指向和集中，也意味着对其他因素的排除。

根据经济学稀缺的假设，人的注意力也是稀缺的，注意到某些现象，势必忽略某些现象。1997 年美国学者迈克尔·歌德海伯发表了题为《注意力购买者》的文章。文章认为现代信息富足乃至过剩，稀缺的资源不是信息本身，而是人们的注意力。[1] 诺贝尔经济学奖获得者赫伯特·西蒙 20 世

1　张芳玲 . 浅析网络传媒中注意力经济与影响力经济［J］. 科学导报，2013（13）.

纪70年代也提出"信息的丰富导致注意力的贫乏"。信息如此之多，我们的注意力是有限人生时间的函数，所以，注意力只能投射到人们感兴趣的少量信息上。

一般人不会关心一个生产履带吊车企业的高管任免，不会关心一个生产农业灌溉设施的企业的融资状况，因为他们没有兴趣。但是，人们会普遍注意影视明星，影视作品、影视企业。这样，影视明星、作品与企业就承载了大多数人的注意力，而一般的企业与产品并不具备这么多或者这么持续的注意力。因此，影视企业、明星、作品就拥有了一种独特的资源——注意力资源。

兴趣引发注意力，注意力是资源，兴趣也是资源。

什么是注意力资源

"广播电视报刊媒介的交易分为两级：一级交易发生在媒介与观众之间，媒介给观众提供信息内容，如新闻、娱乐、电视剧等，换得听众、观众与读者的注意力；二级交易发生在媒介与广告商之间，媒介卖广告时段或版面，广告商表面上买的是时段与版面，实际上购买的是媒介所吸附的来自听众、观众、读者的注意力"[1]。

媒介行业经常把注意力资源更形象地称为"眼球资源"。媒介传播内容回收受众的"注意力"，出售给广告商的也是受众的"注意力"。眼球不准确，因为注意力还包括耳朵。

文化产业中的电视、电影、报纸、杂志、书籍、广播、舞台表演、展览展示、户外媒介、手机移动媒体、动漫、游戏、新媒体等各种文化艺术传播活动，都是在制造、培植、巩固和扩大受众"注意力"，形成注意力资源。文化企业通过获取大众注意力而完成产品或服务的销售，从而获取利润。电影票房与舞台表演的票房与吸引的注意力呈正比，电视剧的收视

1　彭健. 媒介两级交易［J］. 现代传播，2003（6）.

率本身反映的就是注意力水平，书籍的销量、电子游戏的玩家数量、展览展示的收入无一不是与注意力资源的规模深度呈正比。这些威力无穷的文化载体可以跨时空的连接不同的人。

可以说是注意力资源是以内容生产或传播为主的文化企业创造经济收益与社会收益的源泉，一个从事内容生产或传播的文化企业的业务本质上就是不断地制造、培植、巩固和扩大注意力资源，并通过注意力资源获取利润。

注意力资源是可以计算衡量的。例如，一个媒体的注意力资源，就可以通过其收视率、订阅率、千人成本（即广告投放后获得一千人的注意力其成本多少）等方式测量。一个媒介的注意力资源等于其所吸引的受众的数量乘以质量。数量很容易理解，一个媒介吸引的受众数量越多，价值越大；质量指的是受众的经济实力、消费意愿与社会影响力。一本财经杂志读者数量可能比不上晚报，但其注意力价值未必低于晚报，现在晚报的读者多是退休老人、普通市民，而财经杂志的读者是大多数企业、金融的精英，他们的收入水平、消费水平与社会影响力不同。媒体吸引受众，拥有注意力资源，媒体把注意力资源卖给广告主，把注意力资源转化为钱。所以，媒体经济一般被称为注意力经济。注意力经济远远不止媒体经济，企业的品牌、企业家的声誉等都与注意力资源相关，都可以转化为经济价值。声誉是用一种产品吸引了多少注意力来衡量的，它可以转化成为其他有价值的东西。

什么是注意力经济

注意力经济（the economy of attention）是指由注意力所形成的经济。

20世纪70年代，诺贝尔奖得主赫伯特·西蒙说："随着信息的发展，有价值的不是信息，而是注意力。"美国加州大学学者 Richard A. Lawbam 1994年发表《注意力的经济学》（*The Economics of Attention*）。

美国的迈克尔·戈德海伯（Michael H.Goldhaber）1997年发表《注意力购买者》指出，经济学研究的课题是如何利用稀缺资源，信息社会中的稀缺资源不是信息。尤其是互联网的出现，信息不但不稀缺，反而过剩。面对过剩的信息，另一种资源变得稀缺，就像西蒙所说，信息越多，注意力越稀缺。人们的注意力是现代经济的稀缺资源。因此，与其称现代经济为信息经济，不如称之为注意力经济。传统经济下的主导稀有资源土地、矿产、设备、资本等物质因素正在转变为"注意力"。

美国电视的黄金时代被称为饮水机效应（watercooler effect），Watercooler是办公室里喝水的地方。饮水机效应指的是办公室里围绕某个大众文化事件的热烈讨论。

注意力可以传递，受众的注意力从关注名人到关注名人所做的广告，所谓爱屋及乌。

《娱乐至死》与粉丝时代

美国学者尼尔·波兹曼写过一本书《娱乐至死》。他以美国社会为例指出，现实社会的一切在娱乐化。

例如，某明星在露天体育场开演唱会，当晚突然天降暴雨，在明星出场以前的热场节目时，瓢泼大雨已经使整个现场水流成河。观众可以选择离开，但是，相当大一部分的观众站在雨中，坚守等待明星的出现。当明星最后登场时，台下高呼着他的名字，声音可以盖过风声雨声，他们举起已经准备了一个多小时的明星大头照看板，写着明星名字的发光屏。明星冲他们打招呼：你们冷吗？他们在风雨交加中喊：不冷！

想象一下，中国有多少个明星，大约就有多少个这样的文化亚群体。人们把这种以兴趣为纽带，以文化为载体的人群称之为文化部落，这将成为一种新的社会组织形态，影响生产、分配、消费、投资。

《与狼共舞》与文化部落

经典的美国电影《与狼共舞》是美国影星凯文·科斯特纳的作品，主要内容是在美国西部拓荒进程中，一个白人军官如何在西部逐步融入印第安部落的故事。白人军官和印第安部落在一开始接触的时候，是彼此戒备的，看对方的生活都觉得很奇怪，格格不入，因为有巨大的文化差异。

笔者理解为什么两个不同的文化部落会有冲突，不仅是白人和印第安人之间，同是歌迷，由于追捧的偶像不同，可能也会有冲突。

原始社会中一些血缘相近的人，在一定的地域共同生活，形成有共同宗教信仰、共同图腾、共同语言、共同生活习俗的群体，是最早的氏族部落。我们所说的文化部落侧重于"文化"二字，群体成员年龄、职业、社会地位、收入水平可以大相径庭，但他们有共同的特殊的兴趣、共同的特殊的信念或者价值观、有共同的特殊的文化诉求。

有星战迷、变形金刚迷，有快闪一族、有跑酷一族。摇滚迷已经很酷了，他们有人喜欢金属，有人喜欢重金属，有人喜欢迷幻，有人喜欢黑色重金属，彼此嗤之以鼻。无法说服一个部落完全接受另一个部落，但可以进入一个部落，就像凯文·科斯特纳扮演的白人军官，走进去，穿上他们的衣服，脸上抹上同样的炭黑，头上戴着同样的羽毛，跳同样的舞，不要闯入，而要融入，一旦成为其中的一员，就被认同、被信任、被保护。

每个人可以属于多个部落，如同时是爵士乐迷、阿森纳队的铁粉、电影资料馆欧洲电影的爱好者。大众文化已经四分五裂，但是，并没有重新组合成另一种文化，相反，它转化成了无数种小众文化，它们正在以一种变幻莫测的排列方式同生共息，相互影响。

小众文化的最终崛起会重塑社会的景象。人们正在分散到成千上万的文化部落中，部落之间的主要纽带已经不再是地理位置的邻近和工作场所的闲谈，而是共同的兴趣爱好。

互联网与文化部落

一方面，文化部落走向多样与分散，另一方面，恰恰是"互联网 +"，让每一个部落成员更容易找到彼此。2002 年，皇家马德里队到北京与国安队踢球，在看台上，能看到皇马的球迷用油彩、旗帜、球衣，把自己和国安球迷区分开来。在北京工体——国安的主场，这些散落在北京乃至全国各个角落的铁杆的皇马球迷聚集起来，他们都没有想到还有这么多"同类"，惺惺相惜。

今天，皇家马德里球迷可以在线收看皇家马德里对尤文图斯的半决赛，可以边看边在网上吐槽，得到一片共鸣。还是王朔在《阳光灿烂的日子》里那句话——五湖四海皆兄弟。

今天，无论你的爱好多么生僻，你都能找到你的"同类"，你的部落。可以说文化部落存在于网络上的每个角落，他们构成了整个网络社会，他们也构成了整个社会，正在重新构建人与人之间的关系。

互联网让每一个宅男知道自己并不孤独，甚至感觉走在游行的队伍里，进行着伟大的行军。互联网让每一个文化部落的力量得到加强，人感受到自己在群体中，会对群体更有向心力，这形成一个正向因果关系的循环。部落成员的一开始的聚集是以某个人（如明星），某个组织（如皇家马德里队），某个兴趣（如跑酷）所吸引，一旦形成就融合社群的特点，彼此互动、相互加强，交织成网。例如，郭敬明的小说与他自己积累的粉丝使三部《小时代》总票房超过 13 亿元人民币，是中国电影史上票房最高的系列电影。这就体现了文化部落的影响力。

三、什么是影响力

影响力，一般认为是用一种被他人愿意接受的方式，而改变他人的意志和行为的能力。这个表述与约瑟夫·奈提出的软实力非常接近。软实力更准确的翻译应该是软权力，是针对硬权力而言。硬权力简单地说就是威逼或利诱，使他人改变意志或行为；软权力简单地说就是用文化影响价值观，从而引导他人改变意志或行为。

我们对注意力与影响力做一个区分（见表3-2）。

表 3-2　注意力与影响力

注意力与影响力	差　别
注意力	吸引心智 针对信号接收方，类似于英文的 pull
影响力	改变心智 针对信号发出方，类似于英文的 push

（1）如果说注意力是一方吸引另一方心智的能力，那么影响力就是一方改变另一方心智的能力。获得注意力是产生影响力的基础，一个人、一个企业、一个产品首先拥有注意力，才能获得影响力。

（2）如果说影响力针对发出方来讲，在英文里相当于 push，那么注意力针对接收方，在英文里相当于 pull。受众在向文化活动者、文化作品投射注意力的过程中，不知不自觉中受到文化活动者、文化作品的影响，改变自己的心智。

以代言广告为例。找明星代言，不仅仅是因为明星将粉丝对自己的注意力转移到了自己代言的产品上，还因为基于明星的影响力，可以使粉丝对产品从关注到尝试使用。从某种程度来说，粉丝就意味着忠诚的买方。

毋庸多言，文化的影响力是较大的。

我们的童年时代会因为一本书改变人生的理想；我们少年时代会崇拜一个明星，把他作为人生偶像；我们会因为看一部电影，影响人生观念，甚至生活道路。

即使没有这么显著，也会有类似下面的情况。

你看完一部不错的电影会在第二天和朋友聊上几十分钟；但是你家的冰箱制冷能力不错，你通常不会在第二天与朋友为冰箱聊几十分钟。你多少喜欢三五个男女明星，知道一些心中的"男神""女神"的情感故事；但是你对某个餐厅印象良好，你通常不会关心大厨的恋爱。

在文化部落中这种影响力得到正反馈式的自我强化。例如，在名明星的演唱会上，误闯进去的非部落成员一定也有，如陪老婆来追星的，为了女友开心假装喜欢的，在那样一个几千支荧光棒挥舞，几千张嘴齐声歌唱的夜晚，如果不刻意排斥，是很容易被气场裹挟，被氛围感染的，一旦你跟着千百双手一起挥舞，一旦你的羞涩被尖叫冲破，一旦你跟着起哄，你就成为这股不断加强的影响力的一分子，在影响其他人的意志、情绪。

文化的影响力又是深远的，你感慨人生的某句哲思名言或许来自你许久之前阅读的一本书；你的某个决定或许来自一个文化印记日积月累潜移默化的沉淀；你听到一段十几年前的歌曲还能带来当时的感动，带入当年的情境。

文化的影响最深的体现在信仰上，尤其在文化部落中。

《汉语大辞典》中对信仰的定义是：信仰是对某种主张、主义、宗教或某人的极度相信和尊敬，拿来作为自己的行动指南或榜样。《简明不列颠百科全书》认为，信仰是在无充分的理智认识足以保证命题为真实的情况下，就对它予以接受或者同意的一种心理状态。所以，如果一名影星为自己的电影，一位歌星为自己的音乐会融资，他的粉丝们会不介意经济回报地无条件予以支持。

这就牵涉到文化的注意力、影响力对融资的作用。

AIDA 模式，从注意开始

消费行为学有一个消费模型，说的是一个消费者对一种产品或服务的消费行为的逻辑过程大致遵循如下的顺序：注意（attention）—兴趣（interest）—决策（direct）—行动（act），用英文单词的第一个字母连缀起来，就是 AIDA 模型。消费者消费的过程，从心动到行动，与投资者投资的过程是接近的。消费者与生产者的消费达成，投资者与融资者的投融资达成，本质上都是一次交易过程。前者是商品或服务与货币的交换，后者是资本与权益的交换。我们可以套用 AIDA 模式分析投融资的交易。

首先是注意。我们知道注意是稀缺的，在众多的可选择的商品与服务中，如果你不能注意到某件商品或某种服务，那么这种商品与服务就完全没有被消费的可能。同样，投资的标的，融资的项目也是海量的。对于银行而言，希望获得贷款的企业是众多的，对于风险投资家而言，希望获得股权投资的企业是众多的。如果不被注意，或者获得注意力的不足，也不具备融资的可能。文化企业或者文化项目拥有注意力资源，更容易被关注。在融资的初始选择阶段占据优势。

1998 年，笔者到南方证券公司作财经公关。当时股市上的明星是四川长虹，家电业蓬勃发展，长虹走进千家万户，股民都知道长虹的产品物美价廉，也就可以大致判断长虹的业绩，于是纷纷购买长虹的股票。当时，两只股票摆在你面前，一只叫四川长虹，一只叫江钻股份，你会选择谁？当年，对于中国绝大多数没有多少财经知识的普通股民，对江汉钻头这样一个不被关注的企业、不被关注的行业，怎么判断它的价值与成长性。于是，笔者为江钻股份制作了广告片，并使其在中央电视台第二套节目播出，同时撰写了投资价值分析报告在《中国证券报》刊发，介绍江汉钻头是中国钻头的领先企业，钻头听着并不高大上，但如果告诉你，它是中国油田挖掘重要的工具，在石油开采的钻头市场拥有最高的市场占有率，并将成为中国大陆架石油勘探的先行者，中国海洋资源开发的重要战略储备，听着是不是更有吸引力与投资价值？我们选择股票，往往因为熟悉。熟悉意味着我们了解它更多的信息，意味着在一定程度上减少了由于信息不对称所带来的紧张感。紧张，有以下两个原因：

第一，来自信息不对称，所以，我们在陌生的地方，做陌生的事会紧张。

第二，身份的不对称，所以，我们见到顶头上司会紧张。文化企业有其先天的注意力优势，能给我们带来更多的信息。

中国股市的注册制在 2015 年年底，最迟 2016 年上半年就要推出了，有一天，当上市门槛大幅下降，股市上有更多的企业可供投资的时候，你会选择哪一只股票？现在的新三板市场已经呈现了这种局面，有的企业挂牌，股价被热炒，有的企业挂牌，却无人问津。

四、兴趣：注意力时代的新力量

消费者注意到一种产品，并不意味着会立刻购买它，消费者要对这件产品感兴趣，才会考虑购买它。兴趣是消费行为的关键环节。在投融资中兴趣也很重要。

也许你要说，投资是一个理性的决定，我们选择一只股票并不意味着对它有兴趣，而是认为能从它身上赚钱。我们贷款给一家企业也并不因为对它有兴趣，因为它可以保证还本付息。你说的对，但要看怎么理解兴趣这个词。在你分析判断这只股票能否让你赚钱的时候，在你评估这个企业能否保证还本付息的时候，你已经在向它投射你稀缺的注意力，你已经在对它发生兴趣。

在股市上，有家企业叫天立环保，改名后，叫神雾环保，是不是感觉它能够治理雾霾。这就增加了公众的兴趣。业绩的改变是缓慢的，而公众的兴趣是可以引导的。所以，你的审美标准不能孤芳自赏，你要选的是其他人这一段时间都有兴趣的股票。

兴趣决定人们如何分配属于自己的稀缺的注意力，兴趣也决定人们对时间、精力、体力的分配。你会为了爱好，赶赴一场球赛，虽然一分钱都挣不到（除非你是职业球员或者和球友赌球），但在球场上，你的投入度甚至大于在给你发薪酬的办公室。美国科学管理之父弗雷德里克·温斯洛·泰罗就发现这个现象，工人在工厂里拿工资，干活并不投入，在周末业余球队，自己搭钱，却全力以赴。兴趣是最好的动力，决定主动性、积极性与创造性。

文化所创造的兴趣会引导投资。如果你能为即将融资的文化项目或文化企业创造出吸引他人的兴趣，你已经走到了领先的位置。

决策，是信任最重要的前置因素

笔者在博士论文《基于信任视角的私募股权投资决策模型》中，根据国内外的研究与在国内调研的实证，证明了在私募股权机构投资决策过程中，信任是最重要的前置变量。其实，不仅是私募股权基金的投资决策行为。2015年的春夏之交，股票的消息满天飞，各种朋友告诉你的股票都说可以大涨。你不可能买所有的消息股，你会有所选择，但选择的标准是什么？

我们在前文分析了信任按照不同维度，可以分为历史的信任与未来的信任，能力的信任与意愿的信任，关系的信任与制度的信任。你的朋友以前告诉你一个股票消息，很准，买进去就涨，涨得很快，你信任他提供的消息，这属于来自历史的信任。你的朋友和你关系不错，你信任他不会忽悠你接棒，在打算出货的时候把消息透露给你，这是基于关系的信任。你知道你的朋友希望你挣到钱，这是基于意愿的信任。但是，仅仅这些似乎不够，如果你的朋友不懂股市，你即使信任他的为人，但不确定他从哪里道听途说得到的消息，你未必敢买。如果你的朋友在金融业位居高位或者有多年的炒股经验或者本人就是庄家，你会更信任他的消息，这是基于能力的信任，基于未来的信任。如果，你的朋友自己在同样价位也买进去，并且承诺说你赔了算他的，这增加了刚性的条件，你也会买进去，这是基于制度的信任。这是我们生活中的例子。

下面，我们根据股权投资决策模型来看信任的作用。

以信任为关键中介变量的股权投资决策模型

投资者和融资企业之间是一种合作关系，利益共享、风险共担，有共同的目标，都希望融资企业实现价值成长，为双方带来价值增值。

但是，投资者和融资企业的信息是不对称的，无论投资者怎样做尽职调查，融资企业比投资者更了解自己的企业。俗语所谓"买的没有卖的精"，是因为卖的更了解自己手里的商品。信息不对称会造成"逆向选择"和"道德风险"。所谓逆向选择，是接受合约的人，如融资企业拥有私人信息，即投资者不了解的信息，并且利用此信息在交易过程中通过损害投资者而谋取私利。所谓道德风险，是指交易合同达成之后，一方如融资企业在最大限度增进自身效用的同时做出不利于信息缺乏的投资者的行为。你把钱投给他，是希望他完善技术、改进生产，从而提高企业业绩，你很难了解他企业的重要供应商之一是他的朋友，他通过加大采购成本，从朋友那里挣到钱，而没有把利润留在你投资的企业。

所以，投资要基于对融资企业的信任。有两种办法：

（1）建立关系信任。基于情感、社会关系网络、共享价值观的信任。我们信任亲人，因为有感情、有血缘；信任同学、战友，因为有社会关系网络，如果他们背叛，我们可以让整个社会关系网络知道他的背叛；我们信任一位知己，因为我们了解他的价值观和我们是相通的。所以，我们考察融资企业的时候，管理团队尤其是创始人的人品是重要的考虑因素，我们通过沟通了解他对我们双方共同目标的认知，了解他的价值观，我们需要确信他不会为小利益而做出逆向选择与投机行为，因为他有价值观的底线。如果你们对未来的企业愿景建立共同的信念，你会相信在未来的不确定中，他会和你携手同行。

（2）建立制度信任。通过事前、事中、事后的控制机制，保证投资。签署详细的文本复杂的契约是为了加强事前控制；派人进入被投资企业的董事会，实时了解它的经营管理与财务法律状况是为了加强事中控制；通过股权回赎、优先分红、优先清算条款是为了加强事后控制。建立这些正式的制度都是为了形成制度的信任。

综上所述，信任是投融资决策的先决条件。

五、小结

文化企业的优势是拥有注意力与影响力资源。从注意力到影响力，从兴趣到信任，消费行为如此，投融资过程同样如此。注意、兴趣、信任是产生最终投资行为的前置条件。

当文化通过凝聚受众注意力，激发受众兴趣，从而向受众释放影响力，增强受众的信任的时候；当人们在文化部落中形成共同的价值观、共同的信仰、共同的社会关系网络、共同的情感的时候，文化的一种新的投融资机制就产生了。

第三节　互联网＋兴趣＋信任，
文化融资的新机制

什么是创客？

什么是互惠经济？

什么是投资？什么是消费？什么是生产？

投资的回报一定是货币吗？

为什么说众筹淡化了投资与消费的边界？

什么是粉丝经济？

为什么说原来的粉丝经济仅仅是粉丝消费经济？

一、创客，生产与消费边界的模糊

传统的生产是专业化分工协作的大规模生产，可以在单位时间内生产出尽可能多的单一产品，并且降低产品成本。但是，今天的生产是多样化的。不仅仅是明星，普通人也不喜欢撞衫，这意味着要生产更多款型、质地、风格不同的衣服，否则如何能避免撞衫？限量版的服装、手表、皮包、茶壶、酒具更受欢迎，因为人们喜欢的商品是个性的，充满创造力的。

一种新的生产者正在崛起，他们是研发者、是设计者、是生产者，是第一批消费的试用者，是推广者、是自己产品的形象代言人。在他们身上生产、流通、消费的边界在模糊。笔者把他们定义为创客。

创客自我出版小说，自我制作播出微电影，自我生产某种 App 软件，他们的产品有时是给自己用，有时是一种给朋友的礼品，有时是创客所在的文化部落的文化符号用品。他们有人是专业的，有人是半专业半业余的，有人完全是在玩票。北京有一支乐队，所有成员都是成功的企业家或高级职业经理人，他们有时会去演出，带着很高级很奢侈的乐器，自娱自乐兼娱乐他人。创客很接近于马克思所设想的个人自由全面发展，每个人都能在他所喜欢的任何一个领域获得成就。

思想的分享与产品不同，产品给了别人，我就没有了，产品是私有的。但是，思想、知识、信息与人分享，我并不减少；相反，在分享知识思想的过程中使我们的思考更加清晰、更加成熟。我在"生产"，其实我也消费了我的生产。生产者与消费者之间的传统界限已经模糊。所以，笔者认为这是一种互惠经济（gift economy）。提姆·奥莱里（Tim O'Reilly）预言这是一个 DIY（人人动手）的时代。

分散化的、积少成多的创业资本

与新型的、分散式的、小型化的生产模式相对应，金融资本也在发生改变。

传统的金融资本是建立在如下的假设基础上的：个人财富积累到一定程度可以购买其他生产要素，主要是生产工具转化成为金融资本。从手工业走向资本主义大规模生产，就是新兴的富裕阶层获得了可以购买大机器生产设备的资本，使家庭手工业者无法和规模经济相抗衡，被迫失去独立性。

今天，一个大学毕业生或者在校生，就可以创立一家企业，他不需要个人财富积累到一定程度购买大型生产设备作为金融资本，驱使劳动力生产，而是靠自己的创意、热情，找同学帮忙，找父母赞助，用很少的启动资本，开始创客型创业。例如，某在校大学生开发了互联网平台，在校园内租赁线下场所，以线上线下相结合的方式开展校园二手货交易。他需要的不是大的金融资本，他可以在不同校园内组织不同的同学集资创业。

资本从传统意义上的大的金融资本变为分散的、积少成多的、以社会关系网络为纽带的新的资本，与这些资本同样重要的事这些资本所凝结的社会资源，那些同学的智力与激情。苹果、谷歌、脸书（facebook），无数个伟大的企业就是这样成长起来。

二、众筹，投资与消费边界的模糊

投资与消费不同的是，投资以投资收益为目的，消费以获得某种需求满足为目的，但是，如果我们再问一个问题，投资回收的货币的目的是什么呢？消费商品或服务的目的是什么呢？

如果货币、商品、服务都是人生的工具，不是人生的最终目的；那么，实现人的需求的满足，如马斯洛所说的五个需求层级（最近看到有人说是六个需求层级）的满足，可以不需要货币、商品、服务的中间载体。

例如，你投资是为了挣钱，挣钱是为了消费，那么如果投资直接就成为一种消费呢？或者，你认为人生就是追求欢乐，如果投资能够带来的直接效益就是欢乐，那么是不是其他的所谓投资回报就可有可无了呢？

动漫电影《十万个冷笑话》，依托动漫所集聚的粉丝，发起拍摄大电影的众筹，超过 5000 人参与众筹，筹集到超过 137 万元人民币的投资，并于 2015 年 1 月初上映，票房热卖。《十万个冷笑话》的微投资人投资《十万个冷笑话》，仅仅是为了获得经济上的投资回报吗？我们该以一种什么样的角度来看待他们获得的投资回报？据说，在《十万个冷笑话》影厅里笑声不断，一个投资者能够为别人带来欢乐，是不是已经获得了投资回报？

　　著名歌星杨坤采用众筹的形式为 2014 年 10 月 25 日的"今夜 20 岁"演唱会筹资，项目于 2014 年 8 月 14 日上线，粉丝可以通过参与众筹，获得演唱会的门票、杨坤的签名 CD、签名海报等礼物，有机会出席演唱会的庆功宴。结果 24 小时内便成功募集到超百万的资金。投资杨坤演唱会的粉丝看重的投资回报不一定只是经济利益，可能是门票、签名 CD、签名海报这些有形的产品，与杨坤近距离接触、合影这些无形的附加价值。在这个过程中，他们已经获得投资回报。他们是杨坤的投资者，也是杨坤的消费者，同样，《十万个冷笑话》的 5000 名投资者，是《十万个冷笑话》的投资者，也是消费者。

　　传统的文化产品生产方式是投资者投资、生产者生产、消费者消费。众筹，使共同投资、共同生产、共同消费成为可能。

　　其实，从 18 世纪开始，文艺界就在使用众筹，莫扎特、贝多芬都曾采取这种方式为自己的音乐作品筹集资金。英国诗人蒲柏在翻译古希腊史诗《伊利亚特》时，就承诺给每一位投资者一本早期的英文版《伊利亚特》，从而吸引了 575 名用户的支持，筹集到了 4000 多几尼的英国金币完成翻译出版。毫无疑问，这些投资者是书籍、阅读或者古希腊文化的爱好者。

　　当投资、生产与消费是分离的，投资更有可能失败。因为投资者无法预料生产者生产出来的产品能否卖得好，能否回收自己的投资。

　　但是，当投资与消费的边界模糊后，相当于以销定产，以产定投，如果生产有充分的柔性，不用考虑起始的巨额固定资本，而是每一个消费决定每一个单位的边际成本，那么投资的风险理论上可以在投资前排除。因为风险是不确定性，是以消费定投资，已经消除了这种投资的不确定性。

　　同时，这也降低了投资交易的信息不对称性，投资人和生产者的协议，生产者与消费者之间的约定，使投资者、生产者、消费者之间有必要共享的信息更容易被创造，更容易被传播，更容易被不同的经济主体所掌握。传统模式中各个经济主体之间的信息分布不均，存在信息偏差的问题，会大大减少，也就减少了投资交易过程中各个参与者由于信息差别而导致的道德风险问题与逆向选择行为。

三、众筹，仅仅是筹钱吗

"顾会霞认为一个企业的成长过程是一个不断融资的过程。尤其是高成长性企业需要持续性的、较大规模的、不易事先规划的资金不断注入，需要外部的可靠资金作为联盟"。[1] 企业需要对外融资。

但是，企业面对的许多问题不是单纯的资金投入就能解决的，企业需要的不仅仅是投资者的钱，还有投资者的资源。尤其是早期企业，需要投资者作为"辅导者"给予多方面的支持；需要投资者作为经营伙伴，以共同面对伴随着成长而更加不易管理的经营环境。在企业向风险投资、私募股权基金等专业的投资机构募资时，这一点尤为突出。融资不仅仅是为了获得资金，也为了获得企业上市的辅导，企业管理的规范、企业的战略协同资源等。专业投资者所具有的信息资源、人力资源及其他能力，在不干涉企业日常经营的前提下，对企业的发展，主要是重大战略决策予以支持，有助于企业培育竞争力，有助于企业的成长。

向专业机构融资能够获得协同资源，向社会广大普通微投资者众筹有这样的作用吗？

《大鱼·海棠》于2014年6月17日开始在"点名时间"上众筹，短短10余天就吸引了1800多人支持。在众筹融资的同时，参与众筹的人同时也成为了项目宣传方，众筹不仅具有融资的作用，也是一种营销，人们的注意力被吸引过来。另外，众筹项目的受欢迎程度也能从侧面提前预测市场。

众筹，不仅筹钱，投入资金与注意力的人与众筹的项目进行了紧密的

1　彭健.基于信任视角的私募股权投资决策研究［D］.澳门：澳门科技大学，2013.

捆绑。毕竟投了资金，不管多少，相对其他与自己无关的事，自己总会多一些关注，多一些支持。每个人的资源汇聚在一起，对于众筹的项目是一种巨大的社会资本。

兴趣引导众筹投资

经济学以"理性人"为假设，理性人搜集信息权衡得失做出对自己最有利的决策。现实中这种假设是不成立的。

按照长尾理论的观点，我们正在从一个大规模市场退回到由无数个小市场组成的市场。定义不同市场的不再是地理位置或者消费人群的外在变量，如收入水平、职业、年龄、性别等，而是兴趣爱好。喜欢粉色系新潮服装的未必是少女，还有卖萌的大叔，抓着青春的尾巴不愿意放松的大妈。不仅是消费变成兴趣导向，投资也在受到兴趣的影响。有人投资黄金保值，有人投资玉器保值，除了理性的投资保值的预期以外，选择黄金、玉器、红木家具、字画的不同，很大程度上受到兴趣的影响。

以前，我们用风险偏好来区分投资者，有人厌恶风险，有人喜欢冒险。今天，我们发现人是多面性的。在单位上班的时候，他可能是一个谨慎有余的人，但是他在股市可能配了4倍的杠杆在炒股。一个投资银行的分管风险控制的总监可能会参与杨坤演唱会并无投资保障的众筹。

根据杰里米·里夫金的分析，很多众筹的参与者并非为了钱，而是享受帮助他人实现梦想的感觉，亲身感受微薄的贡献是如何积少成多并最终推动项目向前发展的。笔者认为很多人参与众筹并没有里夫金认为的这样伟大，更多的是出于一种乐趣。费里德里希·席勒在其著作《审美教育书简》精辟地指出："只有当人充分是人的时候，他才游乐；只有当人游乐的时候，他才完全是人。"杰里米·里夫金在《第三次工业革命——新经济模式如何改变世界》一书中认为："这只是一种新的深层游戏。人们摆脱机械劳动的桎梏，从事深层游戏，在共同探索中，感受对方，超越自我，与更加广泛甚至所有的生命团体建立联系。"

深圳的智客空间作为一个众创空间，面向股东众筹，不到 1 个月的时间已经有 30 位股东资金到位，还有股东想加入进来。这些股东都是各界的企业家、职业经理人、社会活动家，他们并不缺少投资机会，并不缺少投资收益更大的投资机会，投资智客空间，主要是出于一种兴趣。

尤其在文化部落中，大家有共同的兴趣爱好，最容易发展基于兴趣的众筹融资。笔者知道有一些孕妇为了共同食品安全走到一起，通过众筹的方式从食物原产地共同采购，建立了基于她们微信朋友圈的安全绿色食品的投资、购买、物流、销售系统。

四、注意力 + 影响力是"互联网 +"文化产业的融资优势

文化产业的产品、服务、资源更能吸引大众的注意力，文化产业的作品与明星具有更强的影响力。注意力的集聚与影响力的辐射，让信息更充分、更及时、更全面、更透明地传送，有助于消除信息不对称。

购买一款车，了解它的设计师、它的生产者，它的制造过程是相对困难的、复杂的；但你去电影院购买一张《速度与激情 7》电影票时候，对于导演、演员、剧情、幕后故事、观众评价、笑点，很可能已经耳熟能详。购买一件衣服，你不会准确知道它的投资成本，但你知道所购买的《变形金刚》电影票，代表着你可以看一部投资 10 亿美金的大片，你早已在网上知道这部影片的成本，甚至可以知道导演拿了多少、演员片酬是多少。

互联网有两个关键基因：一是互联网架构的无中心化；另一个是信息复制成本趋于零。在此基础上，延伸出了平等、开放、共享、免费的互联网精神。注意力的搜索与跨时空集聚，影响力的扩散与累计加强变得更加容易。

你知道在这个大城市的某个角落，一定有人与你一样喜欢上海电影译制片厂配音的经典外国电影，你在传统院线上看不到这些怀旧的寄予着你的童年梦想的影片，但你可以在网上找到一群志同道合者，大家集资在电影资料馆租赁一个拷贝，在一家影院的早间非黄金时段租一个小厅，坐在一起看

《佐罗》《神秘的黄玫瑰》《卡桑德拉大桥》。你知道每一个城市，都有这样一群人。于是你在网上发起了一个文化部落——比如叫做露天老电影，你把这个兴趣项目变成一个商业计划，你的部落成员会为你众筹，于是你建立了一个虚拟的跨地区的老电影院线。一个文化产业项目的融资就这样推进了。

互联网的平台＋同一的兴趣，让分散的注意力凝聚在一起，结成文化部落，文化部落内部的文化与心理认同，让信任得以建立，最高层次的信任是共享价值观的信任，是信仰；信任又通过文化作品、文化名人的影响力得以对外传导。

参与众筹的人，不仅是文化产品、文化项目的投资者，也是文化产品、文化项目的消费者；他们可以跟踪产品的生产、参与项目的进程，成为项目的一分子。一般意义上融资的信任不管是基于历史的信任，还是基于未来的信任，不管是基于能力的信任，还是基于意愿的信任，都还是一方针对另一方的信任，但众筹的信任是你中有我，我中有你的信任。有一句话，叫做信人不如信己，众筹的微投资人，不仅在信任被投资人，也是在信任自己。

粉丝经济，仅仅是粉丝消费明星吗

粉丝，是名人的忠实追随者与支持者。粉丝是一种特殊的社会群体，有明确的成员关系、有持续的相互交往、有一致的群体意识和一定的行为规范、有一致行动的能力。

粉丝经济就是建立在粉丝和偶像的关系之上的，以粉丝购买与偶像相关的产品产生的经济活动。粉丝将注意力投放到偶像身上，开始关注与偶像相关的事物，包括其代言的产品。偶像对粉丝具有影响力，可以某种程度上影响粉丝的心智，影响粉丝的消费决策。从偶像吸引粉丝注意力，到引导粉丝注意力，到把粉丝的注意力与偶像的影响力转化为经济价值，这个过程，实际上是粉丝在消费明星获得心理满足，偶像在利用粉丝获得经济效益。

这种粉丝经济模式只是整个粉丝经济的一半，是粉丝消费经济。粉丝经济仅仅是粉丝消费经济吗？粉丝可以集合起来，以群体的方式或者以特定文化部落的方式投资偶像及与偶像相关的文化产业项目、作品，通过投资分享粉丝消费经济的价值。

一方面，在粉丝投资经济中，粉丝的资金投入，更多的是基于情感、兴趣、信任，不是基于理性的投资风险收益计算，是"所爱即所投"。对明星的狂热，他们甚至会越过思维的过程而直接行动，假如某著名歌手要发起一项音乐会众筹，他的狂热粉丝可能会不考虑任何货币收益、不考虑项目风险直接参与众筹项目。

另一方面，明星为了维持自己的声誉和影响力，会督促自己履行对粉丝众筹的承诺，明星的注意力与影响力在这种情景下成为保证其履约责任的约束机制。明星众筹，吸引的是粉丝的注意力，发挥的是明星的影响力，而背后是明星的声誉与信用。

与传统投资以资金保值升值为目的不同，这种粉丝投资经济的投融资过程，是一种投融资关系与消费关系的混搭。

五、小结

创客是研发者、生产者、推广者，也是消费者，创客的出现打通了生产与消费的边界。同样，众筹的出现也淡化了投资与消费的边界。文化众筹的参与者既是文化产品或项目的投资者，也是其消费者。传统的粉丝经济强调粉丝消费明星及相关产品，文化众筹构成了新的粉丝投资经济。

众筹通过互联网进一步加强了注意力的集聚与影响力的辐射，文化众筹进一步发挥了基于兴趣、情感、价值观、信仰的文化部落的优势。

第四章

为什么说这是一个
众筹的时代

第一节　从创客到众筹

> 创客与传统创业者的创业出发点有什么不同？
>
> 创客创业的要素投入与传统创业者有什么不同？
>
> 众包与众筹的关系是什么？有什么相同点与不同点？
>
> 众筹的历史基因是什么？
>
> 什么样的项目适合开展众筹？
>
> 众筹有哪些特点？

创客是时下很热的互联网词语，什么是创客？创客与传统的创业者有什么不同？

一、创客与传统创业者的区别是什么

创客（maker），指的是从兴趣出发，把创意梦想转化为现实的人。创客不同于传统的创业者。在 20 世纪八九十年代及 21 世纪初，也有很多创业者，他们凭个人的信念、能力、精神，把握市场的机会，整合外部的资源，建立一个企业，成就一项事业。但是这些创业者与创客有两点不完全相同：

（1）出发点不完全相同。"创客"的出发点是个人兴趣，对于他们而言，经济回报固然重要，社会认可固然重要，但是个人兴趣更加重要。兴趣是第一位的，如果为了经济回报，为了社会认可，从事一项自己没有兴趣的事业，创造一个自己不感兴趣的产品，他们不会做出这样的选择。

（2）创客强调创新，把创意变为现实。

但是，真正的创客不同。他们靠创新、智力、激情、精力与意志实现梦想，积累财富。知识经济时代，人们利用智慧创造价值，创业已不再是传统意义上的创造企业。市场经济按要素投入分配，传统创业的要素投入是大规模劳动力、土地、资本、特殊的市场渠道等要素。创客更强调技术、创意、信息等要素。

这使得创客的财富原始积累与传统创业者不同。

为什么创客原罪较少

从互联网时代开始，无论是财富排行榜早年的冠军——网易的丁磊到上海盛大网络发展有限公司的陈天桥，到现在的"BAT"（百度、阿里巴巴、腾讯）的李彦宏、马云、马化腾，财富的积累更加阳光，他们成为新一代创客的偶像。

为什么互联网新贵与早期的创业企业家的财富结局如此不同呢？

笔者认为这与事业发展模式与财富原始积累方式有关。主要包括 2 个方面。

（1）新经济与旧经济的生产模式不同。早期的创业企业家无论是从事传统制造业，还是房地产业，大多数属于旧经济模式，依赖的生产要素是土地、资本、设备与大量的劳动力。这些创业家创业的时候并不拥有这些要素，这些要素大多数属于国有，属于政府。

20 世纪末 21 世纪初涌现的互联网新贵与今天的创客从事的行业大多属于新经济模式，依赖的生产要素主要是人的智力、技术与信息。就像比尔·盖茨、保罗·艾伦创立微软，蒂夫·保罗·乔布斯创立苹果，在车库创业，更大的靠个人的智力、开放的信息与技术，不需要获得更多的土地等生产要素。创客创业同样如此。

前不久，深圳市宝安区举办"智客空间"创业创新大赛，一家 2015年 4 月 22 日成立的企业，创业融资计划时仅仅运营 1 个多月，依靠烘焙名厨、物流专家，来自阿里巴巴、美国德州仪器公司、NTT（日本电报电话公司）等企业的商务与技术专家等几名创客的个人智力与资源，开发了移动互联平台，为对私房烘焙有兴趣的人搭建了从设备、食材，到物流、营销的聚合平台，仅仅依靠微信圈的营销，已经产生销售，并且连续几周的流水都在增长。一家叫猫卡龙的企业，仅仅凭着创办人设计的一款动漫造型的知识产权，推出了猫卡龙主题动漫甜点。这些企业的原始积累完全不需要占有大量的资本、土地、设备、劳动力等生产要素。

（2）新经济与旧经济的融资模式不同。传统的创业企业家为了获得企业发展的最重要的要素——资本，必须融资。传统融资，以银行融资为主。银行融资按照传统会计思维，要考察你的历史交易与资产存量。即你能够贷到多少资本，取决于你已经拥有的资本是多少。但是，创业者恰恰是没有资本，缺少有效的交易记录的。为了获得银行贷款，有的早期创业企业家就在银行关系上、账目处理上投机取巧。而且，由于旧经济模式需要大量资本的持续投入，一旦银行的资金链断裂，一个大规模的企业瞬间坍塌。

近年来，我国的私募股权融资与公开资本市场发展迅速，股权融资与传统的银行融资的最大区别是采用投行思维，不注重你的历史交易与存量资产（反正创客的历史交易与存量资产也不大），而是注重你的成长性，即你的未来预期收入现金流，你能得到多少投资，取决于你未来的盈利能力与成长空间。这与传统的银行融资的区别恰恰在于一个以你昨天的财富决定你今天的价值，一个是以明天的收入决定你今天的价值。这种融资模式的改变使得创业者主要专注于自己的产品、服务、技术、模式、管理，把企业办好，让企业的明天越来越好，自然就有价值，无须与银行拉关系。

同样是在"智客空间"的创业创新大赛上，有个大学二年级的学生在2015年1月创办了深圳市闲来闲往网络科技有限公司，以闲置品交易为轴心开展校园和社区的O2O服务。创业者在台上演讲的时候很自信地说：各位评委我今天并不是来融资的，前几天我已经拿到了300万元人民币的天使投资。企业刚刚创立，没有盈利，商业模式还在探讨阶段，就已经获得投资。另外一家叫搜芽的公司通过图像识别匹配技术，协助纺织上下游企业在线上迅速寻找布料的企业，年轻的创始人告诉评委，已经拿到了1000万元人民币的天使投资。企业同样没有盈利，没有资产。之所以投资者给予这么高的估值，是因为企业的明天，而非昨天。

创客的涌现恰恰是因为互联网的出现让创业模式发生了改变。

二、"互联网+"对大众创业、万众创新的意义是什么

李克强总理在2015年的政府工作报告中特别强调要大力推进"大众创业万众创新"。创新是民族进步的灵魂，国家兴旺发达的动力，企业保持核心竞争力的关键。创业是社会发展之源、富民之本、和谐之基，能激发社会创造活力，实现共同富裕的生动局面。

创新和创业已成为全社会经济和政治生活中的关键词。在以"互联互通、共享共治"为主题的首届世界互联网大会上，李克强总理指出，互联网是大众创业、万众创新的新工具。互联网是人类最伟大的发明之一，体现了开放、合作与共赢，改变了人类世界的时间轴、空间轴和思想维度。中国接入互联网20年来，已发展成为世界互联网大国，不仅培育起一个巨大市场，也催生了许多新技术、新产品、新业态、新模式，创造了上千万就业创业岗位，很多人特别是年轻人、大学生因此实现了事业梦、人生梦。

一个人无论出身、财富，只要有基本的教育水平，能够掌握互联网的沟通方式，就有机会通过互联网把自己的兴趣与创意转化为现实。

"互联网+金融"的发展也充分激活了民间资本的活力，互联网的互

联互通，成功对接了种子期、早期、成长初期、成长中期、成长后期、成熟期等处于不同成长阶段的企业与不同风险好恶的投资者。

因此，2015 年以来，我国新增的市场主体呈井喷之势。

三、众筹与众包

前文分析了创客的创新创业模式不同于传统创业者，对生产要素的占有更少、成本更低、更有创意。

众包（crowd sourcing）就是其中一种有别于利用专业创新团队解决技术或产品创新问题的创业模式。众包是《连线》杂志 2006 年发明的专业术语，是一种接近于零成本的创业模式，即利用互联网大众的创意智慧解决公司面临的各种商业难题。企业原本需要花钱雇人去做的事，现在通过互联网请用户为其免费去做。能集思广益，促进创新。

众包的参与创新者是出于兴趣自愿接受小额报酬甚至自愿免费提供服务的网民，这减少了企业创新的成本。该模式中，包括三类主体：平台、产品或内容的消费者、产品或内容的创意生产者。例如，"某个互联网创客设计了一个很新颖好玩的小游戏，把它传到互联网上，喜欢这个小游戏的互联网用户必须支付少量的费用才能下载该游戏，这部分费用可以让游戏的设计创客和平台商利润分成，下载的次数越多，游戏设计的创客和平台商的盈利就越大"[1]。

集天下智力，则无不可御也。如果说众包是集合众人的智力，那么众筹就是集合众人的财力。或者说众筹是面对资金的众包。众筹不仅仅是筹钱，众筹强调的是参与感，参与是全方位的，吸引一批对项目感兴趣的人出资，在出资的同时，也集聚了这批人的注意力，让他们对项目提出建议，甚至参与策划，聚集的也是众人之智。从这个角度来说，众筹是另一

1　彭琳．基于众包的新创新创业模式研究［J］．物流工程与管理，2013（9）．

种众包，不仅集众人之智，而且筹众人之资，其目的是圆众人之梦。集中众人之智完成一个好的产品或者内容，又可以通过第一批出资者与出力者的体验和口碑传播，让更多的人购买产品，参与进来。所以，众筹也是市场推广、产品测试、筹众人的口碑（见表4-1）。

表4-1　众包与众筹

众包	通过互联网整合众人的智力
众筹	通过互联网整合众人的资金，通过集中众人的资金，进而整合智力与资源

从众筹的历史基因看众筹成功的要素

众筹最初是艺术家们为创作筹措资金的一种手段。莫扎特就用众筹的方式找到176位支持者，帮助他实现在维也纳音乐大厅表演最近谱写的3部钢琴协奏曲的愿望，这些支持者的名字被记录在协奏曲的手稿之上。

近代历史上最有名的众筹是1885年，《纽约世界报》的出版商约瑟夫·普利策，为自由女神像众筹基座。为了庆祝美国独立百年，法国赠送给美国自由女神像，但是，这个雕像没有基座，无法放置到纽约港口。普利策为此发起一个众筹项目，筹集资金建设自由女神像的基座。普利策把这个项目发布到《纽约世界报》上，承诺对出资者作为奖励，只要捐助1美金就可以得到1个6英寸高的自由女神像，捐助五美金就可以得到12英寸高的自由女神像。项目最后筹得10万美金。

通过这两个历史早期的众筹项目的案例我们可以分析具有什么样特征的项目适合开展众筹。

（1）有注意力资源和信任优势。莫扎特、普利策能够成功众筹，因为他们作为项目的发起人有较高的声誉。莫扎特是音乐天才，普利策是美国报业的巨头，今天美国新闻界的最高奖就是1917年遵循普利策的遗愿设立的。声誉使得他们发起的众筹项目更容易获得稀缺的有价值的注意力资源。此外，二人的声誉也有助于提升参与者对众筹项目的信任。

（2）设计有特色的回报。莫扎特、普利策都有针对性为支持自己众筹项目的出资人设计了有特色的回报方式。投资的目标是回报，回报的方式是多样的，可以是经济利益回报，也可以是精神回报。莫扎特把资助者的名字写在手稿上，这些人名也因此在今天得以永恒，或许他们当时没有想到自己的名字能随着莫扎特的手稿穿越历史，他们支持莫扎特更多的是对莫扎特、对音乐、对演奏会的兴趣。捐助者从普利策那里得到的微缩自由女神像的经济价值肯定小于捐款额，否则，普利策无法用集资去修建自由女神像的基座。捐助者得到的不是等价交换，而是一种参与感、一种趣味、一种荣誉。所以，众筹不同于一般意义上的集资，它的回报方式需要专门设计，参与感、趣味、荣誉都是非常重要的回报形式。

（3）注重推广与传播。莫扎特、普利策都对自己众筹的项目进行了宣传。莫扎特是向自己的朋友圈、粉丝圈宣传的，普利策运用了报刊媒体。

两者的区别是：前者是一种粉丝经济，是粉丝集体赞助艺术家。取悦铁杆粉丝令人心情愉快、精力充沛。它能通过物质回报，让艺术家保持真实，专注于自己工作的独特之处，即铁杆粉丝所欣赏的品质。

后者是利用大众传媒，据说有 12 万人参与了自由女神像的众筹。可见，信息传播途径与模式是众筹能否成功的重要因素。

当代众筹的兴起与特点

当代意义的众筹（crowd funding）是利用互联网，发起人向公众展示自己的创意、项目、产品、企业，吸引众人投入资金或其他资源；参与众筹的人根据自己的经济实力、兴趣爱好、专业特长，选择合适的众筹项目，给予赞助或者投资，并获得产品、服务、精神回馈、资金、权益等不同形式的回报。

世界上最早的众筹网站是 Artist Share，从 2003 年 10 月开始发布众筹项目。同莫扎特众筹的历史渊源相通，Artist Share 作为众筹金融的先锋就是在为音乐界的艺术家寻找支持他们的粉丝。

众筹网站 Artist Share 标志着互联网众筹模式的诞生，2009 年 4 月美国网站 Kickstarter 正式上线，发展成为目前世界上最大的众筹平台，2011 年

7 月国内首家众筹网站点名时间正式上线。

当代众筹的特点是充分发挥互联网的优势——聚合作用，通过开放的、能够便捷的联通每个人的互联网把各个角落的铁杆粉丝从一般粉丝中筛选出来，并聚合在一起，通过互动的信息，使他们一起为自己喜欢的艺术家付费。由此可见，文化领域非常适合开展众筹。

当代众筹是基于互联网的，具有互联网的"分享、去中心化、开放、平等、低门槛"的基因，所以，它有以下 4 个特点（见表 4-2）。

表 4-2　当代众筹特点

单笔投资额小
参与者众多
便捷
没有金融中介

（1）单笔投资额小。像普利策为自由女神像众筹，出 1 美金即可参与，即使在 19 世纪，1 美金也不是大钱。今天，众筹可以称之为最具有草根精神的筹资，每一个屌丝都可以参与。

（2）参与者多。众筹的逻辑是积少成多，聚沙成塔。很多众筹项目的参与者成千上万。

（3）便捷。Mosaic 公司为太阳能项目募集资金，公司创始人之一比利·帕里斯预计可以在一个月内筹集到 31.3 万美金的启动资金。然而，在 24 小时内通过众筹获得 435 名资助者的资金。互联网可以实现高速快捷的传输信息，实现方便的资金支付。

（4）没有金融中介。作为众筹平台的互联网站不是银行，也不是投资银行，它们不是众筹项目的投资者，也不是众筹项目的债主，甚至不是专业顾问，只是提供平台，让合适的出资者找到合适的众筹项目，或者让合适的众筹项目找到合适的投资者，收取的是服务费，这是去中心化的。

由于众筹是互联网金融的一部分，是一种新兴的投融资方式，所以，它具备互联网金融的特点（见表 4-3）。

表 4-3　当代众筹所具有的互联网金融的特点

适合小微企业，门槛低
金融普惠与金融平等
存在风险

（1）适合小微企业融资。众筹的门槛低，非常适合我国金融市场上个体投资者数量规模大、个人投资规模小的长尾特征，依靠互联网和大数据技术可以让海量的小投资者为海量的小微企业服务，解决小微企业融资难的问题。

（2）金融普惠与金融平等。我国金融发展与服务水平相对于发达国家而言不高，在金融改革的背景下，众筹所具有互联网基因有助于实现金融普惠与金融平等。并有助于促进金融市场的信用机制、价格机制。

（3）风险大。众筹项目的信息透明度、众筹发起人的道德、投资者的经验、众筹平台本身等都存在着不确定性，行业监督还有待完善，因此，众筹风险较大。

本书下面开始说的众筹，特指在互联网背景下的当代众筹。

四、小结

创客不同于传统创业者，以兴趣为导向，以创意创新为特征，以智力、技术、信息为要素投入。"互联网+"让智力、技术、信息的互联互通更加方便，降低了创客的创业门槛。适应于支持创客创业，金融资本也在小型化、分散化、社群化，众筹就是为创客展示创意创新项目，融通支持者的零散资金与相关资源的互联网+金融的一种新的形式。

最早的众筹多是文化众筹，有注意力资源与信任优势，众筹发起人为支持者设计不局限于经济的有特色的回报方式，侧重荣誉、兴趣与参与感，并注重众筹项目的推广。当代众筹基于互联网的优势，使众筹呈现出参与者多、单笔投资额小、便捷、没有金融中介的特点，适合小微企业融资，实现金融普惠与金融民主。但是，众筹的风险也相应更大。

第二节　众筹有哪些分类

什么是垂直类众筹平台？什么是综合类众筹平台？

怎样的众筹项目更容易成功？

权益众筹的流程是什么？

捐赠众筹的特点是什么？

债权众筹和股权众筹的区别是什么？

股权众筹的流程是什么？

什么是领投人？什么是跟投人？

众筹和非法集资的区别是什么？

还有哪些其他创新的众筹模式？

目前，国内众筹主要分为 4 大类：产品众筹（奖励众筹）、公益众筹（捐赠众筹）、股权众筹、债权众筹。其中，捐赠众筹、奖励众筹更接近于一种购买行为，出资者获得的是有形的产品或者无形的精神回报；股权众筹、债券众筹更接近于投资，出资者是为了获得经济回报（见图 4-1）。

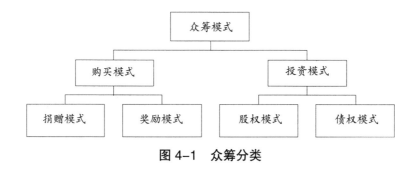

图 4-1　众筹分类

一、什么是产品众筹

产品众筹又称为权益类众筹（reward based crowd funding）、奖励类众筹、商品众筹、回报众筹，指投资者对项目或公司进行投资，获得产品或服务。投资回报是产品或服务，本质上是"团购 + 预购"。

国内的众筹平台：点名时间、众筹网、淘宝众筹、京东众筹等，主要开展产品众筹。小微企业、艺术家、创客向公众展示他们的创意产品，向网友募集项目资金，回报就是生产出的产品。

产品众筹平台分为两类：

（1）垂直类众筹平台，指众筹平台上项目以单一类为主的平台。

（2）综合类众筹平台，指众筹平台上项目类别较丰富，包含很多种类别产品或项目的平台。

根据零壹财经网的数据统计，截至 2014 年 11 月月底，15 家主要商品众筹平台成功完成筹资的项目总数为 347 个，筹款金额共计 5664.6 万元人民币。

产品众筹接近于"团购＋预购"的集资。项目发起者根据自己的项目内容，设计若干种与项目内容相对应的支持金额，每一种支持金额对应一种规格的产品或者服务套餐，支持者们根据自己的经济实力、个人喜好和需求，购买支持一定金额后获得相应的产品或服务回报套餐。类似于团购。众筹项目能否成功取决于众筹项目募集到的资金总量是否达到项目发起者的预设目标。

不同于一般的团购，产品众筹还带有预售的特点。发起人有时是在汇集资金以后再进行产品的生产与服务的提供，即先预售产品，用预售资金再用来生产。对出资人而言，相当于预购，提前付费获得的只是一种期权，产品或服务的交付还要等待一段时间。

产品众筹不仅是一种筹资，也是一种营销与传播。产品众筹的"预购"方式，有助于项目发起人减少风险，是以销定产，而非以产定销，没有采购、库存的压力。

产品众筹的"集资"方式，可以将潜在消费者手中分散、小额的资金集中起来，相当于消费者通过集资的方式帮助生产者解决生产的初始成本，从而为消费者生产出产品。

生产成本包括固定成本与可变成本。固定成本是为了开展生产的初始投入，不因产量改变而改变的成本，如研发成本、生产线建设成本；可变成本是随着产品增加而增加的成本，如生产每一件成品所需要的耗材、原材料、劳动力消耗等。一般而言，一个工业品达到了一定的生产规模，每增加生产一个单位的产品，边际成本递减，当然，随着生产规模的进一步扩大，有时边际成本不再递减甚至上升。产品众筹的模式，可以帮助项目发起人集中若干人的资金解决生产初始投入的固定资本。

传统创业的资本门槛是生产的初始固定资本，通过众筹的方式可以集中众人的零散资金覆盖生产的初始固定资本，即大家分担了初始的固定资本，让创业者可以更容易地起步，为大家生产。

以一部话剧为例来说明。一部话剧的成本包括两个部分：

（1）初始的固定成本（不变成本），包括编剧、导演、舞美设计制作（包括服装道具）、音乐创作、演员排练，之所以称为固定成本，因为无论将来是否演出，能演出多少场，这些都是前期需要投入的资本。

（2）演出成本，每一场演出的剧场租金、演员劳务。这属于可变成本。

对于想推出一部话剧的制作人而言，首先需要解决初始的固定成本。

如果一部话剧只有 100 个粉丝有兴趣看，即使每个人愿意以预购的方式出资 100 元人民币，获得未来的 1 张话剧票，只能集中到 1 万元人民币，很难排出一部比较精品的话剧，再租赁一座剧场演出。但是，假设有 1 万人有兴趣看，每人愿意以预购的方式出资 100 元获得未来的 1 张话剧票，意味着 100 万元人民币，就可以排出一部还不错的话剧，租一间剧场为这 1 万人连演 20 场。因为对于一部话剧作品而言，前期的初始固定成本，剧本、排练、导演、音乐、舞美的投入较大，以后的演出的可变成本较小。互联网可以更方便地寻找更多的订制者。

产品众筹，相当于一种"私人订制"模式，网民们对某一款具有创新性、个性的产品或服务的投资，相当于订购了这种限量版的产品与服务。产品众筹打通了投资、研发、生产、销售与消费的边界。集众人之投资，进行订制式的研发，解决生产的固定成本与可变成本，以预购与团购的方式进行销售，让消费者成为投资者，甚至是设计者。

京东众筹"三个爸爸"孕妇儿童空气净化器案例

"三个爸爸"空气净化器在京东众筹平台仅用一个月时间就突破 1000 万元人民币，成为中国首个千万级众筹。

2013 年，创始人戴赛鹰、陈海滨的太太怀孕，创始人宋亚南的孩子出生，他们希望为孕妇和新生儿挑一款最好的净化器。然而，他们找不到除 PM2.5 和除甲醛效果都做到最好的净化器。于是，他们决定组建净化器研发制造团队，为家人造一款真正能够保护儿童呼吸系统的空气净化器。提出用"爸爸精神"为自家孩子制造产品，用最好的材料、最先进的技术。于是，成立了"三个爸爸"家庭智能环境科技有限公司。品牌叫"三个爸爸"，既指三位创始人爸爸，又代表了天下众多爸爸对孩子的关爱。为深入了解父母们的痛点和需求，他们对 700 多位 10 岁以下儿童父母做了调查，调查发现，除 PM2.5 和除甲醛是两大集中需求。"三个爸爸"选择儿童这个细分人群作为市场突破口，打动了众多天下父母心，可以称得上是一次创业众筹融资的典范。

怎样的产品众筹模式更容易成功

分析"三个爸爸"众筹的成功，笔者认为有 3 点原因（见表 4-4）。

表 4-4　怎样的产品众筹模式更容易成功

如何集聚注意力
产品众筹的核心是产品
传播与趣味是众筹的关键

（1）众筹成功的基础是如何集聚注意力。

获得关注者更容易众筹成功。"三个爸爸"借势社会舆论焦点雾霾天气 PM2.5，引起社会广泛关注。"三个爸爸"呵护儿童的情怀牵动家长的心，也容易进一步引发社会话题。

（2）产品众筹的核心是产品。

专门针对孕妇与儿童的高品质的空气净化产品，有明确的刚性的市场需求，有优良的产品品质。如同艺术家专注于自己的艺术创作，可以使艺术作品强烈地吸引铁杆粉丝一样，好的产品也能吸引粉丝，最典型的是苹果手机的"果粉"。因为，产品本身会说话。

（3）传播与趣味是众筹的关键。

"三个爸爸"从名字到三个人的故事，有趣味，易于记忆，易于传播，产品的卖点也包装得有吸引力。"三个爸爸"的众筹成功也是一次营销传播的成功。

产品众筹的回报未必一定是实物产品，也可能是一种软性的回报，从这个角度而言，产品众筹叫作"权益众筹"或"奖励众筹"更准确。

视频网站乐视网牵手众筹网发起世界杯互联网体育季活动，上线众筹项目——"我签 C 罗你做主"，只要在规定期限内，集齐 1 万人支持（每人投资 1 元人民币），项目就宣告成功，乐视网就会签约 C 罗作为世界杯代言人。乐视网与众筹网给所有支持者的回报是成为乐视网免费会员，有机会参与一系列后续活动。在这个权益众筹的案例中，支持者并没有得到实物产品，而是获得一种资格（乐视会员），一种参加后续活动的权益。

很多文化众筹项目，给予支持者的回报诸如参加明星见面会、剧组探班、得到明星签名等，都是一种软性的奖励。支持者得到的是兴趣的满足、虚荣的满足、社交的满足等。

权益众筹的流程

第一步，创意者通过互联网平台发布创意项目，支持者在互联网平台上选择创意项目，在对项目的兴趣上达成匹配，即支持者有兴趣参与创意者发起的项目。

第二步，创意者设定筹措的资金，支持者出资资助创意项目。筹集资金的过程中，有可能出现两种情况：一种是若干出资者的总出资达到了创意者预设的融资额，完成融资目标；另一种是没有完成融资目标，已经出资的人撤回资金。众筹平台把钱款打回出资人账户。

第三步，如果募资成功，创意者实施项目，出资者对项目有监督和建议的权利，并优先获得产品或其他权益的奖励（见图4-2）。

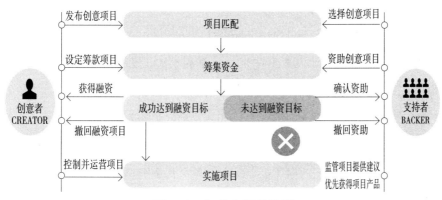

图4-2 权益众筹的流程

二、什么是捐赠众筹

捐赠众筹（donate based crowd funding）是指投资者对项目或公司进行无偿捐赠，也称为公益众筹。例如，100 人，每人捐赠 1000 元人民币，众筹 10 万元人民币，可以建设一座小型的希望小学。

捐赠众筹主要的特点是大众参与、小额捐赠、公益兴趣。捐赠众筹的参与者，不以物质利益作为回报。

按照经济学的社会交换理论（social exchange theory，SET）及增强理论（reinforcement theory）的基本观点，分析人类行为与人际关系。社会交换模式遵循 3 种假设：①社会行为是一连串的交换；②个体均尽力将报酬最大化和成本最小化；③当个体得到他人报酬时，会觉得有义务回报。

捐赠众筹的参与者虽然没有要求经济报酬的回报，遵循社会交换理论的第二条假设，也需要获得其他性质或者其他形式的报酬。那么，捐赠众筹的参与者可以获得的报酬包括什么呢？或者按照社会交换理论的第三条假设，获得捐赠支持的人或项目有义务给捐赠者什么样的回报呢？这是捐赠众筹需要思考并设计的。

捐赠众筹的案例启示

2007 年，笔者与十几个同学用小众筹的模式，每个人捐了一些钱汇总起来，在张家口崇礼县为一所中心小学捐赠。我们提前去调研，了解到这个小学已经得到政府的支持，有校舍、教室，但缺少体育运动设施，有一名老师懂音乐会弹琴，但没有琴，所以，没法上体育课与音乐课。我们用众筹的钱买了琴、篮球架、乒乓球台、图书、计算机捐给学校，同时，由学习法律的同学起草了协议并与学校，保证他们不得把这些器材挪作他用。我们组织人把这些器材拉到学校交到教师与学生手中，这种捐赠的参与感就很强。

捐赠众筹模式需要公益项目的发起者更重视对项目、项目参与和回报方式的精心设计，吸引支持者在参与众筹的过程中，有更多兴趣，更多的参与感，远比单纯的捐赠更有收获。

严格意义上，捐赠众筹不属于金融的范畴，不是我们本书讨论的重点，之所以展开来分析，笔者认为捐赠众筹会是未来公益活动与公益组织的重要发展方向之一。

根据社会交换理论，交换活动的参与者除了需求报酬更大化也需要成本更小化，捐赠也需要控制成本。众筹的小额化捐赠，使捐赠的参与者降低了参与门槛，减少了参与成本，并能通过集聚多人的力量共同完成一个项目或事业，可以实现成本更小，更符合全球范围内的公益事业发展趋势。有统计数据显示，在美国，公益捐赠的 80% 来自个人小额捐赠。

评价产品众筹（奖励众筹）、公益众筹（捐赠众筹）是否成功的核心要素，是能否引发参与者的兴趣。

三、什么是债权众筹

债权众筹（lending based crowd funding）指投资者对项目或公司进行投资，获得相应的债权，未来收回本金并获取利息收益，利息是一种固定收益。当下发展迅猛的 P2P 借贷平台就是债权众筹，如学贷网、拍拍贷等就属于此类。

债权众筹的主要利益相关者是投资者、筹资者与债权众筹平台。投资者在债权众筹平台注册后，遴选符合自己投资意向的项目并投资，签订电子合同，到期收回投资。筹资者在债权众筹平台注册后，发布筹资需求，并提供信用审核资料，等待资金对接，收到贷款后，运作项目，到期偿还本息。平台的作用是集合并选择优秀的融资项目，审核其信用，并发布其需求，有的为贷款提供担保，有的为寻找第三方机构进行担保，有的采取信用无担保方式。在项目融资成功后，放贷并跟踪项目监控风险，向贷款方或借款方或双方收取费用，如果项目违约，追偿债务，按照约定赔付。

对于投资者、债权众筹平台而言，对融资者的信用审核、评价至关重要。

四、什么是股权众筹

股权众筹（equity-based crowd funding）指投资者对项目或公司进行投资，获得其一定比例的股权（见表4-5）。

表4-5　债券众筹与股权众筹

	定义	举例
债券众筹	指投资者对项目或公司进行投资，获得相应的债权，未来收回本金并获取利息收益，利息是一种固定收益	学贷网 拍拍贷
股权众筹	投资者对项目或公司进行投资，获得其一定比例的股权	美国的 Angellist 中国的天使汇 原始会

美国的 Angellist，中国的天使汇、原始会等都是股权众筹平台。

按照股权众筹是否担保可分为两类：无担保股权众筹和有担保的股权众筹。

无担保的股权众筹是指投资人在进行众筹投资的过程中没有第三方的公司提供相关权益问题的担保责任。目前国内基本上都是无担保股权众筹。

有担保的股权众筹是指股权众筹项目在进行众筹的同时，有第三方公司提供相关权益的担保，这种担保是固定期限的担保责任。但这种模式国内目前只有贷帮的众筹项目提供担保服务，尚未被多数平台接受。

什么是领投人？什么是跟投人

领投人是在投资领域有丰富经验，有专业能力，对众筹项目有判断力，对众筹项目所在的具体行业有资源和关系，经济上较强的风险承受能力的人，多数是职业投资人。他们能够专业的评估投资项目的市场估值，能够与被投资的企业议定投资协议条款，能够带领与协调其他的跟投人（见表4-6）。

表 4-6　领投人与跟投人

领投人	投资前，遴选投资标的，评估投资价值 投资中，制定投资条款，与被投资企业谈判 投资后，进行投后管理、出席董事会监督被投企业 退出阶段，设计退出方案，实施退出，回收投资
跟投人	跟投人不参与公司的重大决策，也不进行投资管理 但应该监督领投人，应该审核被投企业

在整个众筹的过程中，由领投人负责制定投资条款，代表跟投人与被投资企业谈判；由领投人代表跟投人对项目进行投后管理，包括出席董事会，对被投企业进行监督；由领投人设计投资的退出机制，联络合适的退出渠道，如风险投资、企业并购等，寻找合适的股权接手者，并选择合适的时点价格退出，实现投资的回收。通常情况下，领投人由于所付出的专业性与努力，有权力获得超额回报，即高于自己在众筹中投资比例的回报，一般是 5%~20% 的利益分成（carried interests）。

跟投人，顾名思义是跟随领投人投资的人。通常情况下，跟投人不参与被投资公司的董事会，不对被投公司的重大决策进行表决，也不参与对投资的后续管理。但是，跟投人也应该对投资项目是否值得投资、应该投资多少、投资后何时退出，进行审核，不应完全听任领投人的意见，跟投人也应该对领投人进行某种程度上的监督，毕竟跟投人投资的是自己的钱。领投人对跟投人的投资结果并不承担任何责任。

股权众筹与股权私募的区别是什么

股权众筹是指筹资者面向不特定的投资者出让融资项目一定比例的股份（或份额），投资者获得股份，享有相应权益，是基于互联网渠道而进行融资的模式。私募股权是指以非公开方式向少数合格投资者募集资金，并进行权益性投资获得收益的一种集合投资制度，英文简称 PE（private equity）。

相较于股权私募，股权众筹的开放性更强。股权私募针对的是少数合格投资者，对投资者的投资经验、资产规模有要求。众筹的特点是门槛低。同时，众筹又有集众人之力的内涵，从大量人群中征集人力、物力、资金等。

其他创新的众筹模式

除了产品众筹（奖励众筹）、捐赠众筹（公益众筹）、股权众筹、债权众筹这四种主要的众筹方式之外，还有一些创新的众筹模式。

例如，特许经营权众筹，与股权众筹接近，一般以特许经营权交易所为众筹平台，投资者获得的不是一家公司的股权，而是对应出资比例的收益权，这样可以不稀释筹资人的股权。收益权可以在特许经营权交易所挂牌交易，进行买卖，这样投资者的权益就获得了流动性。除了特许经营权以外，平安好房 100 美元众筹美国房产，投资者出资 100 美元便可获得海外房产的收益权；领筹网以太阳能电池板及其收益权开展众筹。

众筹和非法集资的区别是什么

众筹需要规避"非法集资"的法律风险。根据《最高人民法院关于审理非法集资刑事案件具体应用法律若干问题的解释》第一条，非法集资应当同时满足 4 个条件，即：

（1）未经有关部门依法批准或者借用合法经营的形式吸收资金。

（2）通过媒体、推介会、传单、手机短信等途径向社会公开宣传。

（3）承诺在一定期限内以货币、实物、股权等方式还本付息或者给付回报。

（4）向社会公众即社会不特定对象吸收资金。

"从形式上看，众筹通过互联网（即媒体）向社会公开宣传推介，并确实承诺在一定期限内给以回报（捐赠类众筹除外），其中，股权众筹以股权方式回报出资者，产品众筹以实物回报，债权众筹以还本付息的方式回报，均面对社会公众及社会不确定对象。所以，从这一条文来讲，众筹的运营模式与非法集资的构成主要条件相吻合"[1]。

但是，除了要考虑众筹是否符合"非法集资"的形式，还要深入考察众筹是否符合对"非法集资"犯罪定性的实质要件。《最高人民法院关于审理非法集资刑事案件具体应用法律若干问题的解释》的立法目的中写道为依法惩治非法吸收公众存款、集资诈骗等非法集资犯罪活动，根据刑法有关规定，现就审理此类刑事案件具体应用法律的若干问题解释如下。

可见，该司法解释的出台是为惩治非法吸收公众存款、集资诈骗等犯罪活动。反观众筹，如果运营目的是支持创新、公益、企业发展，那么，不属于非法集资案打击的对象。

可见，众筹是一种集资，但未必非法。集资很多，单位让自己员工内部出钱入股是一种集资，共同出资建设家属楼也是一种集资。

但是，如何判断是合法还是非法呢？

同样的面向不特定公众，同样的承诺收益，同样的吸收资金，如何判断众筹的发起者，或者众筹平台，把集资的钱，用于产品开发、用于公益，用于企业发展？

如何判断在众筹这一个行为背后的目的呢？是真的为了给参与者回报，还是先把钱融到再说，尤其是债权众筹、股权众筹，投资者的目的不

1　刘龙飞.股权众筹运营模式及法律风险解读［EB/OL］.（2015-04-30）［2015-10-27］. www.csau.cn.zhongchouzixun/ 780041.html.

是消费，不是为了获得产品与精神回报，就是为了获得利息与投资收益，如何杜绝不法分子用众筹项目、众筹方式、众筹平台骗取项目支持者和出资人资金的行为呢？

这就是本书的核心观点：众筹从兴趣开始，必须走向信任构建。

五、小结

众筹融资的参与主体包括三方项目发起人（筹资人）、众筹平台和投资人（支持人）。如图 4-3 所示，发起人在众筹平台发起项目，包括产品众筹项目、公益众筹项目、债权众筹项目、股权众筹项目；众筹平台向投资人推荐项目；投资人选择有兴趣、有信任的项目投资；由众筹平台将投资人的资金拨付给发起人；发起人给投资人产品、服务、资金、权益等回报。

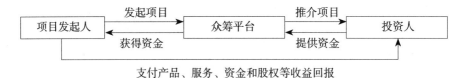

图 4-3　众筹融资参与主体及权利义务关系

第三节 众筹方兴未艾，
还是已经过热

> 美国的众筹发展如何？
>
> 英国的众筹有什么特点？
>
> 英国对众筹平台监管的特点是什么？
>
> 我国的众筹发展如何？

一、美国的众筹发展如何

目前，美国的 Kickstarter 是全球最大的众筹融资平台。2009 年该网站正式建立，"刚成立时主要为图片、电影和音乐等项目融资，至今已发展为包括技术、戏剧、出版、设计等 13 类项目的融资平台"[1]。

"Kickstarter 平台的业务流程为：在收到创意项目的简要说明后，该平台工作人员对项目是否适合该平台进行评估。如果创意通过评估，工作人

---

1 肖本华.美国众筹融资模式的发展及其对我国的启示[J].南方金融，2013（1）.

员将要求项目发起人对项目介绍进一步修改以适应市场的需求。完成修改后，该项目在 Kickstarter 网站上可以向广泛的投资者展示并募集资金，规定募集期限不得超过 60 天。Kickstarter 采取规定点机制（provision point mechanism）：融资者必须在规定时间内完成其事先设定的融资目标，对于没有达到融资目标的，融资者无法提取资金，所融资金必须返还给投资者。当在规定期限内实现融资目标后，融资者可以提取资金，同时按融资金额的 5% 付给 Kickstarter，作为融资费用。为 Kickstarter 平台提供资金支付服务的 Amazon 支付系统也收取 3%~5% 的费用。在项目实施后，投资者可以从项目发起人那里获得产品回报（见图 4-4）。"

图 4-4 Kickstarter 交易主体关系图

很多项目通过 Kickstarter 获得融资（见图 4-5）。"Kickstarter 获得了美国 CNN 和纽约时报等媒体的高度关注，并获得了超过 1000 万美元的风险投资"[1]。

IndieGoGo 是美国最大的国际化众筹融资平台，创建于 2008 年。IndieGoGo 不同于 Kickstarter 之处，一是与 Kickstarter 只限于为 13 类项目融资不同，IndieGoGo 对融资项目没有使用方向上的限制，包括可以为慈善事业融资；二是 IndieGoGo 规定的融资最长期限为 120 天，融资者可以选择固定融资和有弹性融资。固定融资机制类似于 Kickstarter 的规定点机制，即如果没有在规定期限内实现融资目标则融资者得不到所融资金。选

---

1 肖本华 . 美国众筹融资模式的发展及其对我国的启示［J］. 南方金融，2013（1）.

择有弹性融资时，即使没有实现预定融资目标，融资者仍然可以得到所融的部分资金，但是 IndieGoGo 要对所融得的部分资金收取 9% 的费用，而当固定融资和有弹性融资完全实现融资目标时，IndieGoGo 只收取 4% 的费用。此外，第三方收取的费用比例是 3%，国际融资每次还要收取 25 美元的费用；三是 IndieGoGo 有税收减免系统，利用与 Fractured Atlas 所建立的伙伴关系，当支持者出于非盈利动机为一些项目融资时，IndieGoGo 可以为这些支持者提供税收减免服务。四是 IndieGoGo 不限制一定要使用美国银行的账户，这为跨国的众筹融资提供了便利。

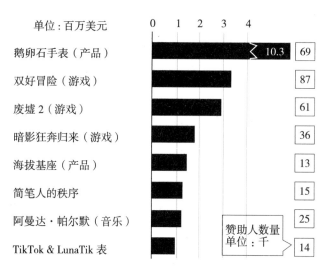

图 4-5　Kickstarter 筹资金额前八位的众筹融资项目

"自成立以来，IndieGoGo 已经为全世界两百多个国家的项目提供了融资，但融资总额和单个项目的融资金额都少于 Kickstart。截至 2011 年 9 月月末，该平台已获得大约 150 万美元的风险投资"[1]。

众筹在美国发展迅速，但也出现一些问题，主要表现为：

（1）股权融资限制，JOBS 法案出台之前，美国法律限制股权众筹。（JOBS 法案将在后文详细介绍）。

1　肖本华. 美国众筹融资模式的发展及其对我国的启示［J］. 南方金融，2013（1）.

（2）投资者保护，Kickstarter 等平台没有对融资者的欺诈行为进行有效的约束，不仅缺少约束手段，甚至缺少约束的动机。

美国的优势在于对问题的修复能力比较强，法律监管迅速跟上，JOBS 法案的出台很大程度规范了美国众筹市场的秩序，为众筹市场的良好发展提供了环境。

二、英国的众筹的特点是什么

与美国的产品众筹火爆不同，英国的股权众筹发展较好。

2011 年 2 月，Crowdcube 上线，这是英国第一家股权众筹平台，2012 年 5 月，另一家平台 Seedrs 成为第一家获得英国监管部门审批上线的众筹平台，英国政府开始对股票众筹行业进行监管。英国政府对这种众筹融资模式表明支持态度，迅速推出监管措施，使得英国股权众筹行业安全迅速发展。我们将通过对 Crowdcube 与 Seedrs 的介绍呈现英国股权众筹行业的发展现状与监管特点。

英国已经成立英国众筹协会（UK Crowdfunding Association），登记注册的众筹平台中，Crowdcube 和 Seedrs 是最具代表性的两家股权众筹平台。

Crowdcube 诞生于英国埃克塞特大学（University of Exeter）创业中心，由企业家 Darren Westlake 和 Luke Lang 创立。基于先发优势，Crowdcube 是英国目前规模最大的股权众筹平台。截至 2014 年 6 月，Crowdcube 已经为 126 个初创企业（项目）融资 2770 万英镑，投资项目涉及零售、食品、互联网、科技、制造、健康、媒体等 15 个行业。在获得投资的行业中，零售业、食品业及互联网业占了半壁江山，远远高于其他行业。有 7 万多注册投资者，2013 年的成交量是 2012 年的 5 倍多。

Seedrs 是英国第一家被英国金融市场行为监管局（FCA）批准的股权众筹平台，也是世界范围内第一批获得当地金融监管机构批准的股权众筹平台。作为后起之秀的 Seedrs 的成交量虽然仅为 Crowdcube 的五分之一，但是发展迅速，成交额基本每半年翻一番到两番。截至 2014 年 1 月，Seedrs 为 56 个项目融资 555 万英镑，平均每个项目有 115 个投资者，融资 9.9 万英镑。在这期间，共有 324 个项目提出申请，17% 通过审核。

在英国股权众筹开始之前，普通大众只能购买公司上市后公开发行的股票，参与股权众筹相当于购买未公开发行的股票。无论是在资本开放、金融发达的美国，还是在我国，购买非上市公司未公开发行的股票，对投资者都有一定的门槛。在英国通过股权众筹，这种对投资人资产规模与投资经验的限制被打破。英国的股权众筹平台允许大众参与投资初创企业，真正体现了股权众筹的支持创业支持创新的精神。

2014 年 4 月，英国金融市场行为监管局经过长时间的调研、征求意见，出台了关于股权众筹的法律，基本完成了股权众筹的法律建设。新颁布的法律明确降低了投资者门槛，使平民百姓也能参与其中。根据最新的监管法律，参与股权众筹的投资者分为 6 类：

（1）专业投资者（professional clients）。

（2）接受专业意见的投资者（advised clients）：即接受专业投资机构意见的投资者，该专业机构在 FCA 上注册。

（3）风险投资者（venture capital）。

（4）认定的或自我认定的高级投资者（self certified sophisticated investors）：要求在 2 年内至少投资过一个非上市公司或者是天使投资人组织成员时间超过 6 个月。

（5）高净值人群（high net worth individuals）：每年收入 10 万磅以上或者净资产超过 25 万磅。

（6）普通投资者（everyday investors）：投资金额不超过投资总额的 10%，投资总额包括存款、股票、个人储蓄账户（ISAS）、债券、房地产（不包括现住地）。

除了规定投资者，FCA 提议股权众筹平台需要确定投资者了解投资风险，一般平台采取调查问卷的方式来保证这一点。虽然前 5 类股权众筹的参与者都具有很高的要求，但是第 6 类"普通投资者"明显是指普通大众。法律的出台为股权众筹平台摆脱了"非法"的帽子，并且基本可以覆盖到所有人群，满足了"草根"投资的愿望。

英国股权众筹平台如何运作

crowdcube 和 Seedrs 两家平台均采用一种较为常规的融资流程，唯一不同之处就是 Seedrs 平台还提供融后管理服务。

首先我们以 crowdcube 为例来了解英国股权众筹的常规融资流程。

（1）Crowdcube 标准化的融资流程。

Crowdcube 的融资方式为固定融资模式（all or nothing），即企业要在规定时间内获得一定额度的融资资金，若没有达到既定额度，那么企业融资失败，Crowdcube 会把资金返还给投资者，不收取任何费用；当达到目标金额后，Crowdcube 和律师事务所 Ashfords LLP 合作，与企业签订相关协议，帮助企业以及企业顾问律师设计相关有法律效力的文件，并和投资者确认投资金额。资金由第三方支付平台 Gocardless 转账到公司账户，待投资者收到股权证明书后，整个融资过程完成。在项目融资成功后，Crowdcube 会向融资者收取 500 欧元 + 总融资 5% 的手续费。至于后续的分红以及股权回报并不在 Crowdcube 的服务范围之内。若超过目标金额，企业可以设定第二目标金额，继续融资。

Crowdcube 要求融资者提供公司概况、市场分析、退出策略、创始人简介、融资计划、财务报表等。根据法律要求，在项目展示时 Crowdcube 不会通过收取广告费把某个项目置顶或者放在醒目位置。Crowdcube 规定投资者出资金额最少 10 英镑，无最大限制。平均投资金额 2500 英镑，大概为英国人年均收入的 10%。

（2）Seedrs 的融后服务打造"管家式"股权众筹平台。

在 Seedrs 平台上的项目融资过程和 Crowdcube 基本类似，最大的不同在于融后管理的代理人制度，因为 Seedrs 帮助投资者管理融后事宜，因此我们称之为"管家式"平台。

对于投资者而言，投资能否回收取决于接受融资的企业是否努力为投资者创造回报，如果投资者对自己的投资不闻不问，风险很大，但如果投资者花时间精力去过问自己的投资，相对于有限的投资和有限的投资回报而言，机会成本又太大。所以，委托专人进行投资后的管理，其实更重要。

在融资的公司达到融资的目标金额后，参与 Seedrs 平台的投资人可以选择是否由 Seedrs 代理股权管理，由 Seedrs 代替投资者通过和创始企业签订协议（协议类似天使投资人、风险投资机构投资时的协议），力争保护投资者的优先购买权、领售权、跟随权、知情权。Seedrs 收取投资者现金收益的 7.5% 作为管理费，收取成功获得融资的初创企业融资金额的 7.5%。

现在的一般的有限合伙制的私募股权基金中，作为基金管理者的普通合伙人一般收取投资者现金收益的 20%。但是，普通合伙人承担无限连带责任，如果投资项目亏损，普通合伙人要将自己在有限合伙企业中的初始投资弥补损失。从这一点对比看，Seedrs 向投资者收取的管理费绝对额不高，但承担的相应责任也较少。

Seedrs 代替投资者进行投资管理的内容包括：代理投资人签署文件、要求创业企业提交经营状况信息、处理变更股权文件；将创业企业公布的相关信息按及时通过个人 Seedrs 账户披露给投资者；维持双方关系，提供投资者和创业企业的沟通平台，可以让创业企业能够接受投资者的指导及建议，交流双方的创业经验；将分红等现金收益转入投资者 Seedrs 账户。投资者可以在自己的账户看见所有信息，包括已投资企业状况、账户余额等信息。

Seedrs 的代理模式有以下两个优点：

（1）对于融资者来说，企业只需和代理人进行沟通，而不必应对众多投资者，降低了沟通成本；风险投资也更喜欢股东数量较少的企业。

（2）对于投资者来说，普通投资者并不具备相关的专业知识来监督企业的发展，Seedrs 内的专业人才可以协助完成这个任务，为普通投资者节省时间成本。

综上，是否提供代理人服务是 Crowdcube 和 Seedrs 两家平台的最大差别。我们认为二者并无优劣之分，Seedrs 的方式为没有投资经验的中小投资者提供便利，但对投资者而言在一定程度上也失去了众筹的参与乐趣。

英国股权众筹行业监管特点

英国政府对股权众筹行业的监管，既有法律条例严格限定股权众筹平台的经营以保护投资者，又有政策优惠鼓励投资者参与，推动行业发展。

（1）严谨的监管——保证投资安全。

在 2014 年 4 月，英国出台针对众筹融资的新法律，将股权众筹的新型融资平台交予英国金融市场行为监管局（FCA）监管，如上文所述，新出台的法律除了定义各种投资者以外，还要求平台必须向投资者提供清晰、明确的信息让投资者充分了解投资风险，以保护投资者投资安全。

（2）政策优惠——鼓励全民投资。

严格的监管意在规范行业运营、保护投资者、增加公众对新平台的信任。除此之外，英国政府在税收、保险政策方面也为投资者提供方便。

税收优惠。投资者除了获得投资带来的收益外，还可以享受 EIS 或 SEIS 免税计划，这两个计划都由英国税务部门 HM Revenue and Customs 执行，给予符合条件的投资者和个人以税收优惠。EIS，即 Enterprise Investment Scheme，是在 1993 年出台的为帮助高风险的小微企业融资而减免投资人税费的一个项目。根据 EIS 免税计划，不超过 100 万英镑的投资可以减免相当于投资额 30% 的个人所得税，减免额不超过 15 万英镑；持有小微企业公司股票三年后，可以免交资本利得税；若资本有损失，则对资本所得征税时，允许扣除资本损失的那一部分，即为资本损失减免；将资本利得再次投资符合规定 EIS 的企业可以延迟交税。SEIS，即 Seed Enterprise Investment Scheme，是升级版的 EIS，将个人所得税的减免从

30% 提高到 50%。

补偿计划。除了税收优惠外，参与 Crowdcube 的投资者享有 FSCS（金融服务补偿计划）的福利。FSCS 是为已审批金融公司的客户进行赔偿的最后一个资金来源，相当于为参与 Crowdcube 的投资者和融资者提供一个保险。Crowdcube 一旦出现停止交易和违约的状况，投资者可以申请获得补偿。这项金融服务补偿计划由金融督查服务机构（Financial Ombudsman Service，FOS）负责运行。FOS 是独立的官方机构，以处理消费者和金融机构纠纷、提供金融服务为宗旨。有了金融服务补偿计划的保障，投资者在一定程度上降低了平台违约的风险。

英国政府张弛有度的监管是其股权众筹行业顺利发展的根本原因。在众筹行业同样发展迅速的中国，这无疑是值得参考的，对我国逐步推动股权众筹发展、制定股权众筹法律政策提供了借鉴意义。

除了美国、英国众筹平台发展较多之外，法国的众筹平台数量也较多。发展中国家的众筹平台发展较晚，但是，根据《世界银行：发展中国家众筹发展潜力报告》，到 2025 年，发展中国家有能力构建每年 960 亿美元的众筹投资规模，众筹最大的潜在机会在中国，市场规模可达 500 亿美元。

三、我国众筹发展如何

从 2011 年 4 月，我国首家众筹网站——点名时间建立，我国众筹发展迅速。据艾瑞咨询统计，截至 2014 年 12 月，全国约有 110 家正常运营的众筹平台，其中权益类众筹平台达 75 家，主要分布在北京、上海、广东、浙江等省内，以及东部沿海地区，内陆地区分布较少；涉及科技、技术、影视、摄影、出版、人文、音乐、房产、农业、公益等多个领域，均获得了一定的成绩。如果加上开展债权众筹的广义 P2P 平台，我国的众筹平台数量，将达到上千家。

众筹平台已经呈现专业细分的趋势，如淘梦网的市场细分是微电影，乐童音乐是音乐网等。

中国的产品众筹发展

为避免非法集资的嫌疑，中国众筹平台侧重于产品众筹（权益众筹）。尤其早期众筹平台往往把集资过程变为对产品感兴趣的支持者预购产品或服务的过程。中国第一家众筹网站——点名时间就是产品预购式的。

产品众筹给投资者的回报不是现金、股权、债权，参与者的出资近似以精神回报为主的赞助或者是购买实物产品与服务，而非以经济回报为主的投资。我国产品众筹平台主要有追梦网、众筹网。

据艾瑞咨询统计，"2014 年中国产品众筹市场融资总规模达到 4.4 亿元人民币，京东众筹、众筹网、淘宝众筹、点名时间和追梦网这五家平台融资规模总额达到 2.7 亿元人民币，占比达到 60.8%"[1]。相较于其他众筹模式，产品众筹在中国众筹行业中发展速度较快，成为我国主要的众筹发展模式。

其中，综合类众筹平台的项目类别比较丰富，主要有科技、影视、书籍、音乐、农业、设计、活动、公益等类别，能够接受项目范围广，融资能力较强，代表性平台有京东众筹、众筹网、淘宝众筹等。垂直类平台项目类别较单一，主要以一种或者两种类别的项目为主，融资范围较窄，因此融资规模能力较弱。代表性平台有房产众筹平台：平安好房网、搜房网的天下贷；音乐众筹平台：乐童音乐网；影视众筹平台：淘梦网等。

中国的捐赠众筹

中国还没有形成公益捐赠文化，公益众筹模式尚未形成专业性的代表

---

1 艾瑞咨询. 中国权益众筹市场研究报告 2015 年［R/OL］.（2015-03-03）［2015-10-27］. http://www.iresearch.com.cn/report/2325.html.

性的网络平台，公益项目捐赠众筹主要分布在综合性的权益类众筹平台或者依托知名门户网站的公益平台发布。

捐赠类众筹模式有助于推动普通人直接参与公益事业，但是由于缺乏对公益平台的信任，由于社会公众还缺乏慈善意识，由于目前的公益项目还缺少吸引人们注意力和兴趣的设计，捐赠众筹模式发展没有形成气候。

(案例　澜沧江计划)

我国西部山区有很多盲童，为了能给他们带来光明。艺术家刘成瑞在众筹网发起"澜沧江计划"，项目团队从澜沧江源头——青海玉树杂多县出发，寻找盲童与19支没有名称的支流，以盲童的名字命名，标注到谷歌地图上，并在盲童监护人同意的前提下，争取资金支持，治疗盲童眼疾。捐赠者支持100~800元，即有机会获得项目发起人准备的各种礼物，澜沧江的石子、拍摄的风景照、为藏区孩子画的油画。

中国的债权众筹

债权类众筹，在中国与P2P网络借贷模式近似。

债权众筹与P2P网络借贷的不同之处是：

（1）债权众筹专指多位投资人对一个项目借贷，是多对一，投资者按照各自投资比例获得相应的债权；

（2）P2P网络借贷有的是一个投资者对应一个借贷项目，是一对一，有的与债权众筹一致，是多对一。

目前，既有专业的债权众筹平台，爱投资、积木盒子等，也有一些P2P平台，设立专门的众筹频道或专栏，如中国平安的陆金所等。

债权众筹模式根据借款人（即发起人）的性质可分为自然人借贷和企业借贷。

案例　拍拍贷

　　上海拍拍贷金融信息服务有限公司（以下简称"拍拍贷"）是国内首家无担保网络借贷平台。拍拍贷完全是线上借贷，平台本身不参与借贷，提供信息撮合和工具服务。出借人的借款利率在最高利率限定下，由自己设定。

　　借款人进行身份认证，根据其提供的房产证、结婚证、工资证明等进行初始信用评分，以后根据借款还款的记录进行信用评分。借款人根据自身需求在平台上发布借款信息，说明借款目的，根据自己的能力设定一个能承受的最高利率，不得超过银行同期利率的4倍。信用等级越高，借款利率越低。拍拍贷会对借款利率设置进行一些引导。

我国的股权众筹

　　股权众筹平台发展较后，股权众筹模式的典型平台有天使街、原始会、投融界等。中国证券业协会在2014年12月发布了《私募股权众筹融资管理办法（试行）（征求意见稿）》（以下简称《管理办法》），开始股权众筹的监管，对股权投资者的高门槛要求引起了广泛争议，在监管细则发布之前，股权众筹的发展仍在摸索中。

　　2012年，美微传媒在淘宝网上发起的众筹行为，由"美微会员卡在线直营店"通过淘宝的店铺向大众出售会员卡，店主是美微传媒创始人。但是这种会员卡并不是普通的会员卡，而是一种原始的股票，购卡者除了可以通过会员卡订阅电子杂志，也可以拥有美微传媒原始股份100股，100股对应的最低投资门槛是100元人民币，最终募集225万元人民币。

　　美微传媒因此触碰了法律红线，涉嫌非法证券活动被监管部门叫停。

　　我国众筹平台对项目进行审核的门槛相对较低，在各个众筹平台上，各形各色的项目充斥其间，其中不乏一些完全没有市场的项目。部分项目投放到市场后并没有进行监控或跟进，在市场上的表现与介绍很不一致。另外，我国的众筹市场并没有建立相应的信任机制，很难使投资人产生信任感，这也是导致目前众筹平台项目成功率低的原因。以股权众筹平台天使汇为例：往往 10 个项目中只能成功 2 个项目，成功率只有 20%。在未来，如何利用互联网规范和监管我国众筹市场的运行和发展，将是值得关注的问题。

2014 年 10 月 31 日，中国第一届股权众筹大会暨股权众筹行业联盟成立仪式在深圳召开。由深圳爱合投、大家投、贷帮、众投帮、云筹 5 家股权众筹平台携手银杏果、人人投等 4 家股权众筹平台共同发布了《众筹行业公报》，并制定了《联盟章程》。中国股权众筹平台成立股权众筹行业联盟，也是促进行业健康发展的一种方式。

案例　天使汇

天使众筹平台天使汇（Angel Crunch）成立于 2011 年 11 月，为投资人和天使投资人之间提供在线融资对接交流平台，线上为双方建立各自的页面，线下举办见面会或路演，推荐项目帮助创业者和投资人达成融资意向。

天使汇对投资者有门槛设定，必须达到 300 万人民币。天使汇的特点实质上是多名天使投资人通过联合投资的方式向中小企业进行天使轮和 A 轮（即第一轮）的投资，参与投资的多半是投资机构或知名的天使投资人，通过众筹平台只是为了解项目信息，集合天使投资者，更准确的表述是一个天使投资者的网络合作平台，从众筹的"众"字上，还不属于一个真正意义的股权"众筹"平台。

案例　原始会

原始会于 2013 年 12 月正式上线，与众筹网同属于网信金融集团，众筹网是网信金融集团的债权众筹平台，原始会是网信金融集团的股权众筹平台。从数据上看，股权众筹项目的实际成功率不高，2014年上半年有113个项目在原始会上发布融资需求，但是，只有7个项目成功获得所需资金，共募集资金10037万元人民币，且远远没有实现众筹的众人筹资的意义，只有25人参与了这7个项目的股权众筹融资。

为了不触犯我国现行法律的边界，原始会强调只针对特定的合格投资人，个人净资产达1000万元或年收入高于50万元人民币的人方可申请入会，投资人必须得到原始会的邀请才能成为原始会线下的俱乐部的成员，才可以在原始会股权众筹的网络平台投资。为保护投资，规定投资人的年投资上限为净资产的10%，等等。

项目融资者在线提交项目，原始会团队对项目进行分析和审核，审核通过后，在网站上发布融资需求。投资人线上浏览项目信息。只有融资信息发布环节在线上进行。其余的都在线下开展。原始会推荐项目给作为俱乐部成员的投资人。项目融资者在线下举办路演活动，向投资人详细介绍项目信息，与投资人建立联系约谈项目细节。项目达成融资意向，项目融资者与投资者在线下签约。

原始会还属于线上展示融资项目，线下签约，是私募股权融资的线上展示交流版。

四、小结

美国的产品众筹发展较好，在JOBS法案通过后，股权众筹也得到了法律的确认。英国股权众筹发展较好，法律监管与政策支持都相对完善。中国目前产品众筹与债权众筹发展较快，捐赠众筹发展较慢，股权众筹虽然发展较好，但由于非法证券发行、非法集资的限定及《管理办法》对合格投资人的要求，众筹不"众"，更接近于私募股权的线上交流与线下交易。股权众筹的发展路径还在探索之中。

第五章

文化产业众筹，
有哪些不一样

第一节　文化众筹的主体和需求

文化众筹的主体是谁？

文化众筹的主体分别有什么需求？

筹资者除了资金以外，还可以众筹什么？

什么是独立投资者，什么是社交投资者？

什么是众筹部落

众筹与社交有什么关系？

众筹投资者的需求包括哪些层级？

粉丝参与众筹获得的是什么？

什么是交易？什么是交易费用？

什么是金融中介？什么是金融市场？

什么是价值增加理论？什么是匹配理论？

为什么说文化众筹平台是文化领域的《非诚勿扰》？

什么是平台企业？

什么是 AIDA 消费行为模式？什么是 AITDA 投资行为模式？

我们知道众筹（crowdfunding）即大众筹资，与文化艺术有着天然的联系，众筹的雏形可以追溯到名人文艺作品的订购。现代众筹通过互联网方式发布项目并募集资金。按照世界银行集团 2013 年发布的《发展中国家众筹发展潜力报告》，众筹被定义为以互联网科技为基础，利用社区和公众的判断来决定一个创业项目或计划应当得到多少市场关注、资金支持，并未尚处于起步阶段的项目提供适时反馈。

第三章分析了文化产业中的中小微文化企业与创意项目，具有研发产品难以试销、成功个案难以复制、未来收入难以预估等劣势，难以获得传统融资支持。因此，众筹的出现，为文化产业中中小微企业与创客的创意项目融资提供了新的渠道。

下面逐一分析文化众筹的三类主体——筹资者、投资者与众筹平台，他们对众筹分别有怎样的诉求。

筹资者的类型

文化产业的筹资者主要有三类：个人、企业、非营利组织。

目前，还没有发现政府参与文化众筹的案例。但实际上，政府也可能成为文化众筹的发起人与筹资者。

个人筹资者，如徐志斌，前腾讯员工，利用在腾讯和曾做过记者的工作经验优势，与企业家交流，探讨如何用好互联网，用好社交网络，记录成《社交红利》一书，通过众筹计划筹募 10 万元人民币资金，结果用了 30 天募集到 107000 元人民币。这就属于个人众筹。

同样是出版界，知乎网跨界出版《创业时，我们在知乎聊什么？》，目标募集 9.9 万元人民币，通过众筹实际筹款 9.9 万元人民币。知乎网众筹就是企业在众筹。

所以，无论是个人、企业法人、社团法人，只要有履行权利义务的能力，就可以开展众筹。从刚才几个例子来看，募集资金的数量并不大。这也充分体现了文化众筹的特点：对筹资者门槛低。

筹资者除了筹资，还有哪些需求

前文已经分析，筹资者众筹，不仅仅是为了资金。例如，上一段落提到的两本图书众筹的案例。

知乎用互联网思维为《创业时，我们在知乎聊什么？》众筹，重要的不是募资，区区 9.9 万元人民币，对于知乎，微不足道。重要的是筹智，书的全部内容由网友创作，不是由出版社采取付稿费或采取收益分账的方式委托这些作者编写，也不是由一个或几个作者编写，而是通过众包的方式完成。共有 93 位作者，其中 91 位不要稿酬，他们得到的是趣味、个人价值的满足，自我实现感，同时得到知乎赠送的典藏图书。

《社交红利》一书采用众筹模式主要目的是：第一，提前预测市场的规模、方向，验证市场，第二，扩大宣传，为书籍营销铺垫；第三，通过众筹参与者的口碑传播与社交圈层营销，开拓新的市场。

因此，概而言之，众筹可以完成 4 类资源的集聚。

第一，资金集聚。

第二，智力与创意集聚。文化产业的核心价值是智力与创意。

第三，注意力集聚。通过注意力集聚，进行宣传、推广、营销，并测试市场、测试产品、测试创意。通过了解消费者需求来改进产品、服务。

第四，消费者集聚。这是预售与订购，是对消费者的提前锁定。

在这 4 类资源的集聚过程中，用大众力量支持一个人、一个企业、一个非营利组织完成一个项目、一个产品、一个梦想。

加州大学伯克利分校的 Richard Swart 在一项众筹调查中，列出以下选项：经营决策、信息交流、市场营销、寻找消费者、投资者和雇员，让众筹发起人依次选择重要程度。资金在众多选项中只排第四或第五，70% 的企业家将其他好处摆在资金前面。

例如，Daniel Haarburger 是斯坦福大学的创业学生，他 2013 年在 Kickstarter 上发起项目筹钱，产品是一种把智能手机连在自行车手把的系带。只花了 8 天时间，他筹集了 32000 美元。此外，还有 3250 个支持者成为他的非官方焦点小组。Haarburger 收到了许多关于摩托车机座的未来构想，并且在摩托车机座上加入了一个开瓶器，改变了最初的设计。他还联系了 30 个义务提供包装、销售、图像设计、营销和生产等方面专业经验的人。最后，通过这次活动，他遇到了命中贵人，Michael Rosenblatt。后者之前在苹果公司任产品开发部经理。Michael 给了他一些关于产品检测和其他功能的参考建议，同时把他介绍给了苹果和其他公司的人。Haarburger 之后根据自己的众筹经历写了一本书，还宣传众筹活动的非经济性利益。

投资者的需求

针对不同类型的众筹，投资者的需求不同。

第一，产品类众筹，投资者是购买者与支持者，是为了获得产品、奖励，为了社交、获得参与感。

第二，捐赠类众筹，投资者是捐赠者，是为了获得一种超越自我的爱心。

第三，债权类众筹，投资者是贷款者，是为了获得固定收益。

第四，股权类众筹，投资者为了获得分红与股权价值的回报，当然，作为股权众筹的投资者，也可以监督参与筹资者的企业与运作的项目，获得参与感、自我实现感。

从马斯洛需求层级看众筹投资者的深层需求

美国心理学家亚伯拉罕·马斯洛在 1943 年在《人类激励理论》论文中提出了人类需求像阶梯一样，从低到高按层次分为生理需求（physiological needs）、安全需求（safety needs）、爱和归属感（love and belonging）、尊重（esteem）和自我实现（self-actualization）五种。

目前，新的表述认为在自我实现需求之后，还有一种更高级的需求——自我超越的需求（self-transcendence needs）。

捐赠类众筹可以为捐赠者带来尊重，自我实现与自我超越。

产品类、债券类、股权类众筹表面上看主要为投资者带来有形的产品、无形的服务或者资金回报，满足人类基本的需求，但是，深入看投资者参与众筹，获得的更多的是精神层面的满足。尤其是文化众筹的投资者，不管是购买文化产品，还是获得文化企业的股权、项目的收益权，都有精神层面的需求。

一、什么是众筹部落

人是社会动物，是社会关系的总和。基于互联网的众筹具有社交属性，除了线上的社交网络以外，还通过众筹建立线下的人际关系。

当代社会表现出一种后现代主义倾向：社会的碎化和重构。"作为个体的人从传统的社会约束中得到解放后拥有了更多样化的生存方式选择。个人主义取代集体主义，社会成员以个体化方式自我管理，通过个人行为来表现自己的存在和与众不同。这种社会现象称为碎化。在这个过程中人变得孤立和以自我为中心，社会处于一种极端消极和极端个人主义的状态之中。社会在碎化的同时也在进行着重构。社会成员得到解放后，对他们的生活进行新的组合。这种行为表现为：寻找某种联结，尤其是通过兴趣、情感、爱好连接，以重构社会。人们以多种形式的短时存在的群体方式聚集在一起，这种新的社会群体称为部落"[1]。

每一个众筹在某种程度上也是一次部落构建过程，大家出于对一个企业、项目、产品、创意和名人的兴趣、爱好产生共同关注，并以预购、投资的方式连接在一起，有共同关心的领域与对象，有共同的利益诉求，形成的是一种短时存在的，当然也有可能长期延续的众筹部落，并在这个部

1　胡振虎，段宗雷，万敏，部落营销——一个后现代的营销视角部 [J]. 当代经济科学，2004（3）.

落中进行线上与线下的互动与社交。

粉丝消费，爱与归属感

众筹的投资者，尤其是文化众筹的投资者具有很强的粉丝特性。

粉丝本来是一种消费行为，但在现代社会，随着消费对象的极大丰富，消费"也被人们从符号和意义的社会角度来加以诠释，人们消费的目的也从功能性的消费转变为情感和享乐型消费"[1]。美国学者 Boorstin 于 1974 年提出"消费部落"这一概念，认为消费部落是人们"在决定消费什么及怎样消费的过程中，创造和形成的一种无形的部落"[2]。共同消费同一款产品、同一部文化作品、同一位影视歌明星的人群就是成为这个产品、这个作品、这位明星的粉丝。

这样的部落超出地理界限、包括多种多样的人，具有商业性质，也是一种思想化的部落，有共同的趣味、文化、习惯，甚至独有的语言方式，如苹果手机的果粉是一种产品品牌的粉丝消费部落。

2010 年 Michael 和 Raj 把这种部落与宗教对比分析，认为，这种群体对于群体内的成员拥有魔力、信仰及超自然的能力。我们知道哈雷摩托车的粉丝，哪怕是华尔街的精英，在闲下来的时候，都会脱下西装革履，穿上皮衣皮裤，骑上风格酷极的哈雷去飙车。他们甚至把哈雷的标识文身在肩膀上，哈雷粉儿们用这种形式表达对哈雷的忠贞。由于粉丝的特殊偏爱，"感到他们所关注的产品品牌或个人品牌所承载的某种价值观、所宣扬的某种个性，与他们自身的价值观和个性相契合"[3]。产生了共鸣，感觉他们属于一个具有类似价值观、个性的群体，产生了一种集体的类似于宗教的虔诚。这种对品牌的爱、对偶像的爱、对文化作品与产

---

1 胡振虎，段宗雷，万敏. 部落营销——一个后现代的营销视角［J］. 当代经济科学，2004（3）.

2 Daniel J B.The Americans：The Democratic Experience［M］. New York: Vintage, 1974:702.

3 刘德良. 基于品牌社区的"窄而动之"［J］. 销售与市场，2008（25）.

品的爱，对粉丝部落的群体归属感与马斯洛的需求层级理论有相通之处。

例如，众筹网首次推出的粉丝众筹模式是 2013 年快乐男声主题电影。利用快乐男声在传统媒体领域已建立的粉丝基础，依托互联网，在短短 20 天支持资金已达 500 万元人民币，同时用门票预售的方式测试人气，了解到底多少观众愿意提前为影片购票，通过众筹参与者的年龄、性别、地域的数据，了解粉丝构成、预测未来的观众构成，以此为基础，启动影片宣发。众筹的过程，就是快乐男声与粉丝、粉丝与粉丝之间的互动过程。

尊重、自我实现与自我超越

捐赠众筹的捐赠者，产品众筹的支持者，股权众筹的投资者，这三类人参与众筹还有更高的心理需求。

马斯洛需要层次理论认为，一般人都希望："自己有良好的社会地位，要求个人的能力和成就得到社会的承认。尊重的需要又可分为内部尊重和外部尊重。内部尊重是指一个人希望在各种不同情境中有实力、能胜任、充满信心、能独立自主；内部尊重是人的自尊。外部尊重是指一个人希望有地位、有威信，受到别人的尊重、信赖和高度评价。自我实现的需要是最高层次的需要，是指实现个人理想、抱负，发挥个人的能力到最大限度，达到自我实现的境界。为满足自我实现需要采取的途径是因人而异的。自我实现的需要是在努力实现自己的潜力，使自己越来越成为自己所期望的人物。"

帮助他人可以使自己获得内部尊重与外部尊重，在帮助他人实现梦想的过程中，可以感受到自我实现的价值感。

动画片《大鱼·海棠》本身已经拥有一定的粉丝基础，在筹备动漫电影时，由于缺乏资金陷入困境，创作者梁旋把背后的艰辛故事发在微博上，引起了粉丝关注，其中包括著名女性导演李少红。通过众筹，李少红等粉丝共同资助《大鱼·海棠》，原来募集资金的计划是 138 万元人民币，结果在很短时间内，就募集了 158 万元人民币。支持《大鱼·海棠》的人，是为了帮助创作者实现梦想。这是众筹最有价值的地方。大众创业、万众创新，需要众筹的助力梦想。

二、独立投资者与社交投资者

在英国的股权众筹平台 Seedrs 曾做过这样一个统计。Seedrs 的投资者分为两大类：一类是独立投资者，他们与筹资者没有社会关系，完全是出于对项目本身的兴趣与信任决定是否投资；另一类是社交投资者，他们是通过朋友、亲人或者其他社会关系网络了解筹资者，与筹资者存在着线下的社会关系。Seedrs 统计发现：一个项目募资的成功率与初始的社交投资者的出资规模有正向的相关关系。

一个项目创业时，没有社交投资者，即各种社会关系的投资，只有不到 15% 的可能最终完成筹资；社交投资者投资达到总投资额最初的 1% 时，完成最终募资目标的概率上升到 27%；获得社交投资者 5% 的初始投资的公司有接近一半可以完成募资；获得社交投资者 10% 的初始投资的公司80% 能够完成募资；获得 20% 的社交投资者的初始投资的公司有 90% 能够完成募资目标；如果一个创业公司能够从社交投资者获得 35% 的初始投资，就几乎百分之百可以完成募资。

由此可见，一个创业者，首先需要动员熟人网络，吸引社交圈内的投资者，亲友的先期投资，这样可以进一步吸引陌生的独立投资者。分析原因不难理解，信任是连带的，如果你没法说服你的亲友支持你的项目，你的亲友都对你的项目没有足够的信任，如何说服陌生人，陌生人为什么要信任你？

同样，在美国的权益类众筹网站 Kickstarter 上，创建者首先获得朋友、家人的关注，并通过朋友、家人的社交媒体网络扩散，引发公众的兴趣，84% 的资助来自或者间接来自于社交链接的推介，只有 16% 的来自于到Kickstarter 网站上闲逛的网民。

Seedrs 与 Kickstarter 的统计实证了我们的观点，众筹是一种社交行为。

三、众筹平台的需求是什么

众筹平台的法人性质是企业法人，利润是企业持续存在的根本。因此，众筹平台的基本需求是盈利。这一点，平台的需求比筹资者、投资者要简单明确。

文化众筹平台是金融市场，还是金融中介

金融中介的英文表达为"financial intermediation"，intermediation 是 inter 和 mediate 两个词组成的合成词，而"mediate"（动词）的词意解释之一是"居间促成（某事）"。《现代汉语词典》中介一词解释为"媒介"，而媒介又解释为"使双方发生关系的人或事物"。金融中介机构是实施居间促成金融交易的活动或行为的企业（组织）。

金融市场是面向投资者、融资者、相关服务机构提供开放的交易平台。

区分一个文化众筹平台是金融市场还是金融中介，关键看它与筹资者、投资者之间的协议法律关系。如果一个文化众筹平台自身对任何一笔众筹交易，并不与筹资者、投资者中的任何一方签约，只是提供一个交易的线上场所，就是金融市场。就像菜市场，买菜的与卖菜的在这里直接买卖，无论买菜的还是卖菜的都不会与菜市场发生钱与菜的交割。如果一个文化众筹平台就众筹交易与投资者、筹资者分别订立合同，是交易中的一方，就是金融中介。就像房产中介要与买房人、卖房人签订三方合同。或者像银行和储户签订存款合同，凭证是储户的存折或借记卡，吸收储户的存款；与贷款者签订贷款合同，向贷款者放贷。储户与贷款者不直接发生交易，没有法律关系，而是分别与银行发生法律关系。银行就是金融中介。

从这个分析看，一般的文化众筹平台是让众多的投资者直接与筹资者

建立交易的法律协议关系，属于金融市场。但不同于仅仅提供交易空间、场所与信息的一般的金融市场，众筹平台要发挥积极的中介作用，承担着对筹资者遴选，对筹资项目评价、对投资者提供与筹资者对接撮合服务的功能。

所以，众筹平台可以定位为具有金融中介功能的提供筹资者与投资者直接交易的金融市场。

从交易费用理论分析众筹平台的存在的经济价值

众筹平台的功能是提供筹资者与投资者之间的交易。交易的英文"transaction"即"trans"和"action"两个单词合成，有"相互的行动"之意。"制度经济学的经典作家——约翰·罗杰斯·康芒斯，1934年发表的经典之作《制度经济学》一书中，首度提出了交易范畴。康芒斯认为：使法律、经济学和伦理学有相互联系的单位，便是交易，一次交易……是制度经济学的最小的单位"。

交易不是实际"交货"那种意义的物品的交易，是个人与个人之间对物质与非物质的未来所有权的让与和取得，一切决定于社会集体的业务规则。交易是所有权的转移。因此，资金与文化产品的交换是交易，交换的是物权；文化项目利息收益与资金的交换也是交易，交换的是债权；文化企业的股权与资金的交换也是交易，交换的是股权。

从宏观角度，可以把交易分成3种类型：

（1）"买卖的"（市场的交易），通过众筹平台完成的交易，就属于市场的交易。通过市场，遵循等价交换原则进行。

（2）"管理的"（企业内的交易），指企业内部的活动，如原材料加工部门把加工的半成品交给生产制造部门，生产制造部门把制造的成品交给物流仓储部门，物流仓储部门把产品运到销售部门的网店销售，这中间产品的转移与让渡都是发生在一个企业内部，属于企业内交易。

（3）"配额的"交易（政府的交易），政府的财政转移支付所发生资金与资源的交换，等等，都属于政府的交易。

构成经济体制的细胞是交易。康芒斯把社会生活中的人与人之间的关系看作是交易。当一种货物或服务跨过某个技术可分的接口而被让渡时，交易就会发生。人类社会是一个分工的社会，有分工就必须有交易。有交易就产生交易费用。交易费用就是交易成本。

刘二斌以交易费用范式为理论基础指出，"金融中介机构生产和交易金融产品可以节省交易费用"[1]。衡量一个文化众筹平台是否有存在价值，很重要的因素就在于它能否节省筹资者与投资者之间的交易费用。

不管是产品众筹，还是股权众筹，对于筹资者和投资者而言，他们的交易成本包括：信息搜寻成本、发现交易对象的成本、谈判确定交易价格的成本、订立合约的成本、执行合约过程中的监督成本、维护交易秩序的成本、界定和保护产权的成本、用于降低交易的不确定性和交易风险而设立保险机制的成本、组织的成本等。

这些成本又可分为经济成本、时间成本、体力精力成本以及耗费这些时间精力体力所产生的机会成本（见表5-1）。

表5-1　众筹产品的交易成本

1	信息搜寻成本
2	发现交易对象的成本
3	谈判确定交易价格的成本
4	订立合约的成本
5	执行合约过程中的监督成本
6	维护交易秩序的成本
7	界定和保护产权的成本
8	用于降低交易的不确定性和交易风险而设立保险机制的成本
9	组织的成本

专业的文化众筹平台的存在使文化产品、债权、股权的交易实现了规

1　刘二斌.交易费用范式下金融产品与金融中介机构变迁的研究［D］.厦门：厦门大学，2006.

模经济效应、范围经济效应、专业分工效应。降低了交易的信息成本、筹资者与投资者的参与成本、监控成本和风险管理成本，提高了筹资者与投资者交易双方的"效率"。

通过众筹平台，如果节省了交易费用，那么节省下来的交易费用就可以分别由作为中介机构的众筹平台和作为众筹平台客户的筹资者、投资者所分享，即一部分被节省的交易费用成为维持众筹平台运作的收益，即众筹平台的收入，我们可以把它称为"交易费用收益（return of transaction cost，RTC）"；另一部分被节省的交易费用成为筹资者与投资者的收益，体现为他们的效率提高或价值提升，这部分供筹资者和投资者分享的收益是激励他们来众筹平台的原因。

通俗地说，筹资者、投资者为什么选择一个众筹平台，因为它能够帮助筹资者和投资者省时、省力、省钱。因此，一个创造的交易费用收益可以维持自我运转并能产生利润的众筹平台才有可能长期存在，否则，只是"互联网+"大浪潮下昙花一现的短命企业。

从"价值增加"理论看众筹平台的功能

"施尔坦斯和文斯维思提出价值增加应是金融中介理论的焦点，认为金融中介并不是一个被动的代理人（即作为融资者和投资者之间的中介），而是一个独立行事的市场主体（参与者），它创造金融产品"[1]，通过高质量的资产转换为客户增加价值。"补充理论"强调金融中介的客户导向，金融中介机构向顾客出售金融服务并从中获利。

这种"价值增加"理论为我们分析文化众筹平台的存在经济价值及所发挥的功能提供了一个新的视角：文化众筹平台能否为筹资者与投资者增值收益，即利用专业化优势为筹资者与投资者提供增加价值的服务，使这两类客户获得收益，从而实现自身的收益。文化众筹平台为客户增加价值

---

1 刘二斌. 交易费用范式下金融产品与金融中介机构变迁的研究［D］. 厦门：厦门大学，2006.

的机制，笔者认为大致包括 4 个方面：

（1）解决时空匹配问题。不同的投资者和筹资者有不同的投资和融资的期限偏好，文化众筹平台可以跨时间、跨空间地进行匹配。这是金融的主要功能。

（2）解决规模匹配问题。吸收来自众多投资者的小额的分散的资金，给需要大额的集中的资金的筹资者。这是众筹的主要优势。

（3）解决需求匹配问题。针对不同兴趣、不同风险承受力的投资者，在各种可能的投资机会之间帮助他们选择能够更有效地分配其资金的产品、项目、债权、股权，这是一种"搜寻－匹配技术"。我们在下面一部分详细介绍。同时，文化众筹平台还可通过协调筹资者与投资者双方不同的需求创造出受到双方欢迎的新的交易模式。

（4）信息生产问题。文化众筹平台自己生产有"价值增值的信息"，作为文化领域产品、项目、债权、股权的交易信息的平台，在集聚信息的基础上，生产出有价值的信息，尤其是形成作为市场信号的"价格信息"。通过生产有价值的信息，实现了交易双方的价值增值。

前文所说的降低交易费用，以及本部分所分析的增加的价值统称为"交易优化收益"。创造交易优化收益是文化众筹平台存在的经济价值与发挥的功能。

从《非诚勿扰》看文化众筹平台对筹资者与投资者的匹配

《非诚勿扰》是中国大受欢迎的电视相亲栏目。一边是 24 位女嘉宾，一边是不断登场的男嘉宾。男嘉宾根据自己的标准，从 24 位女嘉宾中选择一位；女嘉宾也要根据自己的标准，从不断登场的男嘉宾中选择一位。一对男女嘉宾牵手成功，需要两个条件：你选择了我，我选择了你。任何一个单一的选择，都无法完成配对。从经济学逻辑上看，文化众筹平台本质上就是文化领域内的筹资者与投资者的《非诚勿扰》。

现实生活中，有很多这样两个群体中的成员之间相互选择的问题。一群高三毕业生与一群高校之间的相互选择；一群大学毕业生与一群就业单位之间的相互选择。这就是双边匹配理论（two-side matching theory）研究的内容。Gale 和 Shapley 两个经济学家把这一理论应用到经济领域，还发明了 Gale-Shapley 算法，研究双边需求怎样能达到最优的匹配。经济学上把这种实现双边需求匹配的组织，通俗地说，帮助买卖双方聚集在一起并撮合交易的组织称为平台企业（platform enterprises）。

文化众筹平台，就是帮助筹资者与投资者双方，对文化产业的企业的股权、债权，作品的版权，艺术品的物权、产品使用权等实现交易撮合的平台企业。

目前的文化交易大多仍然依靠人际交往的渠道进行。同传统的婚配往往需要通过熟人介绍类似。在互联网时代，世纪佳缘之类的网络相亲，可以借助互联网媒体帮助男女双方在茫茫人海中寻找到那个她（他）。同样，基于互联网的文化众筹平台也是在帮助筹资者找到投资者，寻找要花钱、花时间，经济学上称之为搜寻成本。《非诚勿扰》找了 24 位女嘉宾一起站在那里，吸引一批又一批的男嘉宾不断登场。同样，众筹平台将很多筹资项目放在网络平台上，就像在展示的 24 位女嘉宾一样，让投资者关注，吸引投资者投资。在这个过程中，节省投资者分别寻找的搜寻成本。

信息经济学认为这是个信息不完全的世界，交易的双方存在信息不对称性。了解对方信息的过程，要支付信息搜集成本。《非诚勿扰》帮着男嘉宾制作 3 条短片，帮着男女嘉宾发问，帮助男嘉宾了解女嘉宾的 10 项基本资料，相当于帮助双方节约了信息搜集成本。同时，在信息互动的过程中，让双方相互淘汰、遴选，达成匹配。文化众筹平台的工作也是展示筹资者的产品、作品、项目、企业信息、评价其信用，帮助投资者建立对筹资者的认知与了解，使他们双方达成信任，撮合交易。

由于利益不一致，信息不对称，现实中存在着逆向选择与道德风险，婚配中就有骗财骗色的风险，《非诚勿扰》提供了全民监控，节约了当事人的风险管理成本。众筹平台也有责任、有义务协助投资者和筹资者之间相互监督，甚至协助追偿损失。

人是有限理性的，常常决策失误，需要专业人士的帮助。《非诚勿扰》的黄菡、孟非的功能是提供专家意见，给当事人提个醒，降低了当事人的非理性成本。这也是众筹平台应该发挥的作用，降低交易的非理性成本。在 2015 年 6~7 月之间的中国股灾之前，其实作为股票交易的匹配平台——上交所、深交所也多次提示交易者，注意股市风险。目前，我国文化众筹平台还没有足够重视自己在这方面的社会责任。

四、什么是投资行为 AITDA 模式

在消费行为研究中有一个 AIDA 模式，注意 A（attention）、兴趣 I（interesting）、期望 D（disire）、行动 A（action）（见图 5-2）。说的是一个消费者的消费决策过程是：第一，注意到自己的某种需求，注意到某种产品或服务；第二，对这种产品或服务能满足自己的需求产生兴趣；第三，对这种产品或服务产生预期与购买欲望；第四，达成购买行动。那么，一个好的销售推广，与此相对应的是：第一，引起消费者注意；第二，引发消费者兴趣；第三，唤起消费者意愿；第四，促成消费者行动。

注意 A（attention）→兴趣 I（interesting）→期望 D（disire）→行动 A（action）

图 5-2　消费的 AIDA 模式

笔者认为在投资过程中也存在着类似的心理推进步骤。一个众筹的投资者要了解自己的投资心理，一个众筹的筹资者也需要研究投资者的投资心理行为模式，从而有针对性地向投资者诉求，促成融资；同样，对于一个众筹平台也需要研究投资心理与投资行为模式，从而更好地达成匹配，撮合交易。

投资心理行为模式分成五个步骤：AITDA 模式，注意 A（attention）、

兴趣 I（interesting）、信任 T（trust）、决策 D（decision）、行动 A（action）。这是本书探讨众筹的逻辑框架（见图5-3）。

注意 A(attention)→兴趣 I(interesting)→信任 T(trust)→ D 决策（decision）→行动 A(action)

图 5-3　投资行为的 AITDA 模式

注意 A（attention），一个筹资者、一个文化产品、项目、企业，只有被投资者注意到，才有可能被投资。注意是众筹的第一步，前文提及注意力是稀缺资源，这是一个注意力经济的时代。文化产业众筹的优势恰恰是文化作品、文化项目、文化名人，不管是影视演艺、动漫出版、新闻传媒等，都有其注意力资源的先天优势。这也是文化产业最适合开展众筹的原因。

兴趣 I（interesting），产品众筹、捐助众筹的成败很大程度是基于投资者对众筹项目的兴趣的大小。在一个富饶经济时代，人们面临着海量的选择，没有兴趣就不会选择，兴趣是众筹的第二步。文化产业众筹的优势是文化作品、文化项目、文化名人能够更好地激发投资者的兴趣，甚至可以产生粉丝效应。

信任 T（trust），Morgan 与 Hunt 于 1994 年提出关键中介变量模型（key mediating variable model，KMV model）。该模型运用社会交换理论（social exchange theory）的观点，证实信任是投资意愿的前置变量，就是没有信任，就不会产生投资意愿。信任是众筹的第三步。如何创造信任，我们将在后文继续讨论。

决策 D（decision），投资行为与消费行为的区别是，消费是满足需求与欲望，因此，销售推广要激发预期与欲望，唤起消费意愿。投资行为相对更理性，尤其是债权众筹、股权众筹，投资者的需求是获得资金回报，因此，在这一个环节笔者没有使用 D（disire），而是用决策 D（decision）来界定。Tyebjee 和 Bruno 的投资决策模型认为，融资企业或项目的投资收益与投资风险的预期，是投资决策的前置变量。对于众筹的投资者而言，仅仅信任筹资者与筹资项目还不够，还需要评估投资的收益与风险，在最后做出决策。因此，决策是众筹的第四步。

行动 A（action），一旦做出决策，就通过众筹平台进行协议的签署、资金的划拨、投资后的监督等行动。行动是决策后完成整个投资过程的最后一步。

一个众筹项目能否成功也需根据投资行为模式，设计这样 5 个原则。

吸引注意。激发兴趣。建立信任。促成决策。达成行动。

五、小结

众筹与文化艺术有着历史的天然联系。对于通过传统融资困难的小微文化企业和创客的融资渠道是一种有利的补充。

众筹的发起人，包括个人、企业、非营利组织，发起众筹不仅仅筹集资金，也是筹集注意力、筹集智力与创意、筹集消费者与预测市场。众筹的投资者参与众筹也不仅仅为了经济回报，尤其是文化众筹，参与者对一个文化产品、项目、名人的共同关注、共同兴趣、共同文化价值观，进行线上与线下的社交，粉丝因众筹而强化部落感。同时，投资者支持发起人实现梦想，也获得尊重、自我认同与自我实现感。

众筹平台是具有金融中介功能的金融市场，其经济价值在于为交易双方节省交易费用，增加价值，从中获得收益。众筹平台的主要功能是为投资者与融资者进行匹配。

一般的投资行为模式是 AITDA，即注意、兴趣、信任、决策与行动。

第二节　从粉丝到合格投资人

什么是投资？什么是收藏？什么是消费？

文化产品众筹有什么特点？

为什么文化产品众筹可以做到不以商业价值为最终标准？

为什么文化产品众筹的回报可以不是实物产品？

为什么文化产品众筹的核心是兴趣？

文化产品众筹与粉丝是什么关系？

什么叫部落融入？

什么叫同类意识？什么叫部落精神？什么叫部落责任？

为什么说众筹是一种部落融入与构建部落的方式？

个人直接投资的股权众筹与集合投资的股权众筹有什么区别？

什么是领投人？什么是跟投人？

集合投资的股权众筹与私募股权投资有什么不同？

什么是会员卡众筹？什么是担保式股权众筹？

我们首先来辨析投资、收藏、消费之间的区别。之所以要首先理清投资、收藏、消费的不同，是因为文化众筹的一个显著特点就是投资者兼具投资、消费、收藏的多重目标，投资者参与众筹的行为也兼具投资、消费、收藏的多重属性。

什么是投资

投资是经济主体，包括个人、家庭、企业、非盈利组织、政府，为了在未来可预见的时期内，获得资金收益或者资金增值的回报，而向一定的标的物投放资金或实物或其他货币等价物的经济行为。

投资的主体主要是 3 类：家庭（个人）、企业、政府（非营利组织）。

投资有 3 个要素：资金收益回报、未来可预见的时期、当下的资金投放。简单地说，使用今天的钱去换取未来可预见时期更多的钱。

什么是消费

消费分为生产消费和生活消费。这里主要分析生活消费。生活消费是指人们为满足个人生活需要，购买物质产品和精神产品并把它们使用消耗掉的行为过程（见表 5-2）。

表 5-2　投资、消费与收藏

投资	用今天的钱去换取未来可预见时期更多的钱
消费	用今天的钱去换取物质资料与精神产品并在未来可预见的时期把这些物质资料与精神产品消耗掉
收藏	用今天的钱去换取物质资料与精神产品并在未来可预见的时期留存或转让，而不消耗掉

消费的字面意思是消耗、耗费，是把物质和精神产品用掉。如果说投资是使用今天的钱去换取未来可预见时期的更多的钱，那么消费是使用今天的钱去换取物质与精神产品，并在未来可预见的时期，把这些物质资料与精神产品消耗掉。

什么是收藏

从字面理解，收藏是把有价值的东西收集、保藏、保存的经济行为。

如果说消费是使用今天的钱去换取物质资料与精神产品，并在未来可预见的时期把它们消耗掉，那么收藏是使用今天的钱去换取物质资料与精神产品，并在未来可预见的时期留存或转让，而不消耗掉。

收藏是相对偏向个人的活动，对于自己喜欢的并且认为在未来是有升值空间的有价值的东西花钱买进，在未来的某一天也许会换成钱，也许会一直留存。

第四章已经介绍了主要的 4 类众筹：产品众筹、捐赠众筹、债权众筹、股权众筹。文化众筹中，捐赠众筹、债权众筹所占比例较少，专门的文化捐赠众筹、文化债权众筹平台也很少。在本节，我们主要讨论文化产品众筹与文化股权众筹。这一部分讨论文化产品众筹，下一部分讨论文化股权众筹。

一、文化产品众筹的概况

根据艾瑞咨询集团的中国权益众筹市场研究报告，产品众筹模式是我国众筹行业最主要的发展模式。艾瑞咨询统计，"2014 年中国权益类众筹市场融资规模达到 4.4 亿元人民币，同比增长 123.5%。其中，综合类众筹平台融资规模达到 3.7 亿元人民币，占比达到 84.1%；垂直类众筹平台融资规模达到 0.6 亿元人民币，占比达到 13.9%。综合类众筹平台融资能力远高于垂直类众筹平台。2014 年中国权益类众筹市场项目数量达到 4494 个，其中，综合类众筹平台项目总数达到 3787 个，占比为 84.3%；垂直类众筹平台项目总数达到 482 个，占比为 10.7%。预计 2015 年，将达到 11.2 亿元人民币的市场规模"[1]。

"在 2014 年度中国权益众筹项目 TOP10 中，除了排名第二的房产众筹项目，剩下 9 个项目均属于智能硬件类项目。表明在行业中，用户偏好智

1　艾瑞咨询.中国权益众筹市场研究报告 2015 年［R/OL］.（2015-03-03）［2015-10-27］. http://www.iresearch.com.cn/report/2325.html.

能硬件类项目。京东众筹兼具商城的全品类平台和优质客群的优势，成为帮助项目成长的智能硬件孵化平台"[1]。

因此，智能硬件类项目较多，筹集金额较大。智能科设类项目在产品众筹的融资规模占比达到 63.0%；文化娱乐类项目融资规模占比达到 5.1%；排名第二。其中，众筹网此类项目融资规模最大，占比为 85.1%；出版类项目融资规模占比达到 4.8%，排名第三。其中，众筹网此类项目融资规模最大，占比为 66.0%。可见，虽然，整体规模与智能科技设备相差甚远，但文化娱乐、出版等文化项目也是众筹中比较受关注、受欢迎的行业项目。众筹网是文化众筹最重要的综合类众筹平台。淘宝众筹、追梦网在音乐、影视、动漫等领域也占据较大的份额。

文化产品众筹的特质

第四章分析了产品众筹接近于以"团购 + 预购"的方式向网友募集项目资金。

文化产品众筹是文化企业、艺术家对公众展示他们的产品、项目、创意，在获得公众的关注和支持的基础上，筹集资金，有的兼具测试市场、宣传推广以及与粉丝互动的功能与目标。

文化产品众筹的第一个特点是：众筹能否成功，不是以项目的商业价值作为唯一标准或最高标准。

只要是网友喜欢的项目，哪怕在商业上难以成功，也有可能通过众筹方式获得项目启动的资金。日本吉卜力工作室的资深艺术家山本二三用众筹的方式筹集小众动画电影《希望之树》的资金。小众动画由于其小众性，一般难以市场大卖，传统融资很难支持小众艺术。但是，正如凯文·凯利在《技术元素》一书中提到的，小众艺术家只要找到 1000 名铁杆粉丝，无论艺术家创作出什么作品，只要这 1000 名铁杆粉丝愿意付费

1　艾瑞咨询. 中国权益众筹市场研究报告 2015 年［R/OL］.（2015-03-03）［2015-10-27］. http://www.iresearch.com.cn/report/2325.html.

购买，艺术家就可以获得物质回报，只要专注于自己工作的独特之处，即铁杆粉丝所欣赏的品质。互联网的好处就是可以更方便、更低成本地找到这 1000 名铁杆粉丝。

文化产品众筹的第二个特点是：按照本章第一节的 AITDA 投资行为模式，文化产品有其天然的注意力优势，更容易获得关注。

按照注意力理论，厂家花钱购买大众媒介，如电视时段、报刊版面的广告，就是因为这些时段和版面集聚了大众的注意力。实际上，大众注意的不是广告时段，而是广告时段前后的内容，如电视综艺节目、电视剧、电影；不是广告版面，而是广告版面前后的新闻、娱乐八卦。文化作品、文化项目，先天就容易获得大众的注意，就具备广告时段版面的经济价值。其他众筹项目，需要通过媒体吸引大众注意，很多文化项目本身就具备注意力资源。例如，电视剧《一个老爸三个妈》，王志文、陈好、刘蓓、主持人朱丹加盟，"星光灿烂"在众筹网站一上线就吸引大众的目光。

文化产品众筹的第三个特点是：回报可以不是产品。

电视剧《一个老爸三个妈》众筹，给支持人的回报有：有机会到剧组探班一次，近距离观看明星拍戏；与明星合影、签名留念；如果支持 5000元人民币以上，甚至可以受邀参加庆功答谢晚宴，参与演出。项目发起人给投资者的回报不是钱，不是实物，没有什么成本，而是一种体验，一种可以对小伙伴们炫耀的荣誉。这些是智能科技类产品众筹所不可能具备的。

文化产品众筹的第四个特点是："醉翁之意不在钱"。

电视剧《一个老爸三个妈》众筹的目标仅仅是 3 万元人民币，连王志文一集的片酬都不够，显然发起人不差钱。赫赫有名的奥斯卡影片 *Inocente* 众筹了 52527 美元，这点钱对于一部电影的创作微不足道。《快乐男生》电影众筹了 500 万元人民币，听着不少，但这部电影的投资也远远不止这个数字。所以，一系列成功的文化产品众筹并不是为了解决融资问题。而是为了进一步提高文化产品的关注度。以众筹作为新闻点，把事件营销和众筹放在一起，创造话题，为文化产品的下一步销售预热；或者为了市场调研，了解用户意向，利用众筹，摸底市场反响。一个身为影片投资人的大众几乎势必会成为影片最终的买单者，而且这些人会由于自己成为投资者的一员，而大大增加对该文化作品的参与感、认同感、忠诚度，会在微信、微博等社交媒体，对自己积极参与支持投资的文化产品进行社交传播，甚至为产品贡献智慧、贡献资源。

3D 动画电影《大圣归来》成为国产动画史上一个标志性的里程碑，该片片尾字幕滚动了近 100 位投资人名单，他们是该电影的众筹投资人。《大圣归来》的众筹并没有在正式的众筹平台上实施，出品人仅仅在微信朋友圈发布了众筹的信息。参与众筹的投资人主要有三类：金融圈、上市公司和电影界的朋友，这是一个相对私人化的众筹模式，是一个依靠社群关系众筹的成功典例。除了 870 万元人民币的投资以外，部分投资人还在北京、上海等一线城市，为该片提供了长时间的免费户外广告，多位投资人在影片上映之初排片率较低的情况下毅然包场来带动票房。

文化产品众筹的第五个特点是：社交互动。

文化众筹，是大家为自己喜欢的文化产品筹资。以音乐行业为例，在互联网时代，原创独立音乐可以脱离了传统音乐业的束缚，独立创作、独立制作、独立营销，原创独立音乐人在互联网等社交媒体上创造个性化的文化产品。

2015 年 7 月上映的美国电影《再次出发》讲述了几个纽约的落拓音乐人为了一个梦想集合在一起，在一无资金、二无录音室的困难情境下，在纽约的街头演奏并录音，出版了一个集合了音乐与纽约街头环境噪声的试验音乐作品。如果这个专辑被传统音乐出版业出版，每张要卖 10 美金，艺术家只能得到 1 美金；但艺术家直接在互联网上发行销售，每张只卖一美金。当音乐的创作、制作、营销都可以通过数字化来实现，音乐爱好者与从业者都可以从中得到实惠，互联网搭建的众筹平台，是传统唱片公司无法做到的。

文化产品的众筹模式具有一种良性的互动机制，文化产品的消费者在参与众筹的过程中，持续关注文化产品的生产或创作过程，与文化产品的生产创作者互动（见表5-3）。奥斯卡影片 *Inocente* 的回报就是这样设计的：如果你支持10美元，就可以在电影的网络论坛上持续了解电影的最新进展，并可以在 Facebook 上留言。除了消费者与产品的全程互动之外，围绕着这件文化作品，众多出资的支持者有了共同的关注点，共同的兴趣、共同的话题，彼此也产生互动，形成某种"圈子文化"。

表 5-3　文化产品众筹的特质

文化产品众筹项目能否成功，不是以项目的商业价值作为唯一标准。
文化产品众筹有其天然的注意力优势，更容易获得关注。
文化产品众筹给支持者的回报可以不是产品，而是无形的体验、荣誉、参与感等。
文化产品众筹的发起人，众筹的目的往往不是资金。
围绕文化产品众筹，参与者可以开展社交互动。

粉丝与兴趣

文化产品众筹之所以可以不考虑商业价值，回报可以非实物、无成本，支持人不仅为文化产品出资、还出力，围绕产品可以开展社交互动，其根本原因是 AITDA 模式中 I（interesting），兴趣。并借由兴趣而形成"消费部落"或者称之为"粉丝群"。

胡振虎等提出了关于"消费部落"的一些特征，包括："第一，脱离中心化来维系组织秩序；第二，反对制度化的权威；第三，以非理性和古老的方式聚集在一起，如崇拜、情感、热情等，而不是以理性和现代的方式聚集，如一项计划、一种职业、进步的思想等；第四，有所崇拜的图腾和狂热的对象，这种图腾和对象在后现代部落中的表现是消费的商品或服务"[1]。

罗辑思维互联网知识社群众筹就属于粉丝众筹，对罗振宇与罗辑思维感兴趣的粉丝仅仅用了半天时间，就为其投资160万元人民币，回报是成

1　胡振虎，段宗雷，万敏.部落营销——一个后现代的营销视角［J］.当代经济科学，2004（3）.

为罗辑思维的铁杆会员。粉丝们除了继续收听收看以外，其实并没有获得其他的收益，但出于对罗辑思维的兴趣，他们愿意出钱，甚至愿意为罗辑思维出力。罗辑思维成为互联网时代知识型社群的一个图腾。

因此，粉丝消费的对象其实不是偶像的歌，而是彼此分享情感、热情。这就是消费部落——围绕着消费形成的文化部落。

文化部落融入

本章第一节中说过一个文化产品、文化项目、文化名人的粉丝群体构成了一个文化部落。下面讨论一个个体的消费者是如何融入这一群体的。

融入首先表现为形成同类意识。同类意识，即同其他部落成员具有一定的类似感觉并且与非部落成员不具有这种感觉。[1]

当一个人刚刚开始接触一个文化部落、一个粉丝群体的时候，他们与部落的成员不熟悉，更重要的是对这一部落的文化习惯不熟悉，摇滚迷为什么要喜欢长发或者秃头？对文化活动的内涵与形式不熟悉，为什么足球场上的球迷要掀起人浪？一些特定的语词是什么意思？这个部落有哪些规则与潜规则？在这个阶段，主要是为了形成同类意识。有些人迅速跟大家熟悉起来，学会了部落特有的语言、行为方式，理解了部落的习惯与规则；但也有些人，交流不进去，获得的共鸣少，也就没能获得预期的心理与精神的满足，主观上的融入愿望会慢慢降低；还有一部分人是由于个人的时间、精力等客观问题，没能融入部落。

那部分积极融入的成员随着与部落其他成员接触的日益增加，越来越多受到部落文化的影响，这是一个正向因果循环的过程，越熟悉，越融入，越多参加部落活动，部落的归属感越来越强，与其他成员的关系越走越近。

此外，融入也表现为形成部落精神。部落精神体现为：

1 Algesheimer R，Dholakia UM，Herrmann A.Thesocial infiuenee of brand community，evidence from European earelubs［J］. Joumal of Marketing，2010，69（3）：19-34.

一是对部落历史以及部落成员共同记忆的庆祝。这种历史的传播对部落是非常重要的。2013年8月31日，7000名来自世界各地的哈雷粉丝、经销商和工作人员驾驶摩托车组成了一支盛大的巡游队伍驶过密尔沃基中心城区，共同庆贺哈雷·戴维森摩托这个伟大品牌110周年诞辰。来自威斯康星州阿普尔顿的16岁哈雷车主会（H.O.G.）成员帕克·安德森（Parker Anderson）有幸穿着了"自由夹克"参与了此次骑行。作为110周年庆典活动的一部分，这件名为"自由夹克"的哈雷·戴维森经典黑色皮夹克在过去一年中已被世界各地的骑士们穿着，跟随他们走过了六大洲的11个国家，与全球所有的哈雷车迷们一起分享自由、激情、个性、勇敢的品牌精神。在110周年庆典活动结束后，这件自由夹克将在密尔沃基的哈雷·戴维森博物馆中陈列展出。

二是分享故事。对故事的阐述是创造和维持部落的重要手段。当部落成员聚集在一起的时候，很难讨论部落抽象的理念，人们最爱倾听与分享的是故事。中学同学聚会聊得最多的是当年的故事，故事最能唤起共同体验，一个加深成员之间的同类意识，坚持共同价值，通过分享其他成员的评论，每一个人都能感受到志同道合与安全感。

三是部落责任。部落责任是一种感觉，并不是法律赋予的强制性的义务或责任，是部落成员自己心中感受到自己对于部落整体或者部落其他伙伴应该尽的一种责任或义务。这种道德体系的含义是模糊的，并且具有高度的情景性。王长征将部落责任看作是"部落成员对于整个部落或者是部落成员之间的某种职责的认同，它产生了共同的部落行为并且为部落的稳定起到了凝聚作用"[1]。

众筹是部落成员在构建同类意识、部落精神，也是在履行部落责任。

1 王长征，周玲.面向"联系价值"的后现代部落营销［J］.外国经济与管理，2005（2）.

众筹是一种部落融入与构建部落的方式

当前世界，都市生活中速度快、变化大、压力多，每个人都欠缺安全感，人类社会的交往在技术上越来越便捷，但在精神上越来越隔绝。因此，我们有越来越强烈的情感归属、文化归属的需要，在现实世界中如果得不到满足，就会在虚拟世界中寻求。《世界是平的》作者托马斯·弗里德曼认为："信息社会中，传媒技术削平了信息的壁垒，消费者不再成为销售环节中的弱势群体，通过结成一个个虚拟社区，消费者在不经意间扩大自己的影响力。"[1]

文化产品众筹，投资者也是消费者，选择他们感兴趣的文化产品、项目，参与众筹，通过众筹的方式预购并团购产品，获得某种物质奖励或精神奖励，同时，如未来学家阿尔文·托夫勒在《第三次浪潮》中预测的："消费者将对消费品的生产过程施加更多影响，从而演变成生产消费者。"[2]

杰夫·豪称，在当今世界，社区比公司更有效。以往集权化的"企业中心主义"范式正在迅速地被时代淘汰，以群体创造作为企业生产力引擎的众包正在深刻地影响着全球企业的商业模式。

众包，利用了人类根深蒂固的社会属性，互联网正好将大众的力量聚合成一个个具有部落特征的有机体。众筹来源于众包，如果说众包是有力的出力，众筹更接近于有钱的出钱。

围绕着某个文化产品、作品、项目、名人，众筹的发起人通过众筹活动与互联网构建文化部落，由消费者群体作为投资者群体，甚至变成参与生产的"生产消费者"，利用部落成员的零散闲置资金，利用部落成员的群策群力，利用部落的内部信息反馈，不仅集聚产品研发设计生产的初始资本，而且对产品的战略构思与营销策略等进行调整，最终达到部落消费和生产边界的模糊化，产品的粉丝本身也成为产品生产链中的一部分。

在这个过程中，众筹的支持者也获得参与感、体验感、社交圈、自我

1　蔡亮.消费者正在崛起［J］.IT 时代周刊，2007.
2　阿尔文·托夫勒.第三次浪潮［M］.黄明坚，译.北京：新华出版社，1998:430-432.

实现感等，同时作为投资者也获得产品或者服务或者某种精神性的奖励。

二、文化股权众筹

在我国现行法律体系下，向公众股权众筹的典型方式是上市公司公开发行股票，其他形式的面向社会大众的公开募股是非法集资行为，因此，首先要说明的是股权众筹，不是面对广义的大众。

现在的股权众筹平台，如创投圈、天使汇、大家投，对投资者的资格、人数、投资金额都有严格的限制。

文化股权众筹按照投资方式不同，可以分为"个人直接投资与集合投资"（见表5-4）。

表5-4　个人投资与集合投资

个人直接投资	个人直接投资是投资者个人直接浏览众筹平台的可投资的文化企业股权项目，选择自己认为有价值的适合自己的经济条件与投资意愿能力的企业进行投资
集合投资	以领投人与跟投人为集合进行投资

什么是个人直接投资

个人直接投资是投资者个人直接浏览众筹平台的可投资的文化企业股权项目，选择自己认为有价值的适合自己的经济条件与投资意愿能力的企业进行投资。由投资者与筹资者直接签署资金划拨协议、股权转让协议等。如果筹资者计划的募资金目标完成，投资者会得到股权凭证、投资协议书等纸质文本。一般情况下，由众筹平台委托专门的投资公司或律师事务所来完成上述文件。个人直接股权投资对于投资者的要求比较高。

什么是集合投资

每一个人都直接投资的话，一方面对投资者要求比较高，每一个投资者都需要对筹资者的背景、行业、产品、市场、技术、管理、发展潜力进行调研分析；另一方面对于筹资者而言，要分别面对每一个投资者，接受它们的调查、咨询，花费大量精力与时间沟通，对于双方而言都是低效的。为此，开展集合投资。国外的股权众筹平台 Angellist，较早地实施了一种"领投人"制度，由具备一定资金实力、专业投资经验、在众筹项目所涉及相关的行业有资源有专业性的人，作为该众筹项目的领投人，其他投资者作为跟投人。

领投人接近于私募股权基金的 GP（general parter）普通合伙人，由他来挖掘、甄别、遴选投资标的项目，由他来与筹资者尽职调查、谈判、确定投资协议的条款，由他首先投入自己的投资，并整合更多的跟投人一起投资。当然，由于他所付出的专业性与时间精力成本，在投资收益中将比跟投人多得一部分。有时，也由领投人代表其他跟投人与筹资者统一签署协议，出任被投资公司董事，进行投资后管理。领投人获得的报酬包括两个部分：一部分是自己投资的收益，按照自己的投资占总投资额的比例分配；另一部分是超额收益，一般是总投资收益的 10%~20%，类似于私募股权基金中从事基金管理的普通合伙人的收益。

对于跟投人而言，省去了挑选项目、调查、谈判、签约的复杂的过程，而且，增强了投资前分析、投资中决策、投资后管理的专业性。相当于私募股权基金中的有限合伙人 LP（limited parter），只是财务出资者与投资收益的分享者。

领投人与跟投人就一个股权众筹项目可能成立一个有限责任公司或者有限合伙企业，作为一个具有统一意志的法人与筹资者签约，成为筹资者的股东。

集合投资的股权众筹与私募股权基金的区别是什么

不难发现领投人制度是受到私募股权基金模式的启发而形成的，是私募股权基金的股权众筹版，那么，股权众筹与私募股权投资二者之间的区别是什么呢？

"私募股权基金（private equity fund）目前较通用的定义为：对未上市企业进行股权投资和提供经营管理服务的利益共享、风险共担的集合投资制度"[1]。从这一概念上，与集合投资的股权众筹非常接近。

二者的区别在于以下3点：

（1）股权众筹是基于互联网渠道组织投资者。私募股权基金则是采取非公开的方式募集合格投资者。

（2）私募股权基金的投资含盖包括企业上市前的各个阶段，甚至包括企业上市的并购重组。股权众筹则是主要面对创业企业的种子期、初创期融资需求。

根据私募股权基金投资的企业所处生命周期：种子期、初创期、发展期、扩展期、成熟期和上市前（pre-IPO）等，私募股权基金可以划分为天使资本、创业投资或风险投资（venture capital）、发展资本（development capital）、并购基金（buyout/buyin fund）、夹层资本（mezzanine capital）、重振资本（turnaround）和 pre-IPO 资本等。

（3）私募股权基金的投资金额较大，且投资金额由融资企业与投资企业商定，没有政策限制。股权众筹融资额度较低，根据国际经验，一般股权众筹的融资额在 10～100 万美金之间。许多国家对股权众筹的融资上限有规定，如美国就硬性规定不得超过 100 万美元。

一个企业的成长是一个企业不断对外融资，获得发展所需资金的过程。这个过程形象地比喻为一个 4×100 接力赛。

第一棒是起跑时，企业的创立者主要用自己的钱、亲友的钱开办企业，形成企业最初的商业构想，第一棒是创业者自己投资。此时，由于商业构想还不成熟，企业还没有收入、利润，一般主流的私募股权基金（除了天使资本以外）不会对这种还处在种子期的企业投资，因为风险太大。但是，企业已经起跑，不能停止，必须有人承接第二棒的资金。

1　彭健．基于信任视角的私募股权投资决策研究［D］．澳门：澳门科技大学，2013.

股权众筹就是帮助创业者跑完第二棒的资金，虽然商业构想还不成熟，但充满创意与梦想，能够激发众筹的投资者的兴趣与信心，股权众筹用汇集的支持者的资金，帮助创业者把构想变成小规模的生产、小规模的商品或服务，让大家看到构想变成现实。

第三棒是主流的私募股权基金（包括风险投资资本、发展资本等）接过来，给予更大的资本投入，把小规模的商品与销售变成大规模的生产与销售，把创业企业变成一个相对正规成熟的商业企业。

第四棒是已经逐步走向成熟的商业企业与公开资本市场对接，在中国可以是新三板挂牌、创业板或主板上市，在美国可能是纳斯达克板或者主板上市。

股权众筹更接近于互联网的天使投资，是帮助筹资者实现第一步梦想的，衔接了个人创业者的自我投资与私募股权基金的投资。

产品众筹平台与股权众筹平台的数据对比

横向对比股权众筹和产品众筹的代表性平台 Crowdcube 和 Kickstarter，会发现 2011 年以后，Kickstarter 每月上线的产品众筹项目基本上超过 100 个，甚至最高接近 200 个，而 Crowdcube 的每月上线的股权众筹项目基本上保持个位数，有些股权众筹平台项目，存在 1 个月没有新项目上线的情况。Crowdcube 平均每个项目的筹款 24.2 万英镑，约合 40 万美金，Kickstarter 平均每个项目筹款 1.5 万美元。

产品众筹平台的项目多，单笔项目筹资少；股权众筹平台项目少，单笔筹资多。这其实反映的是产品众筹与股权众筹的区别，股权众筹更复杂，对投资者的专业性与资金实力要求更高，与筹资者与投资者之间的关系更紧密，准备或发起一个股权众筹项目难度更大，所需时间也更长。同时，这也反映了股权众筹目前的社会公众参与度与受欢迎程度还不如产品众筹。

股权众筹的政策环境

2014 年 5 月，国务院印发《关于进一步促进资本市场健康发展的若干意见》（以下简称《若干意见》）。《若干意见》表示将进一步促进资本市场健康发展，健全多层次资本市场体系，对于加快完善现代市场体系、拓宽企业和居民投融资渠道、优化资源配置、促进经济转型升级具有重要意义。

2014 年 8 月，国务院发布《关于多措并举着力缓解企业融资成本高问题的指导意见》，提出十条缓解企业融资困难的意见，在第二条意见"抑制金融机构筹资成本不合理上升"中指出，需尽快出台规范发展互联网金融的相关指导意见和配套管理办法，促进公平竞争。

众筹，为个人和中小微企业提供了一个互联网金融新型融资渠道，是对现有金融融资体系的补充，是多层次资本市场体系的一部分，有利于缓解中小企业融资困难的现状。

《管理办法》就股权众筹监管等系列问题进行了初步界定，对办法适用范围、股权众筹行业管理机制、股权众筹平台定义、平台准入条件、备案登记、平台职责等方面做出了规定，并要求投资者和融资者均应该为平台审核的实名注册用户。随着《管理办法》的发布，股权众筹将逐步走向规范化。

合格投资人

中国证券业协会公布的《管理办法》引起业内热议。一般投资人对单个项目的投资金额不能超过 1.5 万元人民币或者 2 万元人民币。

按普通投资人投资金额不得超过 2 万元人民币；非公开发行不得超过 200 人的上限规定，股权众筹的融资额度最高只能达到 400 万元人民币，这很难满足筹资企业对资金的需要。

实际上，众筹的本质是众人拾柴火焰高，重要的不是每个人出资的额度，而是出资的人数。问题的关键不是对每个投资人限额 2 万元人民币的要求，而是对非公开发行不得超过 200 人的人数限制。如果没有这个限制，即便每个投资人投资金额的上限只有 5000 元人民币，那么只要有 2000 人参与认购，可以完成 1000 万元人民币的融资。

此外，如果没有 200 人的限制，按照上面的例子，每一个投资人只需投资 5000 元人民币，就可以参与一个总投资 1000 万元人民币的项目，对每一个投资人而言，对单个项目的投资金额少，客观上也减少了投资风险压力或者说提高了风险的承受力。

要控制投资人的投资风险，严格执行合格投资人制度，200 人的红线限制应重新设定，"这个红线的设置不符合国务院开展股权众筹融资试点缓解中小微企业融资难、融资贵问题的精神"[1]。

《管理办法》设计了合格投资人制度，目前要求合格投资人个人金融资产达到 300 万人民币以上，三年年均收入 50 万元人民币。

合格投资人的规定与私募股权投资监管办法中对合格投资人在资产和收入方面的要求完全相同。

股权众筹的特殊形态，会员卡股权众筹与担保式股权众筹

为了规避股权众筹的一些法律障碍，出现了一些特殊形态的股权众筹，如会员卡股权。

3W 咖啡用会籍方式完成众筹，每个会籍 6 万元人民币，对应于 10 股，每股 6000 元人民币，实质上还是股权众筹，但以会籍的方式包装。对于 3W 咖啡的众筹，网络报道点赞的文章很多，夸奖其豪华的投资人团队：东方风行的创始人、主持人李静，新东方的创始人、真格基金的徐小平，红杉资本的创始人沈南鹏等。但是，从众筹的角度来看，3W 咖啡的制度安排问题多多。这些豪华投资者购买了 3W 咖啡的会籍，拥有 3W 咖啡的股权，但在企业的工商注册时，并不能在企业的章程中体现投资者的股权，而是以协议代持的方式通过 3W 咖啡的创始人持股，在我国协议代

1　皮海洲．执行合格投资人制度须破除 200 人红线限制［N］．证券时报，2014 -11-28．

持也是不受法律保障的。股权是可以转让的、可以退出的，但会籍如何买卖，如何转让，还没有具体办法。3W咖啡众筹的会籍更多地接近于俱乐部资质，而不是能够有所有权、决策权、分红权、处置权的股权。之所以能够众筹成功，因为对于他的豪华团队而言，6万元人民币购买一个圈子，获得一些商机信息就够了，没人在意其回报以及所有权、决策权、分红权、处置权等问题。

担保式众筹，贷帮网借鉴P2P模式，在股权众筹上加入担保保证。由推荐众筹项目的机构作为保荐人，如果众筹的项目在一年内失败，保荐人赔付投资者的投资款，这样保荐人又是担保人。2014年3月，贷帮网推出第一个担保式股权众筹项目深圳市袋鼠货运代理有限公司筹资项目，保荐人为深圳市酬勤投资顾问有限公司，该项目拟转让24%的股权，计划筹资60万元人民币，分成200份权益，每份权益3000元人民币对应深圳市袋鼠货运代理有限公司项目0.12%的股权。项目仅上线16天，就由79位投资者完成了60万元人民币的投资。担保式众筹在一定程度上消除了投资者的顾虑。

但是，这里要问2个问题：

（1）如果项目出现问题，担保公司真的能赔付吗？

（2）如果担保公司深圳市酬勤投资顾问有限公司对这个项目有如此大的信心，认为不会出现问题，不担心赔付，那么既然他有赔付能力，说明他也有直接出资投资的能力，为什么不自己直接投资，而通过贷帮网很复杂的筹资呢？要知道通过众筹平台抽资还要给众筹平台费用，接受众筹平台的审核。

担保式众筹，非专业的担保公司为什么要担保？为什么承担担保的责任与风险，而不分享投资的收益？

三、小结

投资者参与文化众筹，兼有投资、收藏与消费的目的。

文化众筹的主要形态是产品众筹与股权众筹。

文化产品众筹中融资额度排在前三位的分别是智能装备、文化娱乐与出版。文化产品众筹的特点是，投资者不以商业回报为唯一评价指标，更多考虑无形的精神回报，围绕众筹开展社交形成众筹部落，文化众筹项目具有注意力优势。支持者参与文化产品众筹是一种部落融入与构建文化部落的过程。

文化股权众筹，分为个人投资与集合投资，集合投资由专业的领投人带领跟投人一起投资。股权众筹集合投资与私募股权投基金的区别在于前者基于互联网平台募资，投资额较小，针对初创企业与小微企业；后者采取非公开募资，投资额与投资对象没有局限。

目前对股权众筹的政策，对单个投资人的投资金额的限定、合格投资人的要求，尤其是非公开发行股票不得超过 200 人的限定，没有充分发挥股权众筹作为小微企业融资渠道有力补充的作用。

第三节　从兴趣到信任

什么是关系？

什么是高质量的沟通？

什么是共享价值观？

控制与信任有哪三种关系？

提升信任有哪四种途径？

文化众筹的沟通与互动有什么不一样？

文化众筹的社会关系网络有什么不一样？

文化众筹的共享价值观有什么不一样？

股权众筹的投资人所形成的部落对于筹资人有什么意义？对于投资人有什么意义？

股权众筹的投资人的投资阶段包括哪四个部分？

正式控制与制度信任的关系是什么？

我们把投资行为概括为 AITDA 模式：注意 A（attention）、兴趣 I（interesting）、信任 T（trust）、决策 D（decision）、行动 A（action）。我们知道文化众筹的优势是吸引注意，激发兴趣。但是，支持人仅仅对众筹项目关注并有投资兴趣是不够的，决定是否参与投资的关键是能否从兴趣走向信任。

文化众筹如何让投资者对筹资者建立信任呢？尤其是股权众筹、债权众筹，以获得经济回报为主要目标，因此，信任更加重要。

越是具备合作的绩效模糊、未来结果重大、双方高度依赖等特点的关系，信任越能发挥重要作用。众筹的结果是模糊的，无法确定未来的回报。产品众筹的支持者能否得到产品、服务或者其他精神奖励，股权众筹的投资者能否得到分红，对于投资者而言既重要，又不确定。因此，双方是否有信任决定了支持者是否参与众筹，是否投资。

本节主要讨论如何构建信任机制。

关系与信任

众筹是筹资者、投资者、众筹平台三方主体建立一种经济法律关系的过程。在中国，关系是利益、情感、社会规范等结合在一起的一个专有概念。在英文词典里有 guanxi 这个专门的单词，guanxi（关系）指经济生活中人与人发展的人际社交关系，经济活动建构在这种人际社交关系上，会减少投机行为。所以，中国人一般愿意与有关系的人做生意，不管这种关系是亲友、邻居、同乡、校友，还是通过上述人伦关系介绍的。总之，有关系更好交易。

有关系更好交易的原因是有关系更容易信任，因此，guanxi（关系）是信任的决定因素。为什么有关系更容易信任呢？这是社交网络（network）的影响，人们在关系网络中，会更重视自身在关系网络中的社会声誉，一旦做出投机行为伤害了社交网络中的一个人，意味着经过这个人抱怨和放大，声誉会在整个社交网络中受损，限制未来与其他社交关系交易的机会。因此，从理性出发，一个人在对同一个社交网络中的人投机的时候，会判断这种投机行为是否影响自己在整个社交网络中的声誉。社交网络成为对投机者的一种软性约束。

关系契约理论就是从交易的社会关系嵌入性出发，认为与正式契约要依赖法律的强制性执行不同，关系契约依赖的是交易各方对未来合作价值的重视，愿意为了未来的更大的长远利益彼此信任；依赖于对自身声誉的关注，不愿意因为小利益而损害自己的声誉；依赖于在合作中形成的社会关系网络。所以，"情、理、法"是华人惯有的逻辑顺序，先考虑人情关系，再考虑义理，最后才考虑诉诸法律。

但是，众筹的特点是通过互联网平台与陌生人合作。如何与陌生人建立信任关系？首先是沟通。

沟通与信任

双方的信任依赖于沟通。沟通能够帮助双方及时了解对方的需求、分歧、顾虑，调整彼此的期望，从而促进信任，能够增加相互理解，使合作的双方更容易预测彼此的行为。

沟通有高质量的沟通，也有低质量的沟通。低质量的沟通，越沟通，越有分歧，越不信任。高质量的沟通将导致更高的信任。

衡量沟通的质量，包括如下 3 个维度：

（1）沟通信息的相关性、可靠性、完整性、正确性、充足性。

（2）沟通的方式的合理性、有效性。

（3）沟通的及时性、双向性。

仅仅是单向沟通是不够的，双向信息交流对产生和维持相互信任至关重要。因此，无论是筹资者、众筹平台，首先要向投资者全面、准确、完整、及时地披露筹资项目（不管是产品众筹、还是股权众筹）的信息，信息是投资人进行投资交易决策的关键。

投资者对项目有投资兴趣后，会对项目进行调查研究分析，与众筹平台、筹资者进行双向沟通，此时，筹资者也应该了解投资者的信息，对投资者进行考评。如 3W 咖啡，其众筹的成功经验是对投资者的筛选，不是只要愿意出钱的投资者就给他会籍，而是要选择有资源、有知名度、有实力的投资者。会员俱乐部的准入机制本质是遴选，准入机制门槛越高，遴选效应越有效。达沃斯论坛之所以举世瞩目，一票难求，是因为参与者都是国际政要、知名企业家等各界精英。

共享价值观与信任

社会交换理论指出：在整体社会层次中，大部分社会成员并没有直接的社会互动关系，我们通过存在于社会之内的价值与规范来调节和中介社会关系结构。这种价值与规范就是共享价值观（shared values）。我们不可能只在熟人圈里，我们与其他社会成员交往时，遵循了一些社会普遍认同的、我们内心也接受的基本价值规范，就是共享价值观。例如，合作时，哪些行为、哪些目标、哪些态度是重要的、合适的、正确的；哪些是不重要的、不合适的、错误的。

"Caldwell指出共享价值是归属于群体或组织中，是群体或组织中的每个人都拥有与群体或组织中的其他人相同的价值观"[1]。

合作双方有共享价值观有助于建立高信任水平。Barber论证了共享价值观和信任之间的相互促进的过程。一方面，共享价值观有助于建立信任关系，另一方面，信任有利于维持和表达那些共享价值观。

控制与信任

投资人与筹资者之间必须建立控制机制（control machenism）。我们在第一章介绍了控制机制可以分为正式控制机制（formal control）和非正式控制机制（informal control）。正式控制指可预见的、有规律的、被整理成规则、程序、规章与合同的机制，包括基于结果的控制与基于行为的控制。基于结果的控制指的是双方明确约定合作要达成的结果。基于行为的控制指的是事前定义合作伙伴应该怎样行为，事后监督实际行为是否服从事先

1　李永锋. 合作创新战略联盟中企业间相互信任问题的实证研究 ［D］. 上海：复旦大学，2006.

约定。

在众筹签约阶段，投资者与筹资者之间签署的合同（契约）就是正式控制机制的主要部分。前文说到的贷帮网在股权众筹上加入担保，就是基于结果的控制，双方明确约定合作要达成的结果，如果众筹的项目在一年内失败，即没有达成预期的结果，保荐人赔付投资者的投资款。前文提到领投人代表跟投人在投资后进入筹资企业的董事会履行监督责任，就是基于行为的控制，事后监督筹资者的实际行为是否服从事先约定。

目前西方对股权投资的控制侧重于以正式契约（formal contract）为基础的正式控制机制，发展出了一系列正式控制条约，主要有以下3点：

（1）分阶段投资，即投资者的投资不是划拨一步到位，而是设置若干个时点，每一个时点对应筹资者应该达到的绩效或者目标，如果筹资者达到了事前约定的绩效或者目标，再拨付一笔投资款，这样，一步步地敦促筹资者完成承诺，如果筹资者在某一步没有完成，则不拨付投资款，甚至对筹资者进行某种经济上的惩罚，从而完成对筹资者的控制。

（2）债券、优先股与看涨期权的结合应用的可转股投资。如果投资者完成了双方事前承诺的业绩或目标，达到了一定的发展条件，投资者把投资转化成筹资企业的股权；如果没有达到，投资者有权要求筹资者按照债权的形式，把自己支付的投资款赎回，还本付息，这样，投资者可以控制经济损失，也激励筹资者努力达到业绩目标。

（3）对赌条款。如果筹资企业没有达到预期的发展目标，投资者可以要求获得筹资企业更多的股权，或者筹资企业与其实际控制人赔付投资者现金。

由于股权投资具有资产专属性（asset specificity），即投资的资本与资源一旦投入某家筹资企业，就很难再移作他用；由于投资人与筹资人之间存在突出的信息不对称性；由于筹资企业一般较小，处于种子期或者初创期，面临的环境与产生的行为充满不确定性；由于人的有限理性，等等，导致在现实中不可能把所有行为的责任提前设计成完备的合同契约条款，即正式契约不能解决所有的问题，常常需要利用关系契约（relational contracting）进行非正式控制。

第一章介绍了"非正式控制是指不确定的、模糊的、利用价值观，规范和文化来促成有利行为的机制。"它包括：关系（guanxi）、社交网络（network）、共享价值观（shared values）、沟通（comunication）。

控制与信任的 3 种因果关系

合作双方控制对方是否有助于提高信任呢？

关于信任与控制的关系，主要有 3 种观点：

（1）认为控制是信任的前置条件。"没有控制就会出现误信或过度信任的情况，没有控制不能实现信任"[1]。如果一方对另一方完全没有控制，坏的制度会诱使人作恶。你把金库交给一个保管员，常年不过问，你自己都搞不清楚金库里有多少钱，对这个保管员又没有任何监管措施，即使一开始这个保管员没有投机的心态，长此以往，难保他心态不发生变质。

（2）认为控制与信任是负相关关系。在合作中，过多地使用控制手段会导致信任的降低。有人说疑人不用，用人不疑，领导越是对下属管理苛责，下属也就认为领导越不信任自己，反过来越不信任领导。同样，合作双方，一方对另一方处处设防，强化控制，失去双方的平衡，造成双方的进一步不信任。

（3）信任和正式的控制机制不是线性关系，在某时正式控制能创造信任，但过度使用时会破坏信任。笔者认可第三种观点：在双方建立合作关系的初期，缺乏有关对方足够的信息和直接合作的经验，采取控制是非常必要的。信任应该是一定制度和系统约束下的信任。如果合作中，"双方都以可信赖的方式行事，没有机会主义行为，那么合作双方之间的信任就会加强。这时不要增加过多控制机制，过多的控制会让合作产生对方不信

---

1 李永锋. 合作创新战略联盟中企业间相互信任问题的实证研究［D］. 上海：复旦大学，2006.

任自己的预期，这会阻碍信任的发展"[1]。在这种情况下，非正式控制能够弥补正式控制的不足，非正式控制是利用社会文化规范来控制合作关系，不会使合作者的信任行动受到怀疑。

对此，Barney 和 Hansen 的分析特别有启发，他们把信任进行了分类，根据信任的程度不同分为 3 类：弱式信任（weakform trust）、半强式信任（semi-strong form trust）和强式信任（strong form trust）。第一，在弱式信任时，双方需要加强对合作的控制，通过各种控制机制而使得自己的利益受到保护，才能出现半强势信任，这时控制是前因，信任是结果。第二，通过建立控制机制而实现的信任称为半强式的信任。第三，在强式信任阶段，交易各方即使发现对方存在弱点，存在控制不严密的地方，出于对长期合作的顾虑，出于对社会关系网络的重视，处于彼此已经建立的共享价值观，不管是否存在详细的社会和经济控制机制，都会彼此信任，这时候，发挥作用的不是控制机制，而是交易各方的共享价值观，价值观已经内化成为交易各方的原则和行为标准，这种类型的信任最高级。

根据 Bamey 和 Hansen 的观点，控制有助于实现半强式的信任，是实现半强式的信任的前提条件；控制与强式的信任的关系更复杂，其中，正式控制不利于强式的信任，越多的正式控制，越不利于实现强式的信任，因为强式的信任是依赖共享价值观、共同的行为准则等内化机制实现的，这就需要非正式控制，因此，非正式控制有利于强式的信任。

建立控制的 3 点建议

根据正式控制、非正式控制与半强式信任、强式信任的关系。对众筹的投资者与筹资者之间如何建立控制机制，笔者有 3 点建议：

（1）在众筹阶段，由于双方还没有建立初始合作，在早期调研、沟通、谈判、协商的过程中，双方注重正式控制，签署尽可能完备的协议条

---

1 李永锋.合作创新战略联盟中企业间相互信任问题的实证研究［D］.上海：复旦大学，2006.

款，建立基于结果的控制；要加强信息沟通、调研与信息收集，建立投资事前的行为控制；要对筹资项目、筹资者进行投后信息实时反馈、跟踪监督，建立投资事后的行为控制。

（2）由于双方在未来要建立长期合作，双方需要在未来建立强式的信任，双方的非正式控制，尤其是非正式控制中的共享价值观、社会关系网络等内化的机制，是双方在未来建立强式信任非常重要的条件。

因此，对于筹资者而言，要传达自己的共享价值观与行为准则。筹资者与投资者之间要建立社会关系网络。如前文提到的社交投资者的作用，社交投资者是风向标，他们的投资对一般投资者起到示范、增信的作用。对一个众筹项目投资后，要围绕社会媒体建立信息共享圈，让众筹的参与者形成线上线下的社交网络。如果筹资者出现了投机行为，要把有投机行为的筹资者公开到众筹平台，甚至是整个互联网世界，让筹资者对自己的声誉、社会关系网络的损失有所顾忌，减少其投机的可能性。

未来股权众筹的成败核心在于社群的构建、推广与互动。

（3）不仅投资者要对筹资者建立信任，投资者也要对众筹平台建立信任，筹资者也要对投资者建立信任，因此，在三方之间都需要建立正式控制与非正式控制机制。建立控制不仅是投资者保护自己投资的需要，也是众筹平台长期持续发展的需要，是筹资者选择好的投资合作伙伴的需要。

增强信任的 4 条途径

根据前文的分析，关系（社交关系网络）、沟通、共享价值观、适当的正式与非正式控制，有助于加强信任。那么，对于众筹的三方主体而言，为了促进信任，达成众筹，需要：构建社会关系网络，加强沟通，形成共享价值观，建立适当的正式控制机制。

下面从社会关系网络、沟通、共享价值观、控制机制 4 个建立信任的途径分析众筹与文化众筹的特点。

一、不一样的社会关系网络——文化部落与众筹部落

人与人之间的交往，缺乏信任，陌生人之间，信任度更低。

但是，选秀节目中，每个选手都有自己的粉丝团，粉丝团有集中投票的人员，粉丝投票可以采取自己投票的方式，也可以直接往专用的账户汇款，由粉丝团代你投票。有的粉丝团一夜之间就收到了其他粉丝汇来的票款十几万元人民币，有人一次性汇款千元以上。给网络上另一端的一个陌生人汇钱，为什么会有这种信任？

这种信任是建立在对一个选手共同支持的基础上的。选秀歌手出身平凡，但可以实现我们很多人一直以来的某个梦想，人总是在下意识的寻找和自己类似的人，可能这些草根歌手的某些经历、气质、性格，引起了你的共鸣，你成了他的粉丝，潜意识里的移情作用使你觉得他的成功也在实现你的梦想，所以你出钱出力，为他铺就一段走向成功的路。在这个过程中，你相信粉丝团的其他人有着与你相似的感受与价值观。一个粉丝团就形成了一个具有共享价值观的群体。你对这个群体产生了信任。这是一种特殊的关系信任。

传统的关系包括亲友、同学、同乡、战友、校友、同事等。关系的双方，如果原来是陌生的，熟稔起来，建立关系，是因为有共同认识的人或者有共同经历的事。有共同认识的人，信任经由共同的朋友而传导，共同的朋友，是信任的纽带，为双方增信。同样，有共同经历的事、共同的情怀感受形成的共享价值观是信任的纽带，为双方增信。

围绕着文化作品（如一首歌、一部电影），围绕着文化名人（如一个歌星），形成的社会群落关系中，文化作品或文化名人成为信任的纽带。这种群落关系一旦形成，不再仅仅是成员与偶像或作品之间的关系，成员

之间通过互动也不断加强关系，形成既有中心辐射，又有网状交织的复杂的强化的社会网络关系，在社交关系网络中的成员彼此的信任度较高。面对这种以文化为纽带的部落，开展众筹能够建立强式信任。

参与众筹的投资者形成众筹部落

众筹网利用社交关系网络中的信任，推出一个新的产品叫"轻众筹"。在移动端发起众筹项目。众筹发起人可以通过自己个人的微信、微博等社交网络传播来实现众筹目标。

"轻众筹的发布流程比较简单，点击众筹网 App 中的 + 号，填写发起项目的标题，需要的筹款额、筹款的时间以及详细的描述信息，就可以发布一个轻众筹项目。项目添加成功后，可以通过微信群、微信朋友圈、新浪微博、腾讯微博等发送给自己的好友，通过身边的亲朋好友来完成项目的众筹"[1]。

与其他众筹相比，轻众筹直接针对筹资者本人的朋友圈，利用其个人的社会关系网络，由于是向熟人众筹，依靠的是朋友圈对其个人的信任，所以，不需要众筹网站的审核。众筹发起人可以即时发起，即时众筹。轻众筹，有意将投资支持的门槛进一步降低，1 元即可起购，募资不得超过 1 万元人民币。与其说轻众筹是募资，不如说它更是好友间的一次游戏娱乐，一次社交分享。投资者追求的不是资金收益率，而是朋友圈之间的互动，得到一些有趣的产品或服务，强化了参与感和娱乐性。由此可见，"轻众筹"本质上是一种社交。

其实，不仅轻众筹的本质是一种社交。其他众筹的参与者对同一种产品、同一个项目、同一家企业有关注、有兴趣、有信任；共同投资，共同期待这种产品的生产、这个项目的实现，这家企业的发展，并因此获得产品、精神奖励或者经济收益。通过互联网平台众筹的参与者可以线上交流，也可

1　朱丹丹. 渗透移动端众筹、P2P 悄然开辟新战场［EB/OL］.（2014-07-09）［2014-11-20］. http://www.nbd.com.cn/articles/2014-07-09/847416.html.

以通过线下交流活动，从虚拟世界的互动者成为现实世界的互动者。

尤其是股权众筹，投资者一般要共同组建有限责任公司或有限合伙企业，作为一个股东投资参股筹资企业，并委派领投人，或者从独立投资者中选出大家认为最适合的人，代表众多投资者参与对筹资企业的投后管理。股权众筹的参与者不仅是社群，更是有章程、有法律保障、有分工、有利益分配机制的组织，股权众筹的参与者形成了一个众筹部落。

社会关系网络对于股权众筹的意义

前文已经分析了适合开展股权众筹的是融资额较小的种子期或者初创期的企业。

这些企业由于刚刚创立，不仅缺少资金，还缺少其他人才、技术、信息、社会关系等各类生产要素。通过众筹融资，不仅得到了资金，众多的参与者，可以为融资企业带来一系列附加价值（见表5-5）。

表5-5 社会关系网络对于股权众筹的意义

管理支持
网络资源
声誉提高

第一，管理支持。现代企业，最核心的生产力是智力。众筹的参与者，由于对融资企业的发展，兴衰与共，利益共享、风险共担，有动力、有意愿为融资企业出谋划策。这既有助于给创业企业家更多的参考意见、更多的信息、战略，在无形中也给予创业企业家一定的压力，这也是监督激励创业企业家工作的一种方式。在一个知识无限细分的时代，很多人都有其特殊的专业知识，一个股权众筹项目的参与者虽然在国内目前不得超过200人，但这个数字已经非常可观。深圳科技有限公司智客空间的30名股东就是以众筹模式组合在一起的，30个人来自不同专业，都是各界资深人士，所以，在开业当天，从酒店到办公用品，从会场到工作人员，从展览到媒体宣传，几乎每一个涉及的领域都有股东的资源，股东的专业知识

在发挥作用。这还仅仅是 30 个股东，假想如果有 200 个股东可以为一家企业出智力、知识、资源，这家企业的价值增值会是怎样一种格局。Jain 和 Kini 实证：市场在 IPO 时给予有私募股权基金投资支持的企业更高的估价，因为风险投资家可以给予融资企业协同资源，提高企业质量与运作绩效。股权众筹是私募股权的互联网化，股权众筹的参与者也同样可以给予融资企业协同资源。

第二，网络资源。每一个众筹的投资者都不是孤立的个体，在社会上都拥有网络资源，这些社会关系也可以为融资企业所分享。Sapienza 等的调查研究发现：风险投资家为其投资的企业提供了合作网络。网络资源包括筹资渠道、高层管理人员渠道、业务渠道、专业服务机构渠道等。

第三，声誉提高。众筹的每一个投资者也是一个传播者，所谓一传十，十传百。众筹投资者为融资企业鼓与呼，有助于提高融资企业的知名度和声誉。

刚才分析的是众筹的众多投资者对融资企业的增值作用。投资者的数量增加对于投资者本身也有深远影响。

投资者投资一个企业并获利的过程，可以分为投资前甄选阶段、投资的决策阶段、投资后的管理阶段、投资的退出阶段。在众筹股权投资中，投资者不是长期投资人，投资不是为了一辈子持有这个企业的股权，而是为了在几年以后把股权变现退出，获得投资收益。

我们按照这 4 个阶段，来分析众筹对于投资者的意义（见表 5-6）。

表 5-6　投资的 4 个阶段，众筹对投资者的意义

投资前的甄选阶段	众筹众选：发挥众筹部落的专业互补性，提高遴选水准
投资决策阶段	新的领投人制度：从传统的职业投资者到针对不同的投资领域，从众筹部落中选择不同的专业人士作为领投人
投后管理阶段	发挥众筹部落成员的资源优势，对筹资企业进行要素匹配与要素重组
投资退出阶段	发挥众筹部落的信息与渠道优势，选择更多的私募股权基金与并购的退出渠道，获得投资收益

（1）投资前的甄选阶段，众筹众选。

对于投资者而言，甄选阶段重要的是：第一，有尽可能多的、可选择的、优质的投资标的；第二，可以便捷、准确地从中选择收益大风险小的投资标的。

众筹的第一个优势是互联网，互联网可以连通尽可能多的人，呈现更多的信息，因此，理论上互联网可以呈现海量的投资标的，虽然目前股权众筹的标的还不算多。但理论上，互联网是可以呈现比今天更多的投资标的。众筹的第二个优势是众人拾柴火焰高，投资者在众多投资标的中选择，需要大量的专业知识、严格的尽职调查、较好的判断力与分析能力。不同的融资企业，在不同的行业，面对不同的市场，有不同的技术和不同的商业模式，因此，每判断一家融资企业是否值得投资，都需要储备大量的行业、技术、市场、管理知识。众筹的投资者涉及不同的行业、技术背景，你不熟悉的或许正是他从事的又或许其中一位投资者就是融资企业所在行业的专业人士。投资者不同的结构、不同的专业背景在一定程度上增大了众筹人准确判断一家融资企业的概率。

（2）投资决策阶段，新的领投人制度。

股权众筹中的两种投资制度。

一种是独立投资制度，由每一个独立投资人分别与融资企业洽谈，签署投资合作条款。独立投资制度不具有规模效应，浪费融资企业过多的时间精力成本，不可取。

另一种是集合投资制度，发挥领投人的专业优势与经验，进行投资决策，并由领投人与融资企业洽谈、确定投资合作条款，其他跟投人只是财务投资人，并不参与投资决策，不参与投资谈判。但是，如果采取更加灵活的领投人制度，即在一个部落中，谁对融资企业的行业、市场、技术最熟悉，在相关领域最有资源，谁就成为领投人，那么，他最有能力判断、决策与谈判。同时，由于领投人比其他人多得 10%~20% 的投资收益，他也就更有动力判断、决策与谈判，在投资后为融资企业贡献更多自己的资源与智慧。

（3）投资后管理阶段，要素匹配与要素组合。

投资后管理最重要的是帮助融资企业成长。一个融资企业能否更好地成长，取决于它是否可以聚集合适的资本、人才、技术、信息等生产要素，即要素匹配；是否可以将诸多生产要素优化配置，实现更高的效率、效果和效能，即要素组合。正如前文讨论的众多投资者可以给融资企业管理支持、关系网络与声誉提高，从而提升融资企业的绩效与价值。以专业领投人为代表的众多投资者，为了分享由融资企业的价值增长而带来的股权增值收益，有动力也有能力给融资企业带来更多的协同资源、要素匹配与更佳的要素组合。

（4）投资退出阶段，股权溢价转让。

众筹股权投资是为了退出的投资，投资的目的是退出而不是长期持有。因此，投资后最重要的也是整个投资的最后一环是退出。一般私募股权投资的退出渠道有首次公开募股（Intinal Public Offerings, IPO）、并购、管理层回购等形式。对于股权众筹而言，前文已经分析，在企业对接资本市场的4×100米接力比赛中，个人创业资本是企业起步的第一棒，股权众筹资金是企业初步形成产品或市场的第二棒，私募股权投资是企业加速成长的第三棒，公开资本市场是企业走向成熟的第四棒。所以，众筹股权的退出渠道不是以企业公开在资本市场上市为主，这种概率很低，而是以私募股权接棒或者相关大企业并购为主。

股权众筹拥有众多投资者，每个投资者的社会关系网络决定了股权众筹的项目可以有更多的社会关系来寻找接棒的私募股权基金或者有并购意愿的相关大企业，这增加了股权众筹投资者退出渠道的数量与成功溢价退出的概率。

文化众筹不一样的互动与沟通

沟通是筹资者与投资者之间有意义的信息分享，是投资者决策的关键。众筹通过互联网连接筹资者与投资者。通过互联网投资者能够实时了解众筹项目的信息，减少双方的信息不对称。众筹平台作为金融市场兼具金融中介的功能，其经济价值除了降低交易成本之外，很重要的一点就是为投资者与筹资者提供信息，从而带来增值。

一般的众筹，投资者要考察、分析、评估众筹项目，获得投资决策所需要的信息。如果是产品众筹要分析筹资者是否有能力做出承诺的好产品，了解筹资者的信息；如果是股权众筹，要更细致地对筹资企业进行尽职调查，了解创业者的身世，创业企业的历史、市场、技术、客户、管理、所处行业、政策背景等。这些信息很多是专有信息，是隐蔽的，需要通过网站、微信、微博查询，以及实际调研去收集，有些信用与黑名单信息，甚至需要去购买。

但是，很多文化众筹不同，如影视、演艺、动漫、出版项目，往往已经积累了一定的公众关注，为公众所了解。在一般众筹项目中需要专门收集的隐蔽信息，在文化众筹项目中，这些信息已经是外显信息。所以，文化众筹的信息沟通更方便。

信息沟通需要媒介，面对面的沟通以语言、动作、表情为媒介。大众媒介沟通以广播、电影、电视、报刊、互联网等为媒介。众筹信息的沟通也是依托大众媒介。文化众筹的信息沟通的另一个优势是文化本身是媒介的内容或者是媒介本身。

女演员闫妮主演的谍战剧《王大花的革命生涯》的网络众筹，观众可以在该剧的官方微博留言说出最想获得的礼品，包括立体明信片、签名精装版图书、签名主题图CD、剧中原版道具、服饰等，该剧根据观众留言提供相应礼品。整个众筹过程就是电视剧和观众的一次互动过程，观众可以一边看电视剧，一边留言，并有机会获得礼品。电视剧众筹是电视媒介与互联网媒介互相借力，形成注意力资源与信息。同样，《快乐男声》电影众筹是将众筹网、湖南卫视与电影院线的媒介打通。

文化众筹的信息沟通优势除了来自媒介，还来自文化本身的再传播性。有个笑话说某大导演拍大片，第一批走进电影院的观众是冲着大导演的名字与媒体宣传，第一批观众走出来后大骂为什么影片拍得这么差，而第二批走进电影院的观众是因为想去看看为什么这么差。这个笑话说明，文化容易引起话题，大家围绕这一个话题展开再讨论，形成再传播，话题又会再次引起行动。

2014年12月"娱乐宝"一共发布四期项目，第一期总投资额7300万元人民币，第二期总投资额9200万元人民币，第三期总投资额1亿元人民币，第四期总投资额4000万元人民币，共计3.05亿元人民币。在资金投向上，"娱乐宝"前两期产品都是投向电影，第三期投向东方卫视的《中国梦之声》第二季等综艺节目，第四期，投资方向又回归到了电影项目。利用阿里巴巴集团的平台影响力，电影与东方卫视《中国梦之声》综艺节目的内容与媒介，娱乐宝众筹可以与参与者充分沟通互动，获得投资者的信任。

百发有戏众筹案例解析

2014年4月，百度金融推出"众筹"频道，爱奇艺影业将与百度钱包、百度金融中心共同推出百度爱奇艺众筹计划，这一事件并没有多少人关注，没有形成话题。2014年9月，百度金融与中国电影股份有限公司、中信信托有限责任公司和北京德恒律师事务所联合发布电影大众消费平台——"百发有戏"。你听起来似乎也觉得陌生，但要说起百发有戏的第一个众筹项目就是汤唯、冯绍峰主演，许鞍华导演的《黄金时代》，这就有了话题性，就容易引起你的关注。文化众筹的另一个优势是其集聚注意力资源，能够激发参与者的兴趣，在此基础上，进行信息的沟通与分享，容易带来信任与行动。

百发有戏向社会众筹资金，投资方向是电影《黄金时代》，在百发有戏官网上说："每个喜欢电影的人都可以成为电影制片人，参与到电影制作和宣传中还能享受票房带来的回报，享受前所未有的消费＋金融新体验。百发有戏将成为未来主流的电影消费方式，让电影消费由花钱变成赚钱！用户实名制参与百发有戏，与主演通电话、共进晚餐、领取道具和戏服、当群众演员，让你从粉丝变成制片人。用户享受看电影优惠特权：最低价观影，还能帮亲友享受低价票。众筹预期年化收益率最低为8%，最高年化收益率达16%。"

众筹投资《黄金时代》还可以获得年化收益率8%的收益，这可高于银行存款，既有现金收益，又可以有各种实物奖励，听起来很有吸引力。在这种情况下，参与文化众筹的投资者不会调研许鞍华、汤唯、中国电影股份有限公司或者爱奇艺。沟通的成本比一般众筹项目小很多。众筹的投资者很容易通过这些基本信息对中国电影股份有限公司、百度金融、中信信托，以及《黄金时代》这部电影的主创与主演产生信任。如果投资者对是否投资还有什么顾虑，不会是对以上信息，而是对未来的收益回报的不确定。未来收益来自电影票房。

为了进一步吸引投资者参与，该项目还动用了大数据预测票房。百度金融方面表示，百度票房预测所提供的预测结果显示，《黄金时代》总票房预计将达到2.0亿~2.3亿元人民币。一时，《黄金时代》众筹引起社会广泛关注。然而，这部有百度大数据背书、众多明星站台、国庆黄金档期做后盾的《黄金时代》首日票房仅1060万元人民币，上映10天票房收入也仅为4310万元人民币，最终票房仅5000万元人民币左右，与百度预测的2亿元人民币相去甚远。

"百发有戏"首发不利。但是，这并不影响众筹平台的持续信息沟通：在票房失利后，百发有戏官网发布的补偿标准"如果该影片的票房成绩不足2亿元人民币（不含2亿），则以不超过8%的年利率进行补偿。《黄金时代》票房失利，不足2亿元人民币，但根据这一补偿条款，百发有戏发起为这一款互联网金融产品的投资者补偿收益。《黄金时代》票房失败，但百发有戏的众筹参与者不仅获得8%的投资预期补偿，而且还在过程中获得粉丝的体验，众筹参与者并没有失利。在这样的机制保障下，百发有戏的下一部影片众筹他们可能还会参与。

众筹的沟通，不仅是筹资者与投资者之间的沟通，也是投资者之间的沟通

股权众筹是"私募股权投资的互联网化"。相对于传统的私募股权投资，股权众筹平台由于互联网是信息最好的聚合与分享的平台，打破了投融资的渠道限制，降低了投融资双方的交易成本，依靠投资者规模的扩大弥补了投资者的专业知识结构，通过互联网海量信息与便捷的搜索，减少了投融资双方的信息不对称。

一般意义上说众筹的沟通，指的是众筹平台为投资人、筹资人、筹资项目之间进行的信息披露、信息交流，帮助投资人更好地了解筹资者、筹资项目的信息，包括根据投资者的偏好做个性化推送、标签式搜索服务，在线下做一对多甚至是一对一的路演和推荐，由众筹平台组织投资者做尽职调查等。众筹的投资者之间的沟通对于投资前的甄选、投资决策、投资后管理、为融资企业增值以及投资溢价退出都有裨益。

因此，众筹平台要帮助投资者建立众筹部落，不仅在网络空间建立线上沟通，而且应该实现投资者的线下联通。众筹平台应该成为投资者部落的组织者，投资者社会关系网络资源、智力资源的整合者。

文化众筹，不一样的共享价值观

杨坤演唱会的众筹，参与者多为杨坤的粉丝，对杨坤有强烈的价值认同；《十万个冷笑话》电影众筹，参与者是《十万个冷笑话》的文化拥趸，是一群拥有相似价值观念的人。前文讨论的文化部落，体现在文化众筹上，其文化作品、文化名人、文化项目是众筹参与者的精神纽带，围绕着这些文化符号形成部落，分享兴趣、情怀、感受、价值观念。1998 年，Lewicki 等认为，高信任关系的特性取决于双方价值观相似的程度。我们信任一个与我们价值观一致的人，因为我们知道，即使欺骗我们能够给他带来利益，他也不会轻易这样做，因为这会违背他的内在价值观念。因此，在文化众筹中，文化企业股权的投资者、文化产品的预购者、文化公益的捐赠者等，对自己所投资、所支持的文化企业、文化作品、文化项目，往往有更高的价值认同。

文化众筹的共享价值观体现在两个维度，一个是众筹参与者对筹资者、筹资项目的共同价值投射，形成对筹资者、筹资项目的信任；一个是众筹参与者之间彼此的共同价值分享，形成众筹部落内部的信任。

信任是基于普遍共享的规范，"规范"就是共享价值观。文化众筹的注意力优势、传播优势，有助于将这种规范扩散。而众筹的参与者可以利用这种扩散的行为规范对筹资者、筹资项目进行软约束。

一个有趣、有价值的文化产品或文化项目，能够引起受众的注意，激发兴趣，大家所形成的口口相传，将进一步放大这个产品或项目的价值，进一步引发关注，激发兴趣，形成正向反馈的因果循环。越来越多的人基于对这个产品与项目的兴趣，基于对筹资者或者作为筹资者代言人的明星的信任，参与众筹，参与者数量多、规模大本身形成一种势能。即使投资者没有通过各种合同、监督等正式控制机制约束筹资者，但筹资者在这种势能中，也必须遵循投资者所期望的行为规范。或者说，投资者对这个文化产品、文化项目所投射的共享价值形成了一种无形的氛围。筹资者在这种无形的氛围中，如果没有完成这部文化作品，或者这部文化作品没有体现粉丝们对其文化价值的预期，或者在过程中有投机取巧、偷工减料等道德问题，那么就违背了被默认的价值规范，会迅速地扩散到社会的很多个角落，形成巨大的舆论讨伐。这是一般的不具备注意力、影响力资源的其他众筹项目所不存在的或者说效应不如此明显的一种基于共享价值观的非正式控制机制保障。

制度的信任

社会学家林·扎克把人类社会的信任分为三种：基于血缘、身份的信任；基于历史、了解的信任；基于制度的信任。

在互联网带来的地球村时代，从传统的"熟人社会"走向"基于虚拟联系的陌生人社会"。我们与周围的交易者既没有血缘关系，在网络世界也不能准确了解对方的真实身份。与陌生人交往，不了解他的历史，我们仍然敢于与之交易的最终保障是制度，是交易双方之间的契约以及法律系统对契约的保障。

在虚拟的陌生人社会中，如果通过构建完善的制度让失信者因为失信行为受到制约和惩罚，失信者就会权衡利弊得失，做出不失信的理性选择。这就是基于制度的理性信任。

现代制度的建立促进了现代社会的超越熟人之间的广泛的普遍的信任。这里的制度指的是为个体间的互动交往提供基本框架的各种规则、规范、规章、法规。它们具有这样 3 个基本特征：

第一，公平性。对所有的人具有同等约束力，平等地适用于所有人，为每个人的行为设定框架；

第二，非私人性。不是针对某个人，而是具有普适性，具有普遍的约束力；

第三，确定性。对每个人都是公开的，是明确的，不是轻易更改的，一旦更改仍然需要公之于众。

现代社会，制度的核心是法律，法律具有特殊强制性、普遍约束力和至上的权威性。

因此，无论是产品众筹、股权众筹、债权众筹、捐赠众筹，最终保障筹资者、投资者权益的是双方之间包括合同、监督机制、信息披露机制在内的制度安排以及国家对众筹行业的法律法规，行业组织对众筹平台的公约。

众筹的三方主体，筹资者、投资者、众筹平台，如何完善制度安排，我们将在第六章中详细讨论。

二、小结

关系、沟通、共享价值观等非正式控制机制，有助于建立投资者、筹资者、众筹平台之间的信任。

正式控制机制与信任之间的关系是在投融资双方合作初期，通过完备的契约、监督等正式控制有助于双方建立半强式信任；随着合作的深入，双方形成了关系、社会关系网络与共享价值观等非正式控制机制，这时，过多地使用正式控制反而不利于培养双方的强式信任。

在文化众筹中，由于其注意力、影响力的优势与粉丝经济的特征，社会关系网络、沟通、共享价值观，对于建立信任的作用更加突出。众筹的投资者围绕众筹项目，形成一种特殊的文化部落——众筹部落。众筹平台应该有意识地通过线上线下相结合的方式协助构建众筹部落，众筹发起人应该善于整合众筹部落的社会关系与智力资源。最终保证众筹成功的是制度的信任，需要社会规范与强制性的法律安排。

第一节　众筹，有哪些风险

什么是基于众筹项目的风险？什么是基于众筹平台的风险？

什么是项目发起人信用风险？什么是项目本身的风险？

什么是平台信用风险？什么是网络渠道风险？

消费者权益保护是否适用于产品众筹的产品预购者？

众筹平台能够免责吗？

什么是众筹项目创新的风险？

众筹股权价值估值存在哪些问题？

什么是"领投人"陷阱？

众筹的股权代持存在哪些问题？

投资者维权与消费者维权的困难是什么？

如何管理完成众筹后的融资企业？谁来管理？

非法证券罪是什么？

发起人的知识产权有哪些风险？

发起人的资金筹措与使用有哪些风险？

什么是"投资者欺诈"？

无论融资产品如何虚拟化和技术化，无论通过什么样的互联网渠道融资，无论单个投资者的投资金额多么小，无论投资者的数量多么多，众筹仍然遵循金融规律。我们知道风险是不确定的，任何金融产品都是对信用的风险定价，对金融产品管理的关键是对信用风险的管理。众筹融资改变的是传统融资方式而不是金融本身。因此，众筹融资管理的关键也是对信用风险的管理。而且，"由于众筹融资具有互联网＋融资的双重特性，决定了众筹融资的风险较传统融资市场更加复杂、更加难以管理"[1]。

在文化众筹中，投资者（支持者）、筹资者（发起者）、众筹平台都存在着各自的风险。我们将逐一讨论。

一、众筹投资者的主要风险有哪些

在众筹的三类主体中，投资者需要货币出资，并且在三个主体中的信息不对称性中，处于相对的信息劣势，所承担的风险最大、最为复杂。所以，我们首先分析，众筹投资者有哪些风险。

概括地说，投资者所承担的风险主要包括两类：一类是基于众筹项目的信用风险；一类是基于众筹平台的信用风险（见表6-1）。

表6-1　众筹投资者的主要风险

基于项目的信用风险	项目发起人信用风险
	项目本身信用风险
基于众筹平台的信用风险	平台信用风险
	网络渠道风险

（1）基于众筹项目的信用风险。

信用风险又包括两类，分别为项目发起人信用风险和项目本身信用风险。

---

1 陈秀梅，程晗.众筹融资信用风险分析及管理体系构建[J].财经问题研究，2014（12）.

项目发起人信用风险。项目发起人的信用直接决定项目违约风险的高低。由于信息不对称，监管不完善，众筹投资者与众筹项目发起人之间的协议不完备，信用违约后的惩戒手段不健全，众筹项目发起人存在着投机的可能与道德风险。虽然众筹平台规定发起人自身不能充当投资者，但已经发现发起人自己注册多个账号，假装多位众筹投资者对自己正在众筹的项目进行初始投资，造成项目已经有很多众筹支持者参与的假象，吸引其他投资者投资。目前，对于项目发起人的信用信息，主要是由众筹融资平台进行审核。但是，"众筹发起人的信用记录缺少专业的信用机构评估，风险信息无法全面获得；众筹融资数据库未与央行征信系统相关联"，也未与公安信息系统相关联，无法获得项目发起人的全部历史信用记录，很难客观评价项目发起人信用。同时，众筹融资的违约信息并不计入央行征信系统中，使得项目发起人即使未按照承诺支付投资回报，也不会影响其在央行征信系统中的信用记录，使得项目发起人违约收益巨大，而违约成本很小。

项目本身信用风险。项目本身的风险决定了众筹的产品能否按照事前约定的期限、质量、功能推出，决定债权众筹、股权众筹的项目是否有可供分配的收益。众筹融资的产品项目很多属于创意、概念，企业项目大都处于种子期，或者说是创业期，不确定性大，风险大。

（2）基于众筹平台的信用风险。

基于众筹平台的信用风险包括两类：平台信用风险和网络渠道风险。

平台信用高低是决定众筹融资市场能否顺利发展的关键。"目前，现有众筹融资平台的盈利模式加大了平台的信用风险。平台主要是在项目筹资成功后向项目发起人收取佣金来获得收益，一般按照项目筹资金额的2%~25%收取。这一盈利模式先天决定了平台作为发起人的共同利益捆绑者，会通过各种方式协助项目发起人实现成功融资"[1]。监管缺失使得平台信

1　陈秀梅，程晗．众筹融资信用风险分析及管理体系构建［J］．财经问题研究，2014（12）．

用风险难以衡量，关于众筹融资的相关法律规章还不完善，各众筹融资平台对于融资项目的审核标准均为自行制定，且不对外部公开，无法评估众筹融资平台的信用风险管理水平。

国内众筹网的用户服务注册协议一般这样描述：如果众筹平台上发布的项目成功，则众筹平台协助、监督项目发起人兑现对项目支持人的回报；如果项目发起人与项目支持人因此产生纠纷，应双方协商解决，众筹平台可提供必要的协助，但任何一方均不得要求众筹平台承担任何责任。即用户使用众筹平台服务的风险由用户个人承担。众筹平台一般对服务不提供任何担保或保证。

（2）网络渠道的风险。在利益的驱动下，网络水军、网络推手等也可能介入项目展示推广中，加大发起人与投资者之间的信息不对称性与不确定性。由于众筹融资以互联网为拓展渠道，所有业务流程均以互联网为媒介，而互联网是开放的网络通信系统，存在不健全的网络监管、各种非预期的电脑黑客、不成熟的电子身份识别技术，有着巨大安全的隐患，倘若众筹融资平台爆发系统性故障或遭受大范围攻击，将可能导致各类金融资料泄露和交易记录损失，给投资者造成难以估计的损失。同时，互联网金融市场基础架构所使用的大部分软硬件系统均是国外研发，而拥有自主知识产权的高科技互联网金融设备较为匮乏，使得包括众筹融资在内的整体互联网金融安全面临一定威胁。而对于上述因素对金融数据安全性和保密性的影响，目前众筹融资平台没有建立相应的系统化应对方案。

下面，针对三种主要众筹：产品众筹、债权众筹、股权众筹进行分别讨论，分析其中的投资者有哪些风险。

产品众筹的参与者可能面临的风险有哪些

"产品众筹延期发货现象普遍，平均延期时间为 2.4 个月，大型项目延期发货时间要长于小型项目"[1]。

产品众筹在国内正处于刚刚兴起的阶段，发展不成熟，没有建立一个行业的标准。目前，"虽然各家产品众筹网站基本已建立起各自模式化的流程和标准，用于项目的申请和审核，但项目能否上线最终还是依据某一团队的经验判断。项目的风险、金额设定、信用评级也基本取决于平台方，存在可操作的弹性空间。而不同团队能力良莠不齐，对风控、操作的把握也各异"[2]。尤其是产品涉及门类多，非标准化，因此，产品众筹存在着诸多风险。

传统的商品出售应遵循合同法、消费者权益保护法等相关法律的要求，如果接受预购订货的商家无法完成商品，到期无法交付，或者交付的质量不符合承诺，相关的退款、赔偿，甚至惩罚都有法律可依。但是，在产品众筹中，参与者既是预购的消费者，也是梦想的支持者，兼有消费、投资、资助的多重属性，一旦违约，该如何退款、如何赔偿、如何挽回损失，在法律上还缺少明确的规定。产品众筹的发起人、产品众筹的支持者、产品众筹平台对此也莫衷一是。如果严格地按照传统商品预售的条款约束产品众筹项目的发起人，会极大地增加创业者的成本，抑制其创新动力，失去了众筹在降低交易成本、鼓励创新等方面的巨大价值。

但是，如果对产品众筹的创业者（发起人）的产品没有任何监督、制约，对不好好做产品的发起人没有惩戒，好好做产品的发起人没有奖励，其结果会引起发起人的投机行为，劣币驱逐良币。

如何针对这一特殊的形态，设定明确、合理的机制，提高信息披露水平，警示参与者风险、敦促发起人履约呢？

有的众筹平台要求产品众筹的发起人在融资成功后定期提交项目进展报告，包括产品研发生产状况、资金使用状况等。但是，平台、众筹的参与者如何判断众筹的发起人是真实的披露信息呢？如何防止众筹的发起人的道德风险呢？

1　刘一阳.我国众筹发展存在的主要问题及对策建议［J］.中国物流与采购，2014（21）.
2　赵新江.众筹"步步惊心"［J］.理财，2014（6）.

　　众筹的产品与项目往往具有很大的创新性和独特性，创新本身就充满着风险，项目的发起人可能是因为主观的不作为不努力造成产品的失败，也可能是因为个人经验、技术基础、生产工艺等客观原因造成产品的失利。前者是应该受到惩戒的，否则就是纵容欺骗；后者应该是受到宽容的，是对创新的宽容。但是，如何让平台、支持者判断一个产品的失利是发起人的主观原因？还是客观条件？

　　由于众筹的产品具有创新性，所以，众筹的发起人往往在筹资阶段就说明了产品的最终形态可能与筹资时的承诺不同，以最终实物为准。这些附加条款从鼓励创新的角度来看是合理的，使众筹的发起人可以在研发、设计、生产时，对产品的外观、功能、工艺进行调整，以适应创意创新的需要。但是，这一条款对投资者或者说预购的消费者是不合理的，因为最终拿到的产品与当初的承诺不符，也无可奈何，不能像一般的网购一样要求退货退款，甚至无法给予对方差评。因为缺少客观标准来判断产品质量的问题究竟是因为对方的态度还是能力，究竟是受制于客观条件的不得已为之，还是有意的粗制滥造。

　　即使有一些众筹平台在制度安排上做了一些设计，例如有的平台采取分期付款的方式，要求项目发起人必须完成一部分产品研发、设计、制作的工作，在平台上呈现阶段性成果才能获得下一期的资金。但是，这里仍有问题存在：首先，在平台网站上呈现的图片未必能反映产品的实际，尤其是质量；其次，即使项目发起人的进度落后了，产品的阶段性成果不够令人满意，筹资者怎么能够形成决定，暂缓拨付下一期资金呢？筹资者不拨付下一期资金，产品肯定无法出来，已经拨付的资金只能沉没，拨付资金，发起人还有可能把产品做出来，所以，一般情况下，已经处于被动地位的投资者只能继续拨付资金。而且投资者是分散的，很难形成统一意志，有人认为应该割肉止损，有人认为应该继续等待。在这种情况下，即使项目发起人的阶段性成果不理想，除非情况非常糟糕，否则也很难处置。

　　Kickstarter 要求项目发起人必须强调风险与挑战，但这些要求很难具化、落实。银行在售卖理财产品的时候都会要求给客户提供一份风险说明书，要求客户知道大多数银行理财产品是不保证本息的，要求客户知道其中的风险，但是又有多少个客户会仔细阅读呢？又有多少个客户会因为"股市有风险"，而"入市当谨慎"呢？而且，国内很多众筹平台并没有在网页显著位置强调众筹的风险性，让投资者（支持人）容易忽视其风险。

　　Kickstarter 的用户协议内容是："The Company cannot guarantee the authen-ticity of any data or information that Users provide about themselves or their campaigns and projects."（公司不保证用户在平台上提交的任何关于他们自己、项目、产品的真实性）即使是美国最大最成熟的 Kickstarter 也不能保证用户的真实性。

　　国内的点名时间平台规定当项目无法执行时，项目发起人有责任和义务通过点名时间退款给投资者，点名时间会在项目筹资成功后起到监督的作用。

　　但是，这个规定怎样落实？点名时间有什么办法勒令发起人退款，对发起人的约束是什么？发起人说资金已经花完或者所剩无几，可以退款，只能退很小部分，怎么处理？是由众筹平台向发起人起诉，还是由众筹参与者向发起人起诉？起诉就能获胜吗？如何界定双方之前的约定？发起人把众筹的募资实际投入了产品的研发设计制作，但是失利了，需要赔款吗？如果需要赔款，众筹的发起人有实力赔款吗？如果捆绑发起人的个人无限责任，或者加上第三方强制性担保等方式，那么，众筹的约定如此苛刻，融资成本如此之高，筹资者为什么要众筹呢？银行贷款的条件也不过如此。众筹鼓励创新的作用又如何体现呢？

　　这一系列问题都是产品众筹未来发展中需要解决的。

债权众筹的出资者可能面临的风险，详见表6-2。

表6-2 债券众筹出资者面临的风险

第一条法律红线	理财资金池模式
第二条法律红线	不合格借款人导致的非法集资风险
第三条法律红线	典型的庞氏骗局

（1）法律红线。

债权众筹，最可能存在"非法集资"风险，即非法吸收公众存款和集资诈骗。目前监管层面对互联网金融持积极开放的态度，因此鼓励债权众筹创新发展，但不能触碰法律红线。

第一条法律红线：理财资金池模式，即众筹平台将借款人的借款项目设计成理财产品出售，投资人的资金不是进入借款人的账户，而是进入众筹平台的账户。投资人对若干种、若干个借款项目的借款汇聚在众筹平台的账户上，如溪流入河，形成资金池。所谓资金池，就是若干笔不同来源、针对不同投资或借贷标的、每一个投资者（或出借人）的资金不能对应一个确定的融资者（或借款人），每一笔投资或借贷不能对应一个确定的融资（或借贷）项目，所有的水会挤在一个池子里，已经分不清每一滴水来自哪条溪流。这种资金池，由于肉烂在一个锅里，一旦发生风险很难界定赔付。而且很容易出现这样一种问题：以短期借款变成长期借款。一笔2年期的贷款，按照长期借款利率应该比较高，但经过拆分而变成短期借款，利率就比较低。如年化利率8%，把它拆分成4个每期半年的短期贷款，按照短期贷款利率就比较低，如年化利率4%，这样，借款人就借短期贷款，实际长期使用。所以，监督层面不允许搞资金池。

第二条法律红线：由于是不合格借款人导致的非法集资风险，借款项目必须是真实的，借款人必须是合格的。平台必须核查借款人的还款能力与意愿，以及借款项目的真实性。

第三条法律红线：庞氏骗局，前文已经介绍过庞氏骗局的特点，无中生有的虚假项目，以高额的利率回报不断吸引投资者，以后续投资者的投资资金偿还前期投资者的利息，不断地借新还旧。庞氏骗局属于资金诈骗。

（2）债权众筹平台给投资者带来的潜在风险。

近年来，很多小贷公司、典当行、民间借贷公司纷纷穿上众筹的外衣，只是把线下业务直接端到线上，通过互联网向众多网民募资，扩大了资金来源，募资的项目仍然是民间借贷的高风险项目。信贷客户的获取和风险控制手段都是和传统的小贷公司一致的。有的债权众筹平台在线下对融资者进行调研、风险控制；有的引入保险公司、担保公司，为投资者担保，但也有的并没有设立相应的风险控制机制。

债权众筹平台作为信息中介，不像银行作为金融中介。银行作为金融中介，一方面对储户存在着法律的权利义务关系，是储户的债务人，一方面对贷款户存在着法律的权利义务关系，是贷款户的债权人。如果贷款失败，储户没有损失，损失的是银行。因此，贷款失败的风险是银行承担的，银行会加强风险控制。但是，很多债权众筹平台把自己界定为交易的撮合者，是平台，筹资者直接与投资者签约，投资者对债权项目享有最终的决定权。风险是由投资者来承担的，众筹平台只是协助债权投资者来甄别项目、监督项目。

实际上，众筹平台是要牟利的。众筹平台的收入取决于融资的成交量，所以，众筹平台有动机增加众筹项目的数量，不自觉地会降低项目的门槛，加上众筹平台本身并不会在失败的项目中承担损失。所以，在核查资料与尽职调查时，也会出现疏忽，甚至不排除有意误导投资者的动机。

即使众筹平台有疏忽、有刻意误导，投资者也很难维权，因为即使对平台起诉，也无法证明平台的信息披露不准确是被筹资者蒙蔽了，还是一种共谋；是主观故意，还是由于客观条件。投资者很难获得赔偿。

严格意义上，众筹平台是平台，只能为自身之外的项目提供投融资撮合，但是，如果众筹平台在平台上为自己的项目融资，或者为关联机构的项目融资，投资者也是很难辨别的。

（3）债权众筹的融资者给投资者带来的潜在风险。

由于国外的征信体系比较健全、征信手段比较完善，债权众筹平台很容易通过互联网了解融资者的信用状况，投资者也很容易通过债权众筹平台了解融资者的信用记录。我国的征信系统还不健全。来自阿里巴巴、京东等大的电商平台的债权众筹，可以通过历史记录积累融资者的信用数据，但这只占一部分比例。

借贷就是信用，由于信用机制的不完善，债权众筹的融资者欺诈、将资金挪用、承诺利息不兑现、庞氏骗局的情况都有发生，这也极大地打击了债权众筹的发展。

股权众筹的投资者可能面临的风险有哪些

股权众筹更加复杂，不仅存在产品众筹与债权众筹的一系列风险，还有如下问题，我们一一分析。

（1）融资公司股权价值估值的问题。

在股权众筹平台上转让股权的创业企业其股权价值该如何判定？企业价值一般按照未来可预期现金收入的折现来定价。但是，创业企业一般还没有利润，资产微不足道，多数甚至没有收入，按照传统市盈率、市净率、市帐率都很难估值。以至于在行业内，出现了所谓的"市梦率"的说法，企业价值有多大？梦想有多大价值就有多大。

风险投资或天使投资是专业投资者的投资，有实力，有经验、有模式，可以对公司股权价值进行大致合理的评估，但是，股权众筹的投资者是否具备合理的判断股权价值的能力，是否会存在对股权价值的错估？这些问题还有待解决。

（2）融资公司完成融资后缺少监管的问题。

首先是谁来监管，是股权众筹平台吗？很多股权众筹平台确实要求融资企业持续信息披露，但是，众筹平台本身不是融资企业的股东，只是融资企业一次融资活动的服务者，没有权利对融资公司进行监管，同时，平台也缺少真正的动力，监管有投入，有经济成本、时间成本、机会成本，但没有什么现实的利益。其次，即使众筹平台有监管的权利与意愿，也缺少实质性的手段。

融资公司融资后，其资金的运用是否按照原来的承诺用于企业发展？还是用于融资企业的实际控制人改善个人工作生活条件？资金运用的是否合理，会不会出现重大的决策失误，把资金投到注定失败的领域上？管理层是否努力工作，为投资者创造回报？众筹融资的企业并不像上市公司那样有明确的信息披露制度的要求，有证券监管部门的监管。

当然，投资者经过工商变更成为完成众筹融资的公司的股东以后，可以根据《中华人民共和国公司法》行使作为股东的相关权利对公司进行监督。但是，众筹的特点是面向公众融资，对每个人的融资额少，每一个投资者出资有限，力量分散。投资者个人花费时间、体力、精力去监管，对其他的投资者有正的外部性，但对自己的收益有限，因为自己的收益只占非常小的比例，所以，缺少动力。众筹的好处在这里形成了它的劣势，是另一种形式的大锅饭。谁来代表大家进行监管呢？领投人是最合适的选择吗？

（3）领投人陷阱。

目前，很多股权众筹平台采用领投与跟投制度，由领投人代表众多的、非专业的、力量分散的投资者行使权利，发挥专业性，领投人获得10% ~ 20%的收益回报，以激励领投人。这一制度目前看起来有其先进性，但也应担心"领投人陷阱"。一家企业发布融资需求，先寻找一名有关系的、有投资经验的投资人作为领投人。领投人牵头与其他跟投人成立有限合伙企业，领投人作为普通合伙人，其他跟投者作为有限合伙人。领投人对外代表有限合伙企业执行事务。

这样的操作思路与私募股权投资基金很相似。领投人是基金管理人，以领投人的能力与信用，包括投资经验、工作经历、个人资产等为融资项目进行"信用增级"，以加强投资者信心，解决融资方资信不高的问题，推进融资顺利完成。

在有限合伙企业制度设计中，普通合伙人要对投资失败承担无限连带责任，在投资上先投资，再收益上后分配，意味着领投人应该承担无限连带责任，如果投资成功，普通合伙人可以获得更多的投资收益；如果项目亏损，首先亏损普通合伙人投入的资金；如果是由于普通合伙人的原因造成的亏损，普通合伙人还有义务连带赔偿其他投资者的损失。但是，目前的领投人普遍规避了无限连带责任，领投人在投资中主要发挥专业性与一种对其他投资人的宣示功能，向投资者展示融资公司被专业人士认可的程度。领投人并不先承担亏损，即使由于领投人的原因造成其他跟投人的损失，领投人也不承担连带责任。

实际上，领投人本身很容易诱发道德风险。在融资开始的时候，融资企业与领投人之间往往已经达成某种默契，很多领投人之前已经在融资企业中投资。

假设之前领投人按照融资企业市值 1000 万元人民币来投资 100 万元人民币，占股 10%，然后开始以众筹的方式引导跟投人，投资该融资企业股权。由于众筹投资在领投人投资后，融资企业的股权价值已经上升，假设当时的公司市值已经上升为 2000 万元人民币，领投人与跟投人共同成立一家有限合伙企业，投资 200 万元人民币，占股 10%。此时，领投人之前在融资企业中的 100 万元人民币的股权价值已经上升了一倍。通过这个例子，可以看到领投人引领跟投人的众筹投资，很有可能接盘了领投人之前的投资。如果领投人之前的投资可以退出的话。就存在这样一种风险：领投人用自己很少的一点钱吸引众多跟投人，集合一笔较大规模的钱，把自己之前在某个融资企业的股权买过来。我们知道天使轮投资的风险也是很大的，很多项目的天使轮投资退出很困难。如果一个天使投资者投资了一个公司，但是这个公司发展不好，他的投资无法退出，他说服这个公司开展股权众筹，然后，在股权众筹平台中以领投人的身份出现，众多不够专业的跟投人看到有这样一个专业的领投人，愿意作跟投。于是领投人投入 10 万元人民币，吸引了跟投人的 190 万元人民币，成立一家规模 200 万元人民币的合伙企业投入融资企业，把自己原来在企业中的 100 万元人民币股权买回来。对于融资企业没有损失，多得了 100 万元人民币流动资金，企业的市值也从原来的 1000 万元人民币变成 2000 万元人民币。领投人只用了 10 万元人民币把自己的 100 万元人民币的初始投资全部收回，而且还在融资企业中保留了一点股权。

所以，领投人能否代表众多投资者实际履行在公司的股东权利，是否能忠实代表投资者利益，存在着制度上约束的缺陷。如果融资企业和领投人恶意串通，那跟投者的风险不言而喻。

（4）众筹投资者持股方式的问题。

根据《中华人民共和国公司法》第二十四条规定"有限责任公司由五十个以下股东出资设立"。如果超出，未注册成立的不能被注册为有限责任公司；已经注册成立的，超出部分的出资者不能被工商部门记录在股东名册中享受股东权利。

代持股的风险凭证式和会籍式众筹的出资者一般都在数百人乃至数千人。绝大部分对股权式众筹项目有兴趣的出资者，只愿意提供少量的闲置资金来进行投资。所以，将股东人数限制在 50 人以内，将导致无法募集足够数额款项。因此，现实中许多众筹项目发起者为了能够募集足够资金，常常建议投资者采取代持股的方式成立有限责任公司。采用代持股的方式虽然在形式上不违反法律规定。但是，在立法精神上并不鼓励这种方式。

当显名股东（在工商部门注册时体现在公司章程上的股东）与隐名股东（实际出资委托显名股东代表自己出面的股东）之间发生股东身份权益等方面的认定争端时，由于显名股东是记录在股东名册上的股东，是在工商部门有据可查的股东，因此除非有充足的证据证明隐名股东的权利，一般会倾向于对显名股东的保护。所以代持股的方式可能会导致众筹项目的隐名股东即实际出资者的权益受到侵害。

另外，较为普遍的做法是由所有的投资者成立一家或者若干家有限合伙企业。这种方法是符合法律的，但是否合理还要看在实践中能否实现最初设定的目标与宗旨。合伙企业是一种古老的企业制度，区别于公司企业的特点是，以合伙人的能力互补与充分信任为基础，首先是人合，其次才是资合。而现代企业，首先是资合，我们买了某只股票，都是某企业的股东，但彼此可能并不认识。合伙企业要求合伙人之间紧密联系、高度信任，所以一般的会计师事务所、律师事务所、设计师事务所，这类以人的合作为主的企业采用合伙人制。

在股权众筹中，众多投资者因为对一个项目的投资的资合订立合伙协议组成有限合伙企业成为有限合伙人，彼此间不熟悉，甚至在这个项目之前并不认识，缺少信任基础。此外，大多数投资人只是有限合伙人，具体负责合伙企业运作的普通合伙人是原本也不熟悉的领投人，对领投人缺乏信任，这种合伙企业，也存在风险。主要存在两类问题：

① 普通合伙人的主张能否代表全体合伙人，刚才分析领投人制度时已经分析了这一形式的潜在问题。

② 全体合伙人是否能够形成高度一致，如果全体合伙人不一致，普通合伙人如何代表？

稍有商业经验的人都知道，如此众多的、来自不同领域、不同行业、不同文化背景的全体合伙人目标一致，是难以实现的局面。

此外，从权利行使角度来说，有权利不行使和权利被剥夺是两种截然不同的状态。对于很多投资者而言，由于他们每个人出资有限，将来的收益有限，即使亏损也有限，对于行使权力也缺少动力。所以，更大的可能是任由担任执行事务合伙人的领投人行使权力，或者任由融资企业行使权力。我国股民是上市公司股东，但有多少股民有股东意识，愿意去监督上市公司，防止上市公司侵害自己的利益。

大股东侵害小股东利益的治理问题是一个系统问题，在股权众筹中更加普遍。如果投资者不去行使股东权力，也就不会去尽股权义务，第五章所分析的发挥投资者的智力、资源、社会关系网络为融资企业提供管理支持、关系网络和声誉提升的作用也就很难实现。众筹帮助企业成长，众人拾柴火焰高的意义也就无法达成。

（5）涉嫌非法证券类犯罪的风险。

股权类众筹目前是法律风险最大的一类众筹模式，其可能存在的法律风险除了之前提到的非法集资以外，还可能涉及非法证券类行政违法行为。股权众筹在创新发展的同时应严格遵守以下法律红线：①不向非特定对象发行股份。②不向超过 200 个特定对象发行股份。③不得采用广告、公开劝诱和变相公开方式发行股份。④对融资方身份及项目的真实性严格履行核查义务。⑤不得发布风险较大的项目和虚假项目。⑥对投资方资格进行审查，告知投资风险。⑦不得为平台本身公开募股。

（6）高失败概率的风险。

项目延误乃至失败是众筹平台上最常出现的现象。股权众筹是天使投资的互联网化，参与股权众筹的投资者投资的标的一般是种子期或者创业初期的企业，失败概率更大。"创业成功是偶然的，失败是必然的"。但是，股权众筹的参与者是否向其他风险投资家一样对投资风险能够坦然接受呢？在全民的金融教育与风险意识不足的背景下，我国投资者承担风险的抗压能力是有限的。所以，很多股权众筹平台强调合格投资者，就是希望通过提高投资者的门槛来保证投资者的风险承受力。

（7）投资者维权的难度。

投资者维权不仅仅指股权众筹的投资者维权，也包括债权众筹与产品众筹的投资者维权，这是一个共性的问题，股权投资者维权的问题更加突出。

权益保护是一个体系性的问题，机制风险、项目风险和道德风险都有所涉及。众筹模式下投资者权益保护的棘手之处在于损失的认定、举证、计算与追偿都比较困难，因而维权成本高昂，投资者有不易维权的风险。

不仅投资者存在风险，筹资者也存在风险。我们下面来讨论筹资者存在的风险。

二、众筹的发起人（筹资者）的风险有哪些

众筹的发起人（筹资者）的风险有以下几个方面（见表6-3）。

表6-3　众筹的发起人（筹资者）的风险

资金获得与使用的风险
知识产权的风险
投资者欺诈的风险

第一，资金获得与使用的风险。发起人的目的是筹资，但资金的获得存在问题。一般发起人要完成一件产品、一个项目、一家企业，对资金的需求是有数量与期限要求的，如果不能在这个时间内完成资金募集，发起人的产品、项目、技术可能流产，在一个高速迭代的时代，一步慢，可能步步慢，发起人就错过了最佳的创意创新创业时期。

有没有想过，为什么比尔·盖茨、乔布斯都是1955年出生的，都在1976年创业？两个IT行业的顶尖高手同时横空出世，难道是一种巧合？1975年，第一台个人计算机问世，两个人都通过计算机杂志了解到了这个信息，都准确地判断一个新的IT时代的来临，于是比尔·盖茨找到了保罗·艾伦，乔布斯找到了斯蒂夫·盖瑞·沃兹尼亚克，开始创业。如果他们早于1975年创业，个人计算机的发展趋势还没有形成，只能成为被拍死在沙滩上的前浪；如果他们晚于1977年创业，可能错过在这个行业的先发优势。所以，他们在同一年起步，是大势使然，是被历史选择的。

但是，众筹募集的资金按照众筹平台的要求，如果无法在规定时间内完成众筹发起人需要的规模，众筹平台会将已经募集的资金退还给投资者。也就是说，有迫切融资需求的众筹发起人可能等上几个月，没有拿到一分钱融资。而且，一般众筹平台会限定发起人（即融资企业或团队），在平台募集资金时签订一份唯一委托融资的协议，即不得同时向其他平台或通过其他渠道募资。这意味着，发起人的创意创新创业就只能押宝在一

个众筹平台的募资上，如果不能成功，可能会给本身已经资金匮乏的创业者带来更大的资金短缺的风险。甚至使得创业者的整个项目失败。

此外，募资通常是通过众筹平台进行划转的。在整个募资期内，募集资金的沉淀在众筹平台的"资金池"中，当项目全部募集成功，资金才会转给筹资者使用，众筹平台会否利用募资资金池呢？对筹资者而言，与平台的合作中，处于弱势地位。

第二，知识产权的风险。发起人众筹的依据是自己的创意、技术等知识产权。但在我国知识产权权益受到侵犯的风险是很大的。产品类众筹，发起人要在网站上介绍自己的产品创意、技术、外观、功能、设计。如果有心人，尤其是本身从事相关领域生产的已经成规模的企业，很容易根据发起人介绍的信息开发生产出同类或近似的产品。其规模优势，又能够迅速占领市场。而且，发布在产品众筹平台上的项目大都是还未申请专利权，很难根据知识产权相关法律保护其权益。一个月或几个月的众筹项目预热期给了潜在的盗版者充分的剽窃时间。所以，从保护知识产权利益的角度出发，许多产品众筹项目的发起者只能向公众展示其创意的部分细节。但是，具有出资意愿的支持者由于无法看到项目全貌而无法对产品形成整体、全面的印象，也就大大降低了其投资兴趣和投资热情，又不利于众筹募集，这是一个左右为难的困境。

股权众筹同样如此，一个天使投资者接触创业企业时，一般双方要签署保密协议后，创业企业才会详细地向天使投资者介绍企业的生产、研发、技术、商业模式中的核心竞争力所在。但是，股权众筹项目很难对网络平台上浏览众筹信息的网民——签署保密协议，即使在网上签署保密协议，也很难有约束力。而且，即使网民把企业核心信息传播给企业的潜在或者显在竞争对手，也很难举证，很难诉讼。因此，好的项目、好的企业，还轻易不敢在众筹平台上发布信息，开展众筹，这也使得项目出资人对创新项目的支持力度大打折扣，严重桎梏了众筹行业的发展。

第三，投资者欺诈的风险。我们一般会想到发起人用假的项目、假的信息众筹，卷钱跑路。投资者是出钱的，怎么骗发起人的钱？还真有这样的案例。

Kickstarter 的一名投资者投资了超过 150 个项目，在发起人把产品发货以后，该投资者通过撤销信用卡交易的方式撤回了投资，通过这种方式，他在没有支付任何成本的情况下获得大量预购的产品，总价值超过 10 万美元。

三、众筹平台的风险有哪些

大多数众筹平台将自己界定为金融市场，是平台类企业，为筹资者、投资者交易的双方提供投融资交易的平台，不承担连带责任，少量的提供担保，项目成败的主要风险是由投资者和筹资者承担的，如 Kickstarter 会在众筹说明中为自己免责："公司不保证用户在平台上提交的任何关于他们自己、项目、产品的真实性。"

但是，即使有了这种条款作为防火墙，如果发起人出现了欺诈，如果投资者的投资血本无归，投资者会因为众筹平台的免责声明而不对众筹平台口诛笔伐吗？会不找众筹平台声张自己的权利吗？如果产生诉讼，众筹平台就一定不会出现在被告席上吗？

一个投资者对一个发起人的信任、对一个众筹项目的信任，往往是基于投资者对众筹平台的信任。对于，投资者来说，分别了解每一个项目，了解每一个投资者是困难的，但了解一个平台相对容易。因此，与其说投资者在选择项目、选择筹资者，不如说投资者在选择平台。投资者信任平台能够对筹资者进行调研、对筹资项目进行审核，并将值得信任的项目审核通过、广而告之；投资者也信任平台能够将自己的钱通过安全的方式转达给项目方，不会挪作他用。所以，像 Healbe GoBe 这样的一家没有可追溯信息，甚至干脆虚假报告了自己的信息的公司，在 Kickstarter 上仍然募到了接近 100 万美元。当问题真的发生，投资者对平台群起而攻之。因为支持者——众筹平台的普通用户，相信平台值得信任。

近年来，债权众筹平台关门、跑路的现象时有发生，有的是平台自身出现投机行为，道德欺诈，也有的是受到具体债权众筹项目的牵连，项目失败，无法还本付息，投资者追查筹资者不得，只能追究平台。

所以，无论是投资者的风险，还是筹资者的风险，只要是众筹的风险，平台难以独善其身。正如投资者用信用卡撤销方式诈骗的例子一样，发起人、投资者在网上批判的都是 Kickstarter，认为是 Kickstarter 的交易流程问题导致的风险。

四、小结

传统的投融资管理与消费者保护制度对众筹的保护与监管而言不完全适用。众筹是打通投资与消费的边界的创新的新模式，由此导致新的问题与风险并不出人意料。

主要表现为：由于众筹项目发起人的投机行为与道德风险带来的股权众筹、债权众筹投资者与产品众筹的预购消费者（支持者）的风险，由于创意创新性的产品众筹项目与早期创业企业股权众筹项目的自身不确定性带来的风险；由于众筹平台的利益驱使与管理不规范带来的风险；由于互联网渠道本身带来的风险。此外，对于筹资者而言也存在迫切需要的资金不能及时到位，知识产权被侵害的风险。虽然，众筹平台通过免责条款，将风险承担的责任推给投资者与融资者自行承担，但是，仍然难以在风险发生时，独善其身。

当然，众筹存在的诸多风险实际上是一种新的投资融资方式创造出来的，但相应的运作制度与防范体系还未完全跟上。风险的存在并不意味着互联网众筹弊大于利，金融业经历漫长的制度演变和历次危机的试错改进，方才达到今日的成熟阶段，刚刚兴起的众筹在制度完善与风险控制上还有很长的路要走。众筹的发展亟须不断完善自身机制，完善制度法规，加强风险管理。

第二节　众筹的深层问题与悖论

什么是双边市场？什么是双边用户？

什么是平台企业？什么是中间层组织？

什么是网络外部性？什么是交叉网络外部性？

如何通过一边用户吸引另一边用户？

什么是众筹平台的用户悖论？为什么越是没有用户需要用户的众筹平台越难以吸引用户？

什么是交易所市场，什么是经纪人市场？

什么是众筹平台的角色困惑？众筹平台究竟是市场还是经纪人？

众筹平台的七大职能是什么？

什么是众筹投资者的悖论？是众筹还是羊群？

众筹的四类委托代理问题是什么？

什么是众筹的逆向选择？什么是众筹的道德风险？

为什么说众筹的投资者往往是不积极监管的委托人？

一、众筹平台、筹资者与投资者构成的双边市场

众筹的筹资者、投资者与众筹平台，按照产业经济学的双边市场（two-sided markets）理论，是众筹平台把筹资者、投资者这两类性质不同、彼此需要的、具有交叉网络外部性（cross-network externality）的用户吸引到平台中交易。双边市场是通过一个平台使平台两边的用户可以更好地相互交易，每一边用户需要的交易对象不是平台，而是另一边的用户（见图 6-1）。

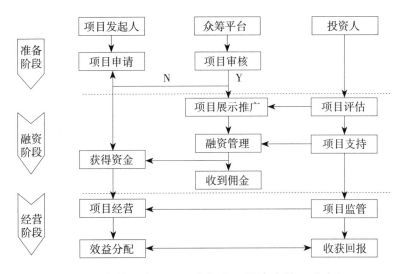

图 6-1　众筹平台、项目发起人、投资人的双边市场

在平台两边的参与者之间存在交叉网络外部性效应。

众筹平台是市场的创造者（market-makers），如果没有众筹平台，就不存在这样一个众筹的双边市场。众筹平台使得双边的用户——筹资者与投资者的交易更加方便，没有众筹平台，在茫茫人海中，融资者不知道谁会是可能有兴趣的投资者。众筹平台也增加了投融资双方配对成功的可能性，匹配是一个双向选择的过程，投资者对融资者有一定的选择条件，融资者对投资者也有一定的选择条件，众筹平台的作用一方面是增加两边投

资者与融资者的数量，从而增大每一个投资者与融资者选择的空间，提高选择成功的概率；另外，众筹平台通过搜索、关键词匹配、大数据、算法等技术提高了在海量的交易对象中自动搜索符合投资者与融资者各自需求的交易对象的效率。

平台的双边用户，即筹资者与投资者呈现互补和相互依赖的关系。只有投资者与融资者同时出现在平台两边，并同时对寻找对方，对平台提供的搜索、匹配等交易服务有需求时，这个平台才真正搭建起双边市场。缺少任何一边，没有投资者（或者投资者数量很少）只有筹资者；没有筹资者（或者筹资者数量很少），只有投资者，这样一个平台没有价值，这样一个双边市场也不能形成。此外，即使两类用户同时处在平台上，如果对该平台的服务没有需求，该平台也没有价值。

平台两边的用户存在着交叉网络外部性。

平台的双边用户的交叉网络外部性

什么是交叉网络外部性呢？

先来看网络外部性。网络外部性是新经济中的重要概念，指的是连接到一个网络的价值，取决于已经连接到该网络的其他人的数量，一个网络连接的人越多越有价值。推而广之，每个用户从使用某产品中所得到的效用，与使用这个产品的其他用户的总数量有关，其他用户人数越多，每个用户得到的效用就越高。也被称为网络外部性。

网络外部性的概念最早是 1974 年由 Rohlfs 提出的，原来的规模经济是供给方的规模经济。我们知道，生产的规模越大，单位产品的成本越低。网络外部性是一种需求方的规模经济，即对一种产品需求的规模越大，这种产品对消费者的价值越大，随着其他消费者数量的增加而增加。

一般而言，网络用户数量的增长，将会带动网络所有用户的总效用的二次方级增长。也可以这样说，一个网络的价值等于网络上用户数量的二次方。

举个例子来说明：世界上只有一个电话用户没有任何价值，有 2 个电话用户，只能实现一种沟通，A 到 B、B 到 A 是一样的；当有 3 个电话用户就可以实现 A 到 B、B 到 C、A 到 C 三种通话方式；有 4 个电话呢，可以进行 6 种通话，A 到 B、A 到 C、A 到 D、B 到 C、B 到 D、C 到 D。由此可见，随着接入电话线系统的用户数量的增加，产生的效能是成倍的增加。

交叉网络外部性是网络外部性的一种特殊形式，网络外部性是用户从网络中所获的效用随着网络用户数量的增长而增长；交叉网络外部性指的是在双边市场中一边用户所获得价值增加随着另一边用户数量的增长而增长。买家越多，卖家可选择的空间越大，选择成功率越高，反之亦然。

以一个众筹平台为例，投资者数量越多对筹资者越有吸引力，同样，筹资者数量的增加也增加对投资者的吸引力。一边用户的增加可以为另一边用户带来总效用的增加。因此，众筹平台的工作是去增加双边用户，或者是增加单边用户的数量再吸引另一边用户。筹资者数量越多，筹资项目越优质，越能吸引投资者参与；更多的投资者聚集，反过来又可以吸引更多的项目在平台上筹资。这是一个良性的正反馈状态。

但是，反过来，也存在这样的困境，一个初创的众筹平台没有用户，越是没有众筹项目发起人就越没有投资者，越没有投资者就没有众筹项目发起人。

众筹平台的用户来源困境

一个众筹平台只有两边既有投资者也有筹资者，才有存在的意义；只有众筹平台两边的投资者与筹资者同时出现时，才有成交的可能；只有投资者与筹资者对众筹平台的服务有信心，对彼此的需求有兴趣，众筹平台才有收益的可能。投资者与筹资者数量越多，众筹平台越有价值。

但是，这里存在着一个悖论：笔者称之为用户悖论——越是没有用户，越需要用户的平台越难以吸引用户。

一个众筹平台在起步的时候，如何吸引用户？双边用户需要的不是平台，而是对方，投资者需要的是筹资者，筹资者需要的是投资者，具有

"鸡蛋相生"的特征。平台在既没有鸡，也没有蛋的时候，是先有鸡，还是先有蛋？还是同时吸引双边用户？

为了吸引用户，平台一般的策略是采取价格结构非对称性与交叉补贴的方式。所谓价格结构的非对称性就是向双边用户的收费标准不一样。有的平台只向一边用户收费，向另一边用户不收费。房地产中介向买房的收佣金，不收卖房的佣金。其实，房产的交易双方都得到了中介的服务，单边收费相当于用一边用户的钱来补贴另一边用户。其目的，就是通过另一边用户数量的增加吸引更多的收费用户。

所谓交叉补贴，就是平台对其中一边用户低收费、免费甚至倒补贴的方式吸引他们参与，这些用户享受了另一边收费与高收费用户的交叉补贴。比如，媒体对于受众往往是免费的，无偿给受众内容，吸引受众，靠受众数量的增加吸引广告主投放广告，挣得是广告主的钱。实际上，是广告主补贴了我们观众，使我们可以免费观看电视台花大价钱制作的节目。

绝大多数众筹平台实行单向收费，只向筹资者收费，不对投资者收费。

收费方式主要有 3 种：

（1）交易佣金，一般是筹资者融资总额的 5% 左右。

（2）增值服务费，为双方提供法律、财务等增值服务。

（3）流量导入费，由于网络流量导入而产生注意力资源价值，收取广告费。

但第三种收费微乎其微。

为了吸引双边用户，平台一般要奖励其中的至少一边用户。平台向两边索取的价格，即收费为 P（总）= PB（买方）+ PS（卖方），当然，PB（买方）或 PS（卖方）中有一方可能为零，不收费。为了吸引双边用户，平台给两边提供服务与奖励的成本为 C（总）= CB（买方）+ CS（卖方）。只需满足条件 PB + PS ≥ CB + CS，众筹平台就可以实现盈利。因此，不必担心其中一方的成本大于收益，只要送的收益大于成本就可以。成本大于收益的那一方就是平台补贴吸引的那一方。

但是，对于初创的平台而言，完全没有收入，吸引或者补贴任何一方的成本都需要自己先投出去，投出去以后能否吸引来双边用户还存在着未知。

在运营早期，如何通过一些特殊方法来解决用户基础数量是个难题。今天的众筹平台依旧像当年的门户网站一样，只有先砸钱，吸引用户，才有可能实现双边用户在平台的聚集，才有可能实现交易。平台是烧钱的，像阿里众筹、京东众筹、苏宁众筹、陆金所等都是依托在大的平台、大的资本的基础上，依靠大的平台、大的资本来吸引用户，而小的众筹平台就只能通过烧钱来吸引用户，常捉襟见肘。

众筹平台的角色困惑

众筹平台兼具金融市场与金融中介的功能，到底是交易所市场还是经纪人市场，存在着功能角色的困惑。

金融交易所是发育最完善的金融市场，所有的参与者到金融交易所，对某种金融产品集中报价，拍卖，以买方卖方都赞同的价格成交。最典型的股票交易所，沪深两市有几千只股票，数以亿计股民，在公开交易，在开市期间，每一只在交易状态股票都实时显示股民的卖价、买价，自动撮合交易。交易所本身并不直接介入买方与卖方的交易行为，交易所的经济价值在于降低交易双方的信息不对称性，减少双方的信息搜寻成本、匹配成本与交易成本。为双方提供信息发布、信息检索、信息加工、资金支付、股权权属转移等服务，但不承担其中的信用风险。你买一只股票还是卖一只股票，买哪一只股票，多少钱买，都是你自己的决策，交易所不参与意见，亏损了、盈利了都和交易所无关。

经纪人市场，是经纪人为交易双方牵线搭桥，帮助买方推荐卖方，帮助卖方推荐买方，帮助搜寻、评估、甚至签约，全程提供专业意见。目前，众筹接近于经纪人市场。众筹平台不仅需要提供交易的渠道与场所，还需要提供搜寻、审核、评估、判断的专业意见，协助双方履约。

众筹平台在为筹资者与投资者的服务中具有以下 7 大职能：支付中

介、时态中介、规模中介、信息生产、受托监控、风险中介、价值增值（见表 6-4 ）。

表 6-4　众筹平台在为筹资者与投资者的服务中据有以下 7 大职能

1	支付中介：产品、债权、股权与货币之间的交割
2	时态中介：调节不同的筹资人和投资人不同的支出和投融资期限的偏好。跨时间、跨空间、跨行业的资源与资本的转移
3	规模中介，吸收小额、分散资金来源进行大额、集中资金运用
4	信息生产：解决信息不对称性上的功能
5	受托监控：接受投资者委托监督筹资者
6	风险中介：在不同参与者之间分配风险，如何减低风险，如何转移风险
7	价值增值：利用其自身的技术、专业、人才优势向客户提供价值增值服务

（1）支付中介（payment intermediation）：产品、债权、股权与货币之间的交割。

（2）时态中介（temporal intermediation）：调节不同的筹资人和投资人不同的支出和投融资期限的偏好。跨时间、跨空间、跨行业的资源与资本的转移。

（3）规模中介：吸收小额、分散资金来源进行大额、集中资金运用。

（4）信息生产（information production）：解决信息不对称性上的功能。

（5）受托监控（delegated monitoring）：接受投资者委托监督筹资者。

（6）风险中介：在不同参与者之间分配风险，如何减低风险，如何转移风险。

（7）价值增值：利用其自身的技术、专业、人才优势向客户提供价值增值服务。

因此，众筹平台可以说既是交易的市场，又是交易的经纪人。如果是市场，市场披露公开信息，如果投资者、筹资者觉得信息不完备，对其他信息自行收集。但是，如果是经纪人，有义务协助收集信息。如果是市场，在交易中是第三方不参与双方的协议，对交易结果不负责任；如果是经纪人，要签署三方协议，在买卖中承担一定的责任。很多众筹平台还没有明晰自己的定位。

定位的模糊实际上是与盈利模式的问题纠葛在一起的，众筹网站的盈利模式是在规定时间内没有达到预定筹款目标，会将已筹集到的资金退还给出资人；只有在规定那个时间内项目筹款成功，根据筹资总额按比例收取佣金。就像房地产经纪人，只有成交了才有收入，所以，经纪人为了成交，有时可以诱导买家或者卖家。这使得经纪人就失去了公正性。

但是，我们也注意到，国内的部分众筹平台已经开始新的盈利模式的探索，如文化产品的衍生品，众筹平台开始尝试"未来权益"分成，不是赚在项目上，而是赚在项目外。一些股权众筹平台与开始收取融资方的股权而不是现金。这些探索的结果如何，方向是否正确还很难预测。

二、投资者的悖论

我们接下来讨论众筹投资者（发起人）的困境与悖论。众筹的优势是"众"：分散投资风险、降低投资门槛、资金积少成多，不仅集众人之资本，也整合众人的智力、注意力、社会关系网络，从而推动创意转化成为产品，推动创业创新等。众是优势，但也是劣势。群体也可能产生羊群效应，可能产生更大的投资认知行为偏差，可能产生更突出的委托代理问题。我们逐一分析。

什么是羊群效应

羊群效应，也叫羊群行为。羊群在移动觅食的时候，是盲目的，头羊走到哪里就跟到哪里，牧羊犬赶到哪里就走到哪里。每一只羊在羊群中是缺少独立思考的，人在群体中也有这样的从众现象。个人本来对一件事有自己的个人观点，但是，发现自己的观点与大多数人不一样，于是为了合群，为了不与其他人产生冲突，放弃了自己的观点，像大多数人一样思考、感觉、行动，努力和大多数人保持一致。

在金融市场中，羊群效应表现为：投资者的投资决策受到了其他投资者的影响，放弃了自己对信息的处理和理性分析，模仿追随他人的决策，越多的人在模仿追随他人，使得整个大众的行为越来越一致，形成一种正反馈，越来越多的人认为这种模仿与跟随是正确的，每一个人都被群体裹挟，一起盲目地前进。

羊群效应是引起金融市场动荡的重要原因之一。我国 A 股市场在 2015 年春夏之交的疯牛与 6 月、7 月、8 月间的股灾，都充分体现了羊群效应。

众筹，门槛更低，投资者人数多、成分构成复杂，有合格投资者，也有粉丝，也有盲目的跟随者，羊群效应更加明显。

投资者本身存在着认知陷阱，我们远远没有我们自认的那样理性。判断与决策过程会受到各种认知和情绪等心理因素的影响，形成认知行为偏差。羊群效应会进一步放大这种认知行为偏差。

股权众筹所采取的领投人与跟投人模式，跟投人本身就是跟随者。领投人可能存在道德风险，可能有和发起人合谋的投机行为，可能领投人出现决策判断错误。但是，由于他们在业内有经验、有专业知识、有实力，可能会造成跟投人的偏听偏信。由于跟投人投入的资金较少，即使产生回报，绝对值也较少，不愿意为此投入大量时间精力成本，又缺少专业知识，对筹资者与筹资项目掌握的信息不全面、投资经验又不足，他们没有意愿也没有能力去独立地获得信息、辨别信息、分析信息，独立做出判断、选择、决策，他们自认为"安全"的投资策略，就是跟随更有经验的更专业的领投人。这又会影响其他参与者的判断力，大家都觉得跟随领投人是一种更优的选择，形成一种正反馈，越来越多的人得出同样的结论，又吸引其他人一起得出结论，多数变成大多数，造成对误判的相互确认。即使在这个过程中，有某个清醒的个体对某个众筹项目有怀疑，也会因为其他人的统一行为，受到他人影响，而不敢坚持自己的判断，在一种无形的压力下怀疑自己的决策，屈从大众行为。

三、众筹的 4 类委托代理问题

委托代理理论是研究非对称信息条件下，市场参与者之间经济关系的理论。迈克尔·詹森（Michael Jensen）和麦克林（Meekling）将委托代理关系定义为："委托人委托代理人根据委托人利益从事某些活动，并相应地授予代理人某些决策权的契约关系。"

在众筹中存在 4 类委托代理关系（见表 6-5）。

表 6-5　众筹中的 4 类委托代理关系

1	众筹投资者对筹资者的委托代理关系
2	众筹投资者对众筹平台的委托代理关系
3	众筹投资者对领投人的委托代理关系
4	众筹筹资者与众筹平台的委托代理关系

（1）众筹投资者对筹资者的委托代理关系。

投资者将自己的钱集合在一起委托给筹资者，为了投资者能够获得产品或某种精神奖励（产品众筹）、获得本金与利息（债权众筹）、获得股权增值与分红（股权众筹），让筹资者按照事前约定的契约，设计生产产品、开展项目、运作企业等。

（2）众筹投资者对众筹平台的委托代理关系。

投资者将自己的钱集合在一起，通过众筹平台转交给筹资者。投资者委托众筹平台协助审核筹资者信息、评估筹资者与筹资项目的真实性、可实现性、回报水平，委托众筹平台协助进行履约手续，并监督资金使用等。

（3）众筹投资者对领投人的委托代理关系。

在使用领投人与跟投人模式的股权众筹中，广大一般投资者对领投人也存在委托代理关系。跟投人委托领投人选择、评价项目，判断项目的股权价值，与筹资者谈判、签约，并代表跟投人在投资后监管融资企业，负责投资的退出与资金的回笼。委托人让渡一部分自己的投资收益给领投人作为报酬。

（4）众筹筹资者与众筹平台的委托代理关系。

众筹的筹资者把自己的创意、技术、商业模式构想、产品、企业债权、股权委托给众筹平台，委托众筹平台协助其寻找支持人、借款人、投资者，并在达成融资后，向代理人——众筹平台支付一定比例的佣金。

通过委托代理理论我们知道，在委托代理关系中，委托人和代理人的目标经常是不一致的，彼此之间也存在着信息不对称，事前确定的契约也很难百分之百完备。代理人可能采取机会主义行为，使自身效用最大化，而不是根据委托人的利益采取行动。这就产生了委托代理问题。

例如，众筹平台应该帮助投资者找到回报最好的筹资项目，但也许回报差的项目给众筹平台的佣金比例更高，众筹平台反而会向投资者积极推荐回报更差的项目。再如，投资者希望筹资者拿到众筹资金以后，按照事前的承诺把众筹的产品生产出来，但筹资者根本没有计划生产产品，就是为了圈钱。

我们主要研究众筹的投资者投资所产生的委托代理问题，包括投资前的逆向选择问题，投资后的道德风险问题。

什么是逆向选择？什么是劣币驱逐良币的柠檬市场

"逆向选择（adverse selection）是指代理人拥有不为委托人所知的私人信息，委托人处于信息不对称的地位，在做出选择的时候，往往受一些虚假信息的蒙蔽从而选择那些敢于造假或者隐藏真实信息的代理人"[1]。

投资者很难判断筹资者的真正的产品研发、生产、设计、制作能力，即使看到筹资者介绍的产品创意，也很难判定这个创意的知识产权一定属于筹资者，很难判断筹资者具备能力把这个创意转为产品。因此，投资者

---

1 张维迎. 所有制、治理结构及委托——代理关系：兼评崔之元和周其仁的一些观点 [J]. 经济研究，1996（9）.

无法准确选择哪一个产品众筹的筹资者更好。

更糟糕的情况是，一个债权筹资者能够给出每年 20% 的利息，他之所以收益给得高，因为从事的就是高风险项目，甚至根本就是一个庞氏骗局；另一个债权筹资者只能给出每年 10% 的利息，因为他从事的项目更稳健，他真心实意地打算还本付息。但是，由于投资者缺少对筹资者潜藏动机的信息，无法准确判断，可能反而会选择更差的项目，让投资者损失惨重。

这个过程恶性循环，会造成市场资源的错配和整个市场的低效率。

以股权众筹为例。股权众筹的投资者很难透彻了解融资的创业企业家的融资动机、项目真实的状况和本人作为企业家的真实能力，通过互联网只能了解创业企业家撰写的商业计划书，即使在线下开展尽职调查，也无法对筹资企业全面、准确、完整的识别，可能造成资源的错配。如较高素质的企业众筹失败，没能获得发展必需的资金，而较低素质的企业由于擅长包装，甚至作假，反而吸引了公众的关注，众筹成功，获得了投资者投入的资本，但最终项目运作失败，让投资者的投资血本无归。长此以往，恶性循环，好的企业不愿意来众筹市场通过众筹的方式募资，整个众筹市场就会充斥差的项目。市场就会成为劣币驱逐良币的"柠檬市场"（Lemon Market）。

什么是道德风险

"道德风险（moral hazard）是由于委托人和代理人利益最大化目标的不一致，代理人在签订契约后利用信息优势采取有损于委托人利益的行为"[1]。

委托人和代理人签订合同后，投资者把钱支付给众筹平台，再由众筹平台支付给筹资者。作为委托人的投资者不能时时刻刻地观察到作为代理人的众筹平台的行动，也不能有效监督筹资者的行动。众筹平台是否及时

1　张维迎 . 所有制、治理结构及委托——代理关系：兼评崔之元和周其仁的一些观点［J］. 经济研究，1996（9）.

拨款？筹资者拿到款是用于事前承诺的产品开发、企业运营，还是改善私人生活？作为委托人的投资者无法及时准确完整地掌握代理人的信息，即使双方事前制定的合同也不可能把所有的问题都一一规定清楚，即使有合同条款，委托人也难以要求代理人一一执行。众筹的筹资者即使努力投入研究开发产品，也不能使自己获得更多，相反，如果偷工减料，反正已经拿到了众筹投资者预付的资本，省下来的是自己的，他是否一定坚持产品的质量与功能？如果缺少相应的对产品质量与功能的约束，他就可能利用产生道德风险，有意识地降低产品质量与功能。

众筹投资者，不积极监督的委托人

委托代理问题是普遍问题，但是，在众筹中这种问题更加突出。

众筹投资者是委托人，委托人要监督代理人，以减少委托代理问题。但是，众筹的委托人是不积极监督的委托人。

为什么这样说呢？委托人要监督代理人必须付出监督成本，众筹的众多委托人由谁来监督呢？谁来承担监督的责任呢？如果所有人都监督，不现实，这样一方面，筹资者要疲于应付如此众多人的监督，影响筹资者好好做产品、好好经营企业；另外，每个人监督所增加的成本对于每个人来说都是 100%，但是每个人因为监督所增加的收益只有若干分之一，众筹的人数越多，监督者收益占总体收益的比例越低。

如何让具有外部性的监督变成委托人的内在经济动力？让领投人作为代表全体委托人是一种可以选择的制度安排。形成双重委托代理关系：第一层的委托代理关系存在于普通投资者和领投人之间，第二层委托代理关系是领投人和被投资企业之间。领投人有超额收益，有动力去监督。但还要考虑，如何对领投人建立激励与约束机制？

采取普通合伙人与有限合伙人的有限合伙制度是比较好的选择之一。

领投人作为投资者共同设立的有限合伙企业的普通合伙人，必须对有限合伙企业的债务承担无限责任，其他一般投资者，作为有限合伙企业的有限合伙人，以投入的资金为限对有限合伙企业的亏损和债务承担有限责任。领投人必须向有限合伙企业实际投资 10%~20% 以上的资本，如果投资出现亏损，则首先亏损领投人投资部分，假设投资亏损 10%~20%，则一般投资者没有损失，领投人承担损失。只有在亏损额超过领投人出资额之上的部分，才出现有限合伙人的损失。领投人承担了更大风险，应该享受更大的收益，在有限合伙企业获得收益的基础上，除了按照自己个人投资的比例分配外，还可以额外分配有限合伙企业利润的 10%~20% 的收益。以此激励领投人选择优质投资标的，并对筹资者给予管理支持，推动融资企业成长，以使得自己的收益增大。

由领投人负责对融资企业的日常监督，避免众多投资人的过度干预，避免众多人投资者的公共之地，即无主之地缺乏监督积极性的问题，让领投人这种专业人士承担大风险、享受高收益、履行更多义务。而且要加入一系列限定条件，例如，领投人在众筹投资之前，如果在融资企业中已有股权的应该回避；如果确实因该融资企业有价值可以投资，也不允许领投人原来在融资企业中的股权退出，防止领投人以新投资赎回自己的原有投资；如果发现领投人与融资企业有损害其他一般投资者的关联交易，应给予处罚，免去其领投人资格等。

此外，众筹投资者要建立社群，也就是本书之前提到的众筹部落。文化产品的众筹，由于对文化作品、文化明星的认同与粉丝模式，双方很容易建立部落，形成更强的社交关系。文化股权众筹同样需要建立部落，并可以引导建立部落，然后由部落成员推举领投人。一旦发现领投人的问题，应该在社交媒体上第一时间曝光，发挥互联网信息曝光与传播的效率优势。

同时，按照前面笔者介绍的新领投人制度，领投人未必一定是职业投资人，应该针对不同的投资领域，从众筹部落中选择在这个领域最有信誉、最有经验、最有资源的人。例如，投资影视领域的项目，如果领投人是一个有过丰富的制片投资经验的人，好于一个金融投资人。

四、影响众筹项目融资绩效的主要因素有哪些

影响众筹项目融资绩效的主要因素有以下 4 种（见表 6-6）。

表 6-6　影响众筹项目融资绩效的主要因素

项目发起人个人在社区中的社会关系
众筹项目或项目发起人的注意力资源与信用
众筹平台本身的社会关系网络与信用
众筹项目本身的质量

一是项目发起人个人在社区中的社会关系。一个人在现实世界中的社会关系和在网络虚拟社区中的社会关系对一个人获得信任有较大影响。主要表现为项目发起人的社交网络成员的数量与彼此之间互动的质量。发起人的社交网络成员，包括线下的亲人、朋友，线上的粉丝、网友。社交网络成员数量越多，网络成员彼此之间的互动越多，越具备文化部落的特征，众筹项目成功融资率越高。

二是众筹项目或项目发起人的注意力资源与信用。众筹项目或众筹项目的发起人知名度越高，众筹项目越能引起兴趣、引起注意力，众筹项目发起人在众筹平台上历史记录越翔实或者发起人的信用越好，众筹项目成功融资率越高。

三是众筹平台本身的社会关系网络与信用。众筹平台的关注者越多，社交网络成员越多，筹资者、投资者对众筹平台的信任越强，众筹项目成功融资率越高。

四是众筹项目本身的质量，即众筹项目的投资价值越大，众筹项目成功融资率越高。

关于前三种因素对众筹的影响，前文已经有所分析，第四种众筹项目的质量对众筹绩效的影响，似乎也不证自明，当然质量越好的项目众筹成功率越高。

实际上，如同前面我们分析的，众筹投资者、众筹平台存在着的深层问题与自身的悖论一样，众筹的项目也存在着这样一个悖论：众筹发起人更了解自己的项目，对众筹项目质量的判断比众筹投资人要准确。如果发起人认为这个项目质量非常好，投资价值非常大，发起人为什么不自己投资，独享收益？为什么不联络至亲好友投资，分享收益？为什么要通过众筹，把好的项目的投资收益分给网上的陌生人呢？这个悖论我们在下一个部分展开讨论。

五、众筹项目的悖论：好的项目不众筹，不好的项目要众筹

我们知道除了捐赠众筹之外，其他三类众筹，不管是产品众筹、股权众筹、债权众筹，筹资者发起的众筹项目都是给投资者的一种预期。产品众筹是预期，在众筹时，还没有百分之百现成的产品，投资者支持筹资者资金，是预购，筹资者用投资者的资金把产品生产出来，回报投资者；债权众筹是预期，投资者借款是为了在未来的某一天得到本金与利息；股权众筹是预期，投资者投资参股，是为了在未来股权增值，得到分红或者股权增值的溢价。

预期能否实现是不确定的。所谓好项目，就是更能够实现筹资者向投资者承诺的预期的项目。我们刚才从人心的角度推理存在着这样一种假设：债权众筹项目、股权众筹项目中，越是好的项目越不愿意去众筹，越是不好的项目越愿意去众筹。

如果一个好的股权众筹项目，即一个创业企业的成长性是明确的，能够发展壮大，股权价值不断增值，这样的一个企业，创始人会愿意把股权稀释给其他人，如果愿意稀释，他希望稀释给能给他带来更多价值的人，会愿意稀释给网络上的陌生的还不额定能够给自己带来资源与价值的众筹投资者吗？

把项目放到众筹平台上，需要等待很多人的评判、遴选、决策；需要冒

着知识产权外泄的风险；签协议与划拨资金的过程也相对较长较复杂；有可能等待很久，募集资金仍达不到目标，众筹平台还要把已经募集的资金退还给投资人，筹资者可能一无所获。即使完成众筹，这些投资者能否给予创业者除了资金以外别的支持，还存在着不确定性。所以，从股权众筹发起人的角度，如果有更好的选择，我们不提倡把好的项目放到众筹平台上众筹。

从另一角度，在资本流动性过剩的背景下，天使投资、创业投资如过江之鲫，这么多的资本都在满世界寻找好的项目，如果他们发现一个好的创业企业、一个好的创业团队、一个好的技术，会迅速介入，无论是投资前尽职调查的效率，还是投资决策拨款的效率，还是投资后给被投资人的管理支持的力度都是高于股权众筹平台。在风投行业里，有人说过，好的项目不缺钱，后面早早地就等着几家风投，谁能投进去是要 PK 的；缺钱的往往不是好项目。在一个有效的市场里，好的项目早就被市场发现了。所以，从股权投资市场来说，股权众筹的项目应该是天使投资、创业投资以及其他产业资本投资等遗漏的项目。

债权众筹投资者的收益是固定的，就是承诺的利息水平。如果一个债权众筹项目承诺的利息水平很低，是很难在互联网上募集到资金的，因为投资者把钱存到银行可以获得无风险收益或者低风险收益，既然在债权众筹平台上选项目，就要求收益高于银行。既然筹资者要给投资者付出高于银行的利息水平，为什么不找银行贷款呢？银行贷款的融资成本更低。非不为也实不能也，债权众筹项目无法从银行贷款，因为无法通过银行相对严格的风险控制。所以，债权众筹的项目一定是风险较高、承诺收益率较高的项目。同理可推，债权众筹项目是在传统的债权融资渠道下难以融资的项目。

因此，从这个角度推理，无论股权众筹项目，还是债权众筹项目，都是在传统的股权融资渠道、债权融资渠道难以获得融资的项目。如果这样，长此以往，像前文分析劣币驱逐良币的柠檬市场一样，众筹市场就会沦落。

如何让好的项目选择众筹

前文已经分析筹资者人发起众筹的动机是以下 4 种：筹集资金，筹集注意力（产品预测、市场预热、宣传推广），筹集智力（集合投资者的智力改进产品、改进项目、改进企业），筹集资源（获得投资者的社会关系网络、渠道、信息等）。

一个项目是选择众筹，还是选择其他的融资渠道或推广渠道，权衡利弊，就是在比较筹集资金、注意力、智力、资源的过程中，众筹的风险与成本是否更低、效率与效果是否更好。

因此，降低众筹的成本和风险，提高众筹的效率和效果，是吸引好的项目众筹，吸引筹资者与投资者在众筹平台搭建的双边市场交易的根本途径。这是众筹平台应该做的，也是政府、众筹行业组织等共同推进的。

六、小结

众筹平台以投资者与众筹项目发起人为双边用户搭建了一个双边市场，双边用户存在交叉网络外部性，互相吸引，正向因果循环反馈。但是，反过来，也存在着越是需要用户的众筹平台越难以吸引用户的困境。

众筹平台还存在角色选择的困境，究竟是作为完全中立、仅提供信息的交易平台，还是作为积极撮合的经纪人？

众筹投资者与众筹平台、众筹项目发起人之间，众筹投资的跟投人与领投人之间 、众筹项目发起人与众筹平台之间存在着四种类型的委托代理关系，存在着代理的逆向选择与道德风险问题。

众筹投资者对代理人的监管存在着"公用之地即无主之地"的问题，个人给予收益与成本的比较缺少积极监管的内在激励，委托领投人监管是一个较好的选择，但应借鉴有限合伙制建立与领投人的激励与约束机制。

众筹投资者可能群策群力，为众筹项目集合资金、智力、关系与资源，但也可能成为"乌合之众"，尤其在投资决策中存在着的羊群效应。

众筹项目也存在这样的悖论：如果是无风险高收益的好项目，众筹发起人为什么要众筹，与网络上的陌生人分享收益？是不是只有在传统的股权融资与债券融资渠道无法融资的项目才会众筹？

第三节　我国众筹的法律、政策与文化背景问题

众筹如何规避非法集资的法律问题？

众筹如何规避非法发行股票的法律问题？

产品众筹与《合同法》《产品质量法》《消费者权益保护法》的关系是什么？

产品众筹平台与《第三方电子商务交易平台服务规范》的关系是什么？

如何建立众筹的诚信机制？

众筹发起人的隐私如何保护？

在我国，关于众筹的法律监管体系尚不完善。众筹及众筹平台的管理运行办法都是从欧美等商业文化成熟、信用环境良好、创业氛围好、投资者相对理性的国家借鉴而来的，而我国当期商业文化上不够成熟、信用环境较差，创业文化与投资者理性程度都不足。

一、 政策鼓励发展互联网金融，发展众筹

2014 年 12 月 18 日，中国证券业协会颁布了《私募股权众筹融资管理办法（试行）（征求意见稿）》（以下简称《管理办法》）。在该《管理办法》的起草说明中指出："目前，股权众筹存在以下问题：一是法律地位不明确，参与各方的合法权益得不到有效保障；二是业务边界模糊，容易演化为非法集资等违法犯罪活动；三是众筹平台良莠不齐，潜在的资金欺诈等风险不容忽视。"

《管理办法》根据国际证监会组织对众筹融资的定义是："众筹融资是指通过互联网平台，从大量的个人或组织处获得较少的资金来满足项目、企业或个人资金需求的活动。"

《管理办法》就股权众筹监管等一系列问题进行了初步的界定。对股权众筹行业管理机制、股权众筹平台的定义、平台准入条件、备案登记、平台职责等方面做出了规定，并要求投资者和融资者均应该为平台审核的实名注册用户。

2015 年 7 月 18 日，中国人民银行、工业和信息化部、公安部、财政部、国家工商总局、国务院法制办、中国银行业监督管理委员会、中国证券监督管理委员会、中国保险监督管理委员会、国家互联网信息办公室联合起草、制定的互联网金融行业"基本法"：《关于促进互联网金融健康发展的指导意见》（以下简称《指导意见》）对外发布。

《指导意见》按照"鼓励创新、防范风险、趋利避害、健康发展"的总体要求，提出了一系列鼓励创新、支持互联网金融稳步发展的政策措施，积极鼓励互联网金融平台、产品和服务创新。《指导意见》按照"依法监管、适度监管、分类监管、协同监管、创新监管"的原则，确立了互联网支付、网络借贷、股权众筹融资、互联网基金销售、互联网保险、互联网信托和互联网消费金融等互联网金融主要业态的监管职责分工。

其中，第八条主要针对网络借贷，与债权众筹的概念接近，都是通过互联网平台进行债权借贷。一般的网络借贷包括借款人与贷款人一对一的借贷，也包括借款人与贷款人一对多的债权众筹，可以将债权众筹理解为一种特殊的网络借贷。

《指导意见》中将网络借贷分为个体网络借贷（即 P2P 网络借贷）和网络小额贷款。个体网络借贷是指个体和个体之间通过互联网平台实现的直接借贷。债权众筹就属于一个个体通过互联网平台向多个个体开展的直接借贷。根据《指导意见》，这种在个体网络借贷平台上发生的直接借贷行为属于民间借贷范畴，受《合同法》《民法通则》等法律法规及最高人民法院相关司法解释规范。债权众筹平台要坚持平台功能，为投资方和融资方提供信息交互、撮合、资信评估等中介服务，要明确信息中介性质，主要为借贷双方的直接借贷提供信息服务，不得提供增信服务，不得非法集资。《指导意见》规定网络借贷业务由银监会负责监管。因此，债权众筹也应由银监会负责监管。

第九条主要针对股权众筹，明确说明了股权众筹融资是指通过互联网形式进行公开小额股权融资的活动。股权众筹融资必须通过股权众筹融资中介机构平台（互联网网站或其他类似的电子媒介）进行。股权众筹融资中介机构可以在符合法律法规规定前提下，对业务模式进行创新探索，发挥股权众筹融资作为多层次资本市场有机组成部分的作用，更好地服务创新创业企业。股权众筹融资方应为小微企业，应通过股权众筹融资中介机构向投资人如实披露企业的商业模式、经营管理、财务、资金使用等关键信息，不得误导或欺诈投资者。投资者应当充分了解股权众筹融资活动风险，具备相应风险承受能力，进行小额投资。股权众筹融资业务由证监会负责监管。

此外，指导意见中提到的客户资金第三方存管制度、信息披露、风险提示、合格投资者制度、消费者权益保护、网络信息安全、反洗钱和防范金融犯罪、行业自律等对众筹市场制度及秩序都有意义。

二、股权众筹如何规避非法发行股票的问题

现行《中华人民共和国证券法》明确规定，公开发行证券必须依法报经国务院证券监督管理部门或者国务院授权的部门核准，未经核准，任何单位与个人不得公开发行证券。

通常情况下，选择股权众筹进行融资的中小微企业或发起人不符合现行公开发行核准的条件，因此，在现行法律法规框架下，股权众筹融资只能采取非公开发行。

鉴于此，《管理办法》明确规定，股权众筹应当采取非公开发行方式，并通过一系列自律管理要求以满足《中华人民共和国证券法》第 10 条对非公开发行的相关规定：一是投资者必须为特定对象，即经股权众筹平台核实的符合《管理办法》中规定条件的实名注册用户；二是投资者累计不得超过 200 人；三是股权众筹平台只能向实名注册用户推荐项目信息，股权众筹平台和融资者均不得进行公开宣传、推介或劝诱。

《中华人民共和国证券法》正在进行第二次修订审议，在 2015 年下半年有望出台，修正案中也设定了股权众筹的条款。据悉在修订中的《中华人民共和国证券法》草案第十三条规定，"通过证券经营机构或者国务院证券监督管理机构认可的其他机构以互联网众筹方式公开发行证券，发行人和投资人符合国务院证券监督管理机构规定的条件的，可以豁免注册或者核准"。为股权众筹的规范发展提供了法律保障，股权众筹将从灰色地带走向阳光地带。在新的《中华人民共和国证券法》颁发之前，股权众筹主要遵照《管理办法》。

该《管理办法》将股权众筹平台界定为通过互联网平台（互联网网站或其他类似电子媒介）为股权众筹投融资双方提供信息发布、需求对接、协助资金划转等相关服务的中介机构。对于从事私募股权众筹业务的股权众筹融资平台（以下简称"股权众筹平台"），主要定位服务于中小微企

业，众筹项目不限定投融资额度，充分体现风险自担，平台的准入条件较为宽松，实行事后备案管理。在股权众筹平台的经营业务范围方面，为避免风险跨行业外溢，《管理办法》规定："股权众筹平台不得兼营个人网络借贷（即 P2P 网络借贷）或网络小额贷款业务。"即股权众筹不得同时兼营债权众筹。

针对合格投资者，鉴于股权众筹融资的非公开发行性质，投资者为不得超过 200 人的特定对象。对合格投资者的具体标准设定主要参照了《管理办法》相关要求，同时投资者范围增加了金融资产不低于 300 万元人民币或最近三年个人年均收入不低于 50 万元人民币的个人，一方面避免大众投资者承担与其风险承受能力不相匹配的投资风险，另一方面通过引入合格投资者尽可能满足中小微企业的合理融资需求。

针对大众投资者，大众投资者投资经验少，抗风险能力弱，通常不允许直接或间接参与高风险投资。然而众筹融资的本质特征决定了大众投资者也是此类投融资活动的重要募资对象，为此，《管理办法》作了三个方面的制度安排：一是明确并非所有普通大众都可以参与股权众筹，要求涉众型平台必须充分了解，并有充分理由确定其具有必要的风险认知能力和风险承受能力；二是以平台自律管理为抓手，要求其有能力判定投资者识别风险和承担风险的能力，有能力承担可能出现的涉众风险，实现投资者资金和平台资金的有效隔离。证券业协会对股权众筹融资行业进行自律管理，股权众筹平台应当在证券业协会备案登记，并申请成为证券业协会会员；三是要求融资者适当程度的信息披露。根据众筹融资企业，尤其是中小微企业的经营特点，《管理办法》未对财务信息提出很高的披露要求，但要求其发布真实的融资计划书，并通过股权众筹平台向投资者如实披露企业的经营管理、财务、资金使用情况等关键信息，及时披露影响或可能影响投资者权益的重大信息。

作为传统直接融资中介，证券经营机构在企业融资服务方面具备一定经验和优势，因此，《管理办法》规定："证券经营机构可以直接提供股权众筹融资服务，在相关业务开展后 5 个工作日内向证券业协会报备。"

《管理办法》明确列出各参与主体的禁止行为，明确"股权众筹不要突破 200 人的众筹人数上限。"

对股权众筹平台而言，控制风险还要注意两点：

（1）不设资金池，股权众筹的资金不在平台进出，不在平台沉淀，平台不与资金发生直接关系，通过第三方托管、支付。

（2）不提供担保，提供担保可能导致刚性兑付。

三、私募股权与众筹"公募"的矛盾

股权众筹作为互联网金融的一种，蕴藏着普惠金融的价值追求，目前的《管理办法》仍然用私募的理念在管理众筹，私募意味着非公开，意味着小众圈层，与众筹的大众概念相矛盾，"私募股权众筹"这个词汇本身就是一个矛盾体。不得超过 200 人的一条红线，也使得众筹失去了"众"字的优势与特点。

在英美等股权众筹发展较好的国家，已将众筹界定为公募，可以向公众募资。在美国，2012 年 4 月 5 日，美国总统奥巴马签署了 JOBS 法案，全称为《2012 年促进创业企业融资法》。该法案进一步放松了对私募股权投资市场的管制，允许小微企业通过众筹融资平台上进行股权融资。一方面，放松对众筹公募的管制；另一方面，加强保护投资者利益。法案规定："对每一个项目来讲，其融资规模在 12 个月内不能超过 100 万美元；同时也限制了每一个特定投资人的融资规模，不可超过其年收入的 5%。"JOBS 法案的出台使美国众筹有了合法生存的法律依据，特别对股权类众筹发展有极大的促进作用。

中国人民银行金融研究所所长姚余栋 2015 年 6 月 7 日在"互联网金融千人会"阐述，"要将股权众筹打造成中国资本市场的新五板。"

如果我们把主板作为一板市场，中小板和创业板作为二板市场，新三板作为三板市场，区域性产权交易市场作为四板市场，那么互联网众筹平台可能成为五板市场。既然，要打造成五板市场，一定不能是狭窄的私募圈。如果根据投资者风险偏好、风险承受能力和资金实力，按照公募、小公募、大私募、私募四个层次来划分股权投资者。

股权众筹是小公募与大私募，既不是面对全体公众的公募，也不是面对小圈子的私募。因为众筹风险大，不是普通老百姓能承受的，但是，众筹的门槛应该比私募低，是针对合格投资者的众筹。

新《中华人民共和国证券法》与正在修改的《中华人民共和国公司法》是否将标准放宽到 500 人到 1000 人？是否在对股权众筹行业的制度设计上，针对非公开发行和公开发行的两种情况进行区分？

四、产品众筹如何规避非法集资的法律问题

我们在前面已经讨论了非法集资的问题，为避免触碰非法集资的红线。我国的产品众筹一般采用"预售 + 团购"的方式，众筹项目向不特定的对象发出以物质产品或精神奖励为回报承诺的要约，一旦获得众筹参与者的资金支持，该要约就转化为一份该众筹项目的预购订单。订单作为合同收到《中华人民共和国合同法》《中华人民共和国产品质量法》《中华人民共和国消费者权益保护法》的保护、规范和约束。项目发起人与支持人之间形成商品厂家与消费者的合同关系，责权利相对明确。

众筹平台在其中的作用，类似于网络购物中的第三方电子商务平台。2011 年 4 月，商务部发布了《第三方电子商务平台服务规范》，但缺乏强制力。众筹带有资助与支持的性质，风险高于一般的"团购 + 预购"，据悉，电子商务立法正在酝酿，也期待相关政策对产品众筹与公益众筹的范畴进行规范。

防控非法集资的核心是保证众筹发起人、众筹项目的合法性、真实性；同时，众筹平台不得为自己或关联企业融资，不得设资金池。

五、我国众筹的征信体系不足

通过陌生平台或者弱关系开展众筹，项目发起人是否存在信用问题？投资者是否存在信用问题？网络两端的双方都很难判断，即使实行领投人制度，领投人也可能同谋。甚至，众筹平台协助帮助筹资者欺骗。

征信体系缺乏是众筹的一大难点。众筹平台游离于央行的征信系统之外，央行的个人征信报告很难调用。目前，大多数众筹平台自建征信数据库，排查项目发起人或者借款人的恶意违约风险。金融机构提供的不良信用记录只在特定的领域内能够看到；司法系统的失信黑名单也需要行为人进入司法程序才能生效。金融大数据还只是远景。由于缺乏用户征信的在线大数据的支持，只能依靠人力，结合线下的手段，采用传统的方法调查项目发起人、众筹平台、投资者的资信，这种风险防控模式方式没有发挥互联网的优势、成本高、效果差。

目前，众筹平台会对项目发起人进行信用审核。但是，一般只能做简单的资质审核，很难评价项目发起人的信用、资产能力。实名认证有助于揭示项目发起人的真实信息，但是，公安系统的个人信息查询，身份识别，其他司法状态信息等还存在着难以打通的障碍，实名认证只能了解发起人的部分信息。对于众筹项目的真实性、市场性、回报的可能性，仅仅通过众筹发起人提供的产品说明书、融资计划书就更加难以判别。

股权众筹平台与股权众筹项目在中国证券业协会备案，应该建立相关的资料库与诚信档案。以黑名单的方式提示众筹发起人或众筹平台的损害投资者信息的行为，进行制裁，而形成威慑。

但是，互联网的优势是信息的链接，众筹的优势是集合众人之力，如果众筹的投资者集合众人之力在网络中对一个众筹项目发起人进行人肉搜索，通过发起人的网络痕迹，是可以勾勒出这个发起人的相对准确完整清晰的面貌的。

从另一个角度而言，虽然众筹没有形成完善的征信系统，没法与央行、司法系统的信用档案链接，但是依托互联网的草根力量也仍然可以搜索众筹项目发起人的信用记录。

不过，这又牵涉出一个新的矛盾：投资者为了保护自己的投资有权利了解筹资者的信息，获得筹资者的网络信用痕迹，筹资者有义务让投资者无孔不入地搜索自己过去与现在的所有信息吗？筹资者的网络个人信息，包括个人资料、肖像、网络活动、网络大数据可以被投资者掌握吗？这是否涉及侵害个人隐私？筹资者和筹资项目没有关系的行为有必要让投资者了解吗？如何区分哪些是筹资者应该对平台、对投资者公开披露的信息，哪些是他的个人信息？一个筹资者在年轻的时候，有过信用卡欠还款或者漏缴个税或者重大交通违规，这是否意味着他在几年以后的众筹就会有信用问题呢？这牵涉征信与隐私的矛盾，也包括筹资者个人信息与众筹项目公开信息边界模糊的矛盾，筹资者过去信用与现在行为的矛盾。建立众筹信用黑名单或者对众筹项目的发起人进行信用搜索如果没有一个底线作保障，那么发起人的隐私很可能受到侵犯，毕竟窥探他人的欲望是无止境的，显微镜到底探多深，我们无法想象。这种考验似乎超出了法律之外，上升到了公共领域的道德层面。

人肉搜索是在虚拟世界开展的一个民间的自发调查，没有人监督，这使得它很容易在网民的集体无意识下，变成一种侵害他人隐私的违法行为。根据国家民法、行政法、刑法的相关规定，个人隐私受法律保护。而人肉搜索通过网络手段将人的姓名、地址、电话号码、车牌号码、家庭状况、图片等公之于世，严重地损害了当事人的利益。

对于众筹的发起人而言，只是发起一个项目，和发起人个人婚姻、家庭有什么关系呢，不能只谈项目本身吗？因此，网络众筹信用制度的建立必须要防范过度曝光。

《指导意见》健全了制度，规范了互联网金融市场秩序，强调了加强信息披露制度，从业机构应当对客户进行充分的信息披露。同时，也强调了网络与信息安全，从业机构应当妥善保管客户资料和交易信息，不得非法买卖、泄露客户个人信息，在信息披露与信息保护中也阐明了具体的尺度。

六、小结

国家鼓励发展互联网金融与众筹，随着《管理办法》与《指导意见》相继推出，明确了债权众筹、股权众筹的监管办法与监管部门。

后续《中华人民共和国证券法》的修改有望在股权众筹的合格投资者界定，股权私募、证券非公开发行、股权众筹的人数界定等有所突破，对股权众筹有所豁免，有助于众筹的持续健康发展。

产品众筹也需要电子商务立法进一步规范。

我国诚信体系不完善，针对众筹发起人的诚信指数，可以通过其互联网的行为痕迹，挖掘其个人信用信息，进行评估，但是，能否造成对众筹发起人个人隐私的侵犯是新的问题。

第七章

众筹，发展趋势猜想

第一节 监管与法律的完善

美国的 JOBS 法案对众筹发起人、投资者、众筹平台有怎样的要求？

法国的参与性融资法令的特点与原则是什么？

英国对众筹投资者的规定是什么？

美国对众筹豁免的方式是什么？

众筹的税收与税收激励的现状与方向是什么？

股权代持在我国的司法实践的方向是什么？

众筹监管的发展趋势是什么？

如何看待众筹的信用大数据与黑名单制度？

文化众筹监管可能有怎样的特点？

一、从海外众筹相关法案说起

针对向特定或不特定的大众公开筹资的众筹蓬勃发展，导致各国政府出台相应法律法规予以规范。意大利成为第一个将股权众筹合法化的国家，美国颁布了 JOBS 法案，为初创企业融资打开了一个新的窗口。各国纷纷颁布相应法案为股权众筹正名，法国、英国等国家对这一新兴的投资融资方式做出反应，也颁布了相应的法令或规则。

意大利

2012 年 12 月，意大利议会通过了"Decreto CrescitaBis"（或称"GrowthAct2.0"），"成为世界上第一个将股权众筹正式合法化的国家"[1]。2013 年 3 月，意大利证券监管机构 Commissione Nazionaleperle Societ à elaBorsa（CONSOB）根据法令，发布了名为《关于创新初创企业通过网络门户筹集风险资本的规定》的实施条例。该条例第一部分第二章定义了专业投资者，并将专业投资者分为了私人专业投资者和公众专业投资者。在之后的多条条文中，又出现了非专业投资者相关规则。从这些条文可以看出，在投资者制度上，意大利采取多层次分类模式，将股权众筹投资者按照不同标准分为几类，根据每种投资者的性质制定不同的规则。

美国

2011 年 1 月，奥巴马政府宣布启动"创业美国"（startup america）计划。2011 年 3 月，美国财政部举行"小型企业进入资本市场"研讨会，提出：放松小微企业与资本市场对接获取成长所需的资本的限制。2011 年 11 月，美国议会通过了一系列经济复兴法案。其中，国会参众两院分别于 2012 年 3 月 22 日和 3 月 27 日通过了 JOBS 法案，并于 2012 年 4 月 5 日经奥巴马总统签署而成为法律。

JOBS 法案允许小微企业通过众筹平台的中介向众多个人投资者募集股权资本；对原来限定众筹只能进行实物回报，不能进行股权回报的融资进行了豁免；将股权众筹平台定义为"网上小额融资交易中介——集资门户（funding portal）"；将投资者扩展到合格投资者以外的群体，有助于拓宽融

1　李玫，刘汗青．论互联网金融下对股权众筹模式的监管［J］．中国矿业大学学报（社会科学版），2015（1）：24-31．

资渠道。这一系列规定有助于促进初创企业融资。

"法案规定众筹发行豁免须符合特定条件，主要包括以下 3 点。

（1）在 12 个月以内，发行人通过各种方式（包括众筹方式）所筹集的金额累计不超过 100 万美元。对股权众筹的发行人一年众筹的总额有限制，就是每一年不得通过众筹平台募资 100 万美元以上。对发行人有信息披露要求，比一般的发行信息披露的要求少。同时，对发行的证券限制流通，要求一年内不能转让。

（2）发行人通过各种方式（包括众筹方式）卖给任何个人投资者的累计证券金额，不超过以下限额：如果该个人投资者的年收入或其净资产少于 10 万美元，则限额为 2000 美元或者年收入或净资产 5% 中孰高者。年收入或者是净资产少于 10 万元美元，一年只能投 2000 美元，原则是假定 2000 美元的损失对投资者的生活不会产生很大的影响。如果其年收入或其净资产中达到或超过 10 万美元的，则限额为该年收入或净资产的 10%，但不得超过 10 万美元。

（3）众筹交易必须通过规定的中介进行。JOBS 法案把对众筹的监管的重点放在了众筹网站上，要求众筹的中介网站或者注册为券商；或者是进行单独的注册，专门注册为集资门户。集资门户重要的功能是监控，要对发行人进行一定程度上的监控，要对投资者的投资金额进行一定的限制等。同时，对集资门户还有业务限制，不能做投资咨询，不能跟发行人有关联，不能自己投资。"

JOBS 法案关于众筹融资的豁免，拓宽了企业小额融资的渠道，但同时，也相应地增加了投资者面临的风险。投资者可能会购买业绩差、没有回报，甚至会亏损本金的企业的股权，投资者也可能会受到发行人的虚假陈述或欺诈。

为此，JOBS 法案也安排了对众筹投资者保护的法律条款。对发起人要求强制性信息披露，我们知道上市公司作为公众公司有信息披露的强制要求，股权众筹由于其公募性质，对开展股权众筹的企业参照上市公众公司的要求。法案也要求众筹中介（众筹平台）也承担监管责任。为了降低投资者的损失额度，法案限制单笔众筹交易的投融资额度。对众筹股权交易中的虚假、误导性陈述和疏忽建立责任条款。JOBS 法案一方面为小微企业开展股权众筹松绑，提高融资效率，拓展融资渠道；另一方面为投资者提供保护，控制投资风险。

法国

2014 年 5 月，法国政府通过了由财政部和经济部联合制定的《参与性融资法令》，将源自英文的众筹正式定义为"参与性融资"（financementparticipatif）。从这一更名来看，法国将其法令命名为融资法令而非金融法令或投资法令，反映了法令以企业的需求出发而不是以出资人的需求出发，体现出法国式众筹的出发点和关键在于企业融资和鼓励创业。此外，以参与性为定语，在"群众"的基础上强调参与，人人都是经济社会的一分子，既反映了法国国民对各项社会事务具有很高的参与度和自觉性的传统，也体现出政府重视和鼓励民众参与的态度——将参与转化为促进消费、生产、企业组织和国民团结的一种重要动力。因此，法国式众筹是一种强调参与的新型融资方式，让每一个法国人都可以便利地为自己的企业或创新计划筹集资金。从该法令的条文上来看，该法令没有专门对投资人设定门槛，而是将该法令中的投资者等同于普通证券中的投资者。这样的规定也更符合法国众筹"全民参与"的理念。

英国

英国金融行为监管局（FCA）于 2014 年 3 月 6 日发布了《关于网络众筹和通过其他方式推介不易变现证券的监管规则》，该规则出台的目的是：为缺乏理解和应对风险的专业知识、经验和资源的散户准备对具有潜在重大资本损失风险的不易变现证券投资时，给予投资者适度的保护。该规则中，对投资者的限制是一个重要部分，要求在众筹平台（或其他渠道）提供该类投资的企业应当只对特定类型的投资者发行。

特定类型投资者包括：

（1）专业客户。

（2）获得建议的零售客户（即在投资推介中能够得到受监管投资建议或从已经被授权人员处得到投资管理服务的零售客户）。

（3）被归类为公司融资相关人或风险投资相关人的零售客户。

（4）被认证或自我认定为成熟投资者或高资产投资人的零售客户。

（5）在该类产品中投资不超过其可投资资产净值 10% 的零售客户。

其中，第 4 项中的成熟投资者的认定方式具体为两种，"一种由获得 FCA 许可的企业进行评估，将具有足够能力来知悉投资活动中所涉及风险的投资者认定为成熟投资者；另一种由投资者自我认定，个体在满足以下任一条件时便可自我认定为成熟投资者：①在此之前至少 6 个月期间，为天使投资系统或其分支机构的成员之一。②在之前两年内，对非上市公司投资一次以上。③在此之前，至少有两年时间在或曾在私募股权投资专业领域工作或为中小型企业提供融资。④在此之前，有两年时间是或曾是一个年营业额不少于 100 万英镑公司的董事。高资产投资人指年收入不少于 10 万英镑或资产净值不少于 25 万英镑的投资者（不包括主要基本住所、以养老金形式获得任何收入以及根据特定保险合同获得的权利与收益）。"[1]

英国的这部监管规则整体来说，体现了监管者的"严管"态度，监管者认为初创企业的成功率很低，股权众筹是一项高风险的投资活动。股权众筹投资者面临的风险几乎等同于从事风险投资的基金等金融机构，在无法为应对风险而制定众筹平台规则之前，只能通过限制投资者来实现风险的控制。

但是，英国在特定类型投资者的评价标准上非常灵活。在认定成熟投资者时，也采取了 FCA 许可企业评估和投资者自我认定相结合的方式。同

1　张雨露 . 英国投资型众筹监管规则综述［J］. 互联网金融与法律，2014（6）.

时，提出了成熟投资人的概念，抛弃资产数额对合格投资者的限制，而通过任职经历或投融资经验来判断投资者是否有足够理性来识别投资活动中所涉及的风险。

从上述 4 个国家的立法经验来看，各国都针对本国股权众筹的发展情况，制定了相应的法令或在原有法令的基础上进行了修改。除法国外，其他三个国家都对参与股权众筹的合格投资者进行了分类。不仅如此，各国也采用了多种参数进行分类，除经济实力外，还采用了专业程度、投资者身份等参数来对投资者设定门槛。除此之外，英国还采用了许可企业评估和投资者自我认定相结合的方式来实现合格投资者准入，具有创新性和实践性。英国的合格投资者认定较为完善，值得借鉴。

众筹的税收与税收激励的问题

在美国曾有人在众筹网 kickstarter 筹集 7 万美元制作土豆沙拉，却被美国国家税务局罚款，因为他没有缴纳 1.2 万美元的税收。众筹领域税收应该如何缴纳呢？什么样的税收政策可以激励众筹呢？

在美国，众筹融资所得会被纳入应纳税所得额。但是，众筹的发起人可以将筹集所得的资金定性为支持者捐赠的礼品，从而无须交税。

我国在众筹税收方面还没有明确规定。如果是企业，在众筹平台开展产品众筹，产品以预售的方式卖给消费者，那么众筹所得相当于营业收入，应该缴税营业税，或者按照营改增的规定缴纳增值税。企业为了生产众筹的产品所发生的支出是可以抵扣的，当然抵扣又取决于生产供应商所开具的发票是否能够抵扣。但是，开展产品众筹的企业常常并不给预购的消费者开具相应的发票，从而规避税收的问题。如果是个人在众筹平台上开展产品众筹，理论上，扣除其为生产产品所支出的部分剩余的所得，应该计入个人所得税。但是，一般而言，个人开展众筹活动的所得都不会去税务部门申报。如果是企业股权众筹，那么获得的资金不属于收入，属于资本金，对于投资者而言也不是消费，而是长期股权投资。所以，在融资阶段，众筹的发起人不存在缴纳营业税、增值税或所得税的问题。

英国为了鼓励投资者参与股权众筹，在税收上提供了两种激励机制：企业投资计划、种子企业投资计划。

企业投资计划框架下，投资者每个纳税年度可以最多投资 100 万英镑，累计可获 30% 的税收优惠，减税额度最高可达 15 万英镑；种子企业投资计划作为企业投资计划的补充，通过该计划，每 10 万英镑投资即可为投资者带来最多高达 50% 的税收优惠，且持有期超过 3 年的股份无须缴纳资本利得税。

美国也有类似的税收激励，《美国的国内收入法》允许向新兴创业企业投资达到 2.5 万美金以上的投资者，从其一般收入中冲销由此投资带来的任何资本损失，并允许资本利得和资本亏损可以冲销，这种冲销甚至可以冲抵 8 年内的资本利得。

我国众筹业蓬勃发展，如何通过税收政策有效激励社会投资者参与，发起人发起众筹项目？英美的做法是一个很好的参考。

对投资者而言，以众筹的方式投资于早期初创企业或者种子项目，投资达到一定额度，可以参照公益捐款的办法给予抵扣部分所得税。如果这样，将有助于个人、企业积极参与众筹投资。但是，实践上也同样存在很多问题：如何认定企业或个人参与投资早期初创企业和种子项目？早期初创企业和种子项目的标准是什么？会否出现以逃税为目的人为的假的股权众筹项目？

当然，捐赠类众筹应该参照公益捐赠的抵扣税方式。但是，目前的公益捐赠抵扣税要求必须通过公益性社会团体或者县级以上人民政府及其部门，通过捐赠众筹平台显然不行；并且国家规定抵税的公益捐赠只能用于《中华人民共和国公益事业捐赠法》规定的公益事业，很多捐赠类的众筹项目也无法纳入。

对产品众筹的发起人，众筹资金是用于产品研发设计制作，如果按照产品众筹本质上是一种"团购＋预购"的理解，那么，产品众筹资金相当于预收款，一旦发生产品交割，应该确认收入，作为营业收入缴纳营业税，或者按照营改增的行业，缴纳增值税。但是，电商缴税一直以来问题很多，产品众筹缴税也存在一系列的操作问题。

股权众筹的豁免问题

股权众筹是以股权回报向公众筹集资金，如果是面向公众，就是公开发行股票，属于证券法的监管范围。在美国，向公众募股必须注册，中国在还没有推出注册制之前，必须到证监会审核。目前，我国的股权众筹为了规避非法公开发行股票的法律风险，在实践中并不面向公众，而是把募集对象限制为少量的特定的合格投资者，所以，名义上是股权众筹，本质上是股权私募。要想真正地达到向公众募集小额资金的目的，证券法必须对股权众筹的公募实行豁免。

JOBS法案在第三章专门设置了众筹豁免。解除了对创业企业不得已"一般劝诱或广告"方式非公开发行股票的限制，规定可以通过公众集资进行证券发行或销售。对发行者一年内销售证券的总额予以限定不超过100万美元，对投资者的投资额度也予以了限定。

此外，股权众筹网站即股权众筹平台，如果为股权众筹项目的发起人销售股票，就属于证券承销；如果为股权众筹项目的发起人推介股票，就属于证券投资咨询。证券承销和咨询业务都必须要经过许可，众筹平台不具备证券承销商资质，大多数也不具备证券投资咨询资质。网站开展证券承销和投资咨询，在法律上有很多限制，也需要豁免。

JOBS法案对众筹平台也予以了一定豁免，平台无须登记为证券经纪商。但是，也在4个方面对众筹平台予以了限定。第一，众筹平台仍然需要接受证券交易委员会的审查、执法和其他规则制定部门的监管；需要注册成为全国性证券交易协会的成员。第二，众筹平台不允许投资自家平台上销售证券，自家平台的企业和项目，不允许向投资者提供意见或建议，开展咨询服务，不能代持或者管理投资者的资金；第三，平台的内部人员不允许通过平台的交易获利；第四，平台对于众筹的投资者有风险提示义务，对交易过程有信息披露义务。

我国的《管理办法》要求专门提供众筹平台服务的机构净资产不得低于 5000 万元人民币，对风险提示与信息披露也有要求。今后，《证券法》修订中对于股权众筹平台还应有更翔实的要求。

JOBS 法案美国证券法，对私募豁免实际上经历了漫长的演变过程。最早 1943 年确定了非公开发行豁免，即如果发行人采取非公开的方式向特定的合格投资者募集资金，可以豁免。所为合格投资者，在美国法律理念中就是自己可以保护自己的人，非公开发行的对象应该是能够辨别风险，能够保护自己的人，就是成熟投资者的概念，主要有三个维度，财富水平、投资经验、承担风险的能力。但是，投资经验、承担风险的能力都是主观指标，客观上难以衡量。所以，1980 年 SEC 提出的新概念是获许投资者，获许投资者的标准就是财富水平。例如，年收入 20 万美元以上就是获许投资者。虽然财富并不等于他能够辨别风险，但是，财富水平表明能够承担一定的损失，它更客观。假设，投资者有 20 万美元，把 20 万美元都投资了，这个时候出现巨大损失，投资者就没有办法保护自己。因此，众筹豁免不仅规定了投资者的财富水平，也规定了投资者的投资额度，把原来获许投资者仅仅限定投资者的财富水平转移到了投资者的投资额度。年收入 10 万美元，每年只能投 2000 美元，对投资者的风险承担能力进行了限定（其实，JOBS 法案对我国的证券市场实践也有启发意义，我们的融资加杠杆业务的核心就是没有考虑投资者的风险承担能力）。从理论上讲，这比原来合格投资者的概念能够更好地保护投资者。因为他暴露的风险的范围是有限的。

因此，对我国的证券法修订，据悉草案已经加入股权众筹的豁免。建议豁免的条款应更加尊重股权众筹的本质，从这个角度对投资者、发起人、众筹平台进行限制，尤其对众筹网站进行严格的监管。

对于债权众筹，在中国因为一般众筹平台提供了担保，承担了信用风险，更像影子银行，所以，交给银监会监管，据悉，银监会也在出台监管规则。

公司注册与股权代持的问题

股权众筹，既然是"众"筹，就说明股东数量非常多。公司法规定有限责任公司的股东不超过50人，非上市的股份有限公司股东不超过200人，对公司股东人数进行了限制，超出股东人数限定的众筹如何安排注册呢？

（1）委托持股（代持股）。我们已经讨论过显名股东与隐名股东的问题。2014年，《非上市公众公司监管指引第4号—股东人数超过200人的未上市股份有限公司申请行政许可有关问题的审核指引》的出台提出了一些解决方案（详见"股东超200人"公司挂牌新三板的解决方案及案例分析）。在这种模式下，一部分股东不亲自持有股份，若干个人委托一名股东代持股权，在工商登记里只体现该显名股东的信息。

（2）持股平台持股。虽然一个有限公司的股东不能超过50人，但是，没有规定一定是自然人，可以是企业法人。那么，即使众筹的股东多达2500人，也可以每50人设立一个有限公司，成立50个有限公司，再由这50个有限公司作为50个持股平台，共同发起成立一家最终运作的有限公司。

对于每一个持股平台，50个众筹股东把资金投入持股平台；然后，持股平台再把汇集的50名众筹股东的钱投入到最终运营的众筹公司。这样，每一名众筹的自然人不是众筹公司的直接股东，而是通过持股平台成为众筹公司的间接股东。每50个众筹的自然人股东在众筹公司里只体现为一个持股平台作为股东。当然，持股平台可以是有限责任公司，也可以是有限合伙企业。现在，由于有限合伙企业的穿透税制，避免了所得税的重复缴纳，所以越来越多的人用有限合伙企业作为持股平台。

案例分析：“股东超 200 人”公司挂牌新三板的解决方案及案例分析

14 家股东超 200 人股份公司进入证监会合规性审核程序。

“公司股东人数超 200 人问题一直是证券、公司层面实务操作中一大难题。《非上市公众公司监管指引第 4 号—股东人数超过 200 人的未上市股份有限公司申请行政许可有关问题的审核指引》的出台，为该类公司的规范提供了细致周详的可操作性方案，根据该指引，合规性审核要求主要包括以下四项：一是公司依法设立且合法存续；二是股权清晰；三是经营规范；四是公司治理与信息披露制度健全”[1]。

根据证监会网站公布《非上市公众公司行政许可事项审核工作流程及申请企业情况》目前已有 14 家股东超 200 人的公司申请证监会合规性审核并进入审核程序，其中 10 家通过审核，1 家中止审核、1 家终止审核，另外 2 家还在审核过程中。

江苏省铁路发展股份有限公司（简称“江苏铁发”，代码：430659）于 2014 年 3 月 28 日在新三板挂牌。根据公司公开资料显示，截至 2013 年 9 月 30 日，该公司有法人股股东 21 人，持股比例 78.45%，社会公众股股东 11491 人，持股比例 21.55%；股东人数合计 11512 人，总股本 14,674.31 万股。江苏铁发成为全国股转系统设立以来首家挂牌时股东人数超过 200 人的公司。

产品众筹模式的法律含义是什么

按照民法，我们可以将产品众筹模式视为附条件的预购合同。条件为项目成功与否。如果成功，投资人可以以较低的价格享受商品或服务；如果失败，发起人有义务返还项目投资资金或按照众筹协议的

1　马婧妤. 首家股东超 200 人公司挂牌新三板［EB/OL］.（2014-03-28）［2015-11-12］. http://news.cnstock.com/news/sns_gw/201403/2966225.htm.

约定支付一定补偿。对于投资人而言，以低于公允价值的价格去获取商品或服务的利益与发起人违约时损失部分或全部预付款的风险是平衡的。发起人不能在筹资期间向投资人承诺到期给予一定的商品或服务，尽管发起人在众筹项目发布时，说明了实物回报内容，但该等回报存在不确定性。

产品众筹合同可以理解为发起人以众筹平台为媒介向潜在购买者展现产品、服务、项目、回报及回报前提，并告知购买人相应的资金需求、期限和金额的，发出附条件预购合同的要约，而支持者以网上支付的方式向众筹平台指定的收款账户支付预购资金，可视为接受附条件预购合同要约的承诺。

产品众筹形成的预购行为，发起人获得的支持人的预收款是一种债务，双方形成是《中华人民共和国合同法》上的债权债务关系，在众筹项目失败时，需要返还资金，并进行赔偿或补偿。

众筹的信息披露、第三方评估与担保问题

众筹的投资人难以知晓所参与的众筹项目的进度及成功与否。

众筹平台由于不承担返还或者赔偿责任，也缺乏对项目进行后续监管的利益和风险动力，况且由于发起人及众筹项目的广泛性与分散性，以及众筹平台自身人员、能力等各方面的限制，众筹平台也难以实现对项目及资金使用的监管；而同样地，由于缺乏明确的法律规定和要求，发起人也没有提供项目进展和资金使用情况的意愿。

相关主管部门应该借鉴股权众筹的信息披露制度，出台产品众筹的信息披露制度，要求产品众筹的发起人必须在众筹网站上披露项目进展、资金使用情况说明。当项目发生重大变化时，如预计项目可能失败，应聘请专业机构发表意见，并就项目实施专项审计。

目前已经出现了专业的众筹第三方评估机构，建议在众筹项目发起前，应该聘请第三方评估机构对项目风险进行整体和专项评估，众筹平台

有义务在公布众筹项目时同时发布评估信息；众筹平台应当根据项目风险，设定具备相应风险承受能力的合格投资人的门槛及标准，并仅允许和接受合格人的投资；对于高风险项目，众筹平台必须要求发起人寻找第三方担保机构为项目失败时的赔偿或返还责任提供担保，否则不予挂牌众筹项目信息。

众筹平台的取酬

众筹平台在众筹模式中接受发起人或投资人的委托，为双方提供了订立众筹合同的媒介服务，在法律上应该被视为居间服务，众筹平台就是居间人。居间人促成合同成立的，委托人应当按照约定支付报酬。对于服务报酬，众筹平台会与发起者事先约定：众筹平台在服务过程中，应当享有的回报，这部分一般由发起人承担。

众筹平台应当明确服务费收取的标准，是项目筹资成功之时众筹平台即完成相关服务，还是必须等到项目成功实施后才能作此认定。若是前者，则只要到期筹集到足额的资金，众筹平台即可扣除一定比例的服务费，而投资人的投资资金则应置于银行的监管账户中；若是后者，则众筹平台的服务应涵盖项目成功，众筹平台不仅要监督发起人获得资金后的正确使用并确保资金使用的公开透明，还可能对项目自身的因素承担责任，从而超越了众筹平台的能力范畴并会为投资人的决策行为埋单。诚然，鉴于信息不对称等诸多因素，在制度设计时确实应对投资人进行适度的倾斜，但考虑到众筹平台的实际监控能力及众筹模式的长期发展，不宜将平台机构的责任过度放大，因此，如需在众筹平台监管义务和投资人自担风险之间取得平衡，建议众筹平台分阶段收取服务费。收费的阶段标志为筹资成功、项目实施、项目阶段进展和项目成功。

网络众筹信用档案与黑名单制

众筹的信用基础是基于互联网的大数据。淘宝网，通过交易发货记录与买家点评建立起对商家的网评机制，买家的评论与口碑形成对商家的不良行为的一定程度的遏制。网购的信用评级系统，是建立在店家长期交易的基础上，一方面店家长期交易才能积累信用数据，另一方面店家采取长期行为，才会注重自己的经济行为与信誉，遵守商业道德。

目前，众筹的发起人大多数是一锤子买卖、偶然性交易，可能没有足够的动力和远见来约束自己的行为，保护自己在众筹圈内的声誉。因此，众筹的信用大数据不能仅仅是封闭在众筹圈内的信用档案。

阿里巴巴集团的大数据在蚂蚁微贷开展各类衍生业务时，发挥了重要的具有信号意义的指引作用。如何建立一套基于全社会的、翔实的、开放的、便于检索与评价的众筹发起人、众筹项目、众筹投资者的信用数据库，是众筹健康发展的核心，这与我国的诚信档案建设也是息息相关的。

阿里小贷网面向阿里巴巴平台的商家，通过全面采集商家的经济活动的数字化信息，建立了阿里小贷网的分析商家现金流、还款能力与信用水平的数据库，从而确定对商家不同的信用额度。以具备一定品牌的阿里巴巴商家的店铺经营权与店铺信誉作为贷款的隐形保障，敢于提供无抵押贷款。数据分析与声誉的隐形抵押保证了阿里小贷网的坏账率很低。

如果把阿里小贷网的模式扩大，在更大范围内采集众筹发起人，无论是企业，还是个人的经济活动信息，不管是银行理财、还是企业经营，不管是个人消费、还是企业投资，都被数字化。像阿里小贷网在阿里巴巴商业平台上获得的信用数据一样，众筹的投资者可以获得众筹发起人的经济与信用的数据，通过计算机预先设定的程序，对各类指标及其权重按照科学的算法，进行自动打分评价。那么，众筹发起人的信用可以有一个相对客观的评价。

同时，由于每个人、每个企业的经济行为都被作为信用记录，而信用记录可以被查询共享后，每个人、每个企业的信用成为其最重要的无形资产。今后，开展的各种经济活动都是以信用记录为参照系数的，会高度重视对信用记录的保护，信用成为金融交易中最重要的无形抵押品。这也将大大提高全社会的信用等级。

但是，这是一项庞大、复杂、漫长的系统工程，如何实现数据采集的标准化、获得数据方式的多样化、数据积累的共享化、数据处理的自动化等都是需要克服的难题。

《管理办法》提到中国证券业协会拟建立股权众筹黑名单制度。如果"股权众筹中介机构、众筹平台及融资者的举措属于禁止行为，则相关当事人将被列入协会黑名单。根据其违规程度，处以最短 6 个月，最长为永久进入黑名单"[1]。

二、众筹监管的趋势

众筹监管包括 4 个方面：

（1）技术监管。众筹的技术基础是互联网，因此，我认为未来基于大数据、基于算法、基于模型的自动监管将越来越广泛。

（2）民间监管。众筹的特质是互联互通与共建共享，因此，我认为基于众包协作的，基于众筹参与者草根精神的民间自发监管将越来越广泛，但这种监管与隐私保护存在矛盾。

（3）政府监管的变化。众筹是互联网金融的一种形式，传统融资的补充，政府对众筹会鼓励创新，在监管上也会发生一些变化，我认为会更加注重各种程序的合法性、规范性，注重交易行为的合法性、合规性，注重投资者风险教育，弱化行政审批、弱化事前监管。

（4）多层级的监管。今后，对众筹的监管应该是政府监管、行业协会监管、众筹机构自律监管、投资者联合维权监管、众筹部落民间监管相结合。

1　朱丹丹.投资者门槛有望降低 股权众筹拟建立黑名单制度[J].商，2015（4）.

部落监管

文化众筹的监管，又有其特点。笔者认为监管包括 3 种类型：

（1）基于信仰的、价值观的监管。如，宗教对信徒的监管，信徒会把外部的监管自觉地内化为自身的行为与态度，佛教徒不能吃肉，大部分和尚即使在没有人监督的情况下也不会吃肉。

（2）基于市场的、理性的监管。例如，摊贩基于朴素的博弈论知识知道如果想在一个菜市场里长期经营，不能总是卖假货。

（3）基于强制的、外部的监管。例如，早期的工厂主监督工人干活，有人使用武力。

文化众筹的优势是围绕文化名人、文化产品、文化项目形成文化众筹部落，本身有较高的信任度，文化名人的信誉成为抵押的无形资产，文化部落的价值观认同形成基于文化的内在监管，文化众筹发起人如果获取了对自己或自己的项目有兴趣、有忠诚度的潜在用户或者粉丝，获取了他们对自己价值的认可，并通过互联网的黏性进行频繁的互动，形成了有信任、有情感、有共享价值观的社群或者说是部落，形成了一种特殊的社群监管或者说部落监管，对于这个发起人而言，产生信用问题，可能失去整个部落，出于情感，出于理性的计算，都会更加注重自己的部落信用。文化众筹的监管更多地可以发挥我们前文所分析的非正式控制的作用。

三、小结

根据意大利、美国、法国、英国对众筹的相关法规，本书认为，我国对非法集资、非法公开证券发行与公司注册人数的限定，随着《中华人民共和国证券法》与《中华人民共和国公司法》的修改，对众筹将有附带条件的豁免，众筹可以公开的进行债权与股权募资，并放宽对母子人数的要求，但会从投资者的财富水平、风险承受力、投资成熟度等指标限定合格投资人，并对小微企业众筹融资的总额进行规定，从而控制投资人的风险水平。

从鼓励众筹投资出发，今后应该在税收上鼓励投资人以众筹投资额在一定条件下抵扣所得税，可借鉴英美的做法。

本节的重点是从众筹项目的发起人与投资者及众筹平台的经济法律关系、合同签署、资金划拨、赔付、信息披露、第三方评估与担保、众筹平台的取酬方式等方面，梳理产品众筹所涉及的法律概念，并提出了减少各方风险的法律建议。

众筹监管的提出，基于互联网、大数据、金融算法的技术监管，基于众筹投资者众包协作的民间监管，基于法律法规、程序控制与投资者教育的政府监管，以及包括行业协会、媒体监督的多层次监管是众筹未来监管的方向。

其中，文化众筹可以发挥众筹部落的作用，形成基于价值观、基于社交互动的特色监管。

第二节 众筹的未来趋势猜想

产品众筹带来哪些变革?

文化众筹,注意力资源为何重要?

人人金融时代是否到来?

股权众筹如何改变?

众筹平台未来怎样发展?

众筹的生态系统怎样构建?

众筹精神是什么?

众筹思维是什么?

一、产品众筹带来的变革

产品众筹将生产流程从"自筹资金——生产——销售——回笼资金——再生产"的商业模式转变为"预售——回笼资金——生产——发货"的新商业模式。这一生产流程的变革,将销售置于生产之前,将回笼资金置于生产之前，解决了创业企业最难的两个问题：产品生产的资金从哪里来？产品生产后如何卖出？让创业企业真正凭着创意，可以无须传统投资，吸引消费者预付款完成"白手起家"。这是众筹对大众创业、万众创新最大的价值。

产品众筹实现了按需生产，改变了原材料采购、原材料库存、生产加工、产成品库存、产成品销售的生产仓储模式，降低了库存，打通了经销渠道，减少了仓储物流成本，避免了库存积压，避免了产能浪费，减少了生产中的不确定性。同时，生产者可以根据消费者的需求进行生产的调整，将需求信息导入生产流程的各个环节，进行小批量、多品类的柔性生产。

产品众筹通过众筹平台测试产品的概念、设计、功能、价格，根据众筹平台的反馈，决定是否开展批量化生产，是否进行研发设计调整，甚至决定是否开展这个项目，改变了研发设计模式。避免了资源浪费、提高了研发成功概率，测量了市场，实现了以消费者为主导的研发、设计与生产。

产品众筹改变了生产者与消费者之间的关系，使得消费者成为生产者的一部分，消费者参与研发设计，通过与生产者的互动，以群体智慧推动产品进步。Producer 生产者与 Consumer 消费者，合并成一个新的单词 Prosumer。我为它起一个名字"消产者"，以消费参与、引导生产的人。

产品众筹满足了在一个多元化、强调个性的时代的消费者主权——我的消费我做主。消费者可以更好地满足个性的、定制化的、符合自身需求的产品，而非传统的大众、批量化的、标准化的产品。这是新的消费者权力，不仅可以定制，而且拥有一个自己的供应商，自己的经济体系。

产品众筹基于互联网的传播、社交圈的联络、粉丝的忠诚与病毒式营销，改变了传统的营销广告模式，甚至使得传统的广告走向消亡。

产品众筹将形成一种新的人与人之间的社交模式，产品众筹的出资人是梦想的支持者，他们可能不会为了产品的质量、功能、价格而出资，可能为了产品众筹发起人的新奇的想法、理念、梦想，带有捐助与联合实验的目的。围绕在一个产品、一个创新的想法周围形成了一种有情感、有包容性、有理想精神的社交圈。正如 Kickstarter 的创始人所说，每一个项目都是一个故事，都是人与人的沟通，它可能实现一个梦想，从中看到的是真诚、希望和汗水。

产品众筹最终将影响文化，鼓励创新与创业的文化，重构消费者与生产者关系的文化，平等、自由、开放、诚信的文化。

二、文化众筹，从注意力资源到兴趣资源

我们前文说过，经济是研究稀缺资源的有效配置，当代信息不是稀缺资源，相反信息过剩，注意力成为稀缺资源，因此，当地经济是注意力资源经济。文化产业的优势是文化名人、作品、项目，借助大众媒介、小众媒介与社交传播，可以激发受众兴趣，吸引受众注意力。

当智能技术大量替代人力劳动，把生产力从雇佣劳动中解放出来，被解放出来的人在寻找新的意义和社会归属感，今天越来越多的年轻人不愿意在市场分工下从事重复的刻板的工作，而希望展现自己的个性、才华、创意，挖掘自己生命的可能与潜力，获得超越物质之上的精神激励。所以，兴趣成为生产创造的驱动力。

今天，我们认为完全没有兴趣的强迫劳动是难以接受的。明天，我们的孩子也很难想象，我们今天从事的工作趣味性不足。在笔者接触的 90后的年轻人中，兴趣在他们选择工作的指标排序中已经大大提升，至少比我们那一代人要靠前得多。相信 00 后，兴趣可能会成为他们选择工作的第一要素。越来越多的人从被动的消费者变成主动的生产者或者我们所说的"消产者"，是为兴趣而生产的"业余者"（amateur），这个词来自拉丁语的爱人（amator）一词，动词是"去爱"（amare），是兴趣的力量。正是卡尔·马克思所设想的劳动从非自发的有偿劳动变为在所喜欢的领域谋求成就。

一个文化众筹项目能否成功，乃至整个文化项目能否成功，取决于它

能否创造消产者的兴趣，能否形成并集聚兴趣资源。随着众筹越来越普遍，越来越多的人成为众筹的发起人，为自己的梦想、创意、产品、才华众筹资源、资金，与支持者互动，以互惠共享的方式完成一个产品、一个项目、一个构想；越来越多的人出于兴趣，参与众筹支持梦想者的创意，以消产者的身份消费自己投资的自己参与设计的文化产品，获得精神满足。在这样的浪潮下，一个社会中能够创造价值的核心资源是兴趣，兴趣成为影响产品、企业、消费与生产越来越重要的因素。

在 2015 年暑期，《捉妖记》《煎饼侠》等片连续刷破票房纪录。据一位朋友反映，很多粉丝在过去的两周里不只是去影院看一遍电影表达支持，而是看了一遍又一遍，在两周内把同一部电影看几遍，这已经不是在看情节，而是在表达情怀。

文化众筹以共同兴趣为纽带，改变了传统的粉丝经济。传统的粉丝经济，是粉丝消费，粉丝消费文化明星、作品、项目；文化众筹是粉丝投资，投资我喜欢的，并分享我投资的。

当文化分裂成若干个碎片，不是仅仅大明星才拥有粉丝，一个博客大 V，一个旅游达人，一个养了很多宠物的妈妈都可能成为某一个基于兴趣的文化部落的名人，拥有对自己感兴趣的粉丝。他们之间围绕着共同的兴趣协同生产、共享消费，形成不同的生活圈，如同神话与血缘成为远古部落的联系成员的纽带一样，兴趣成为现代的虚拟的社群的共同的思想与心理意识。整个社会成为无数个彼此交叉的志同道合的兴趣小组的集合，每一个人在若干个兴趣小组中，就像今天我们在若干个微信群中一样。这也最接近马克思在共产党宣言中所阐述的自由人的联合体。每一个人都是自由的，在联合体中仍然是自由的，而且没一个人可以通过联合体获得自己的自由，个人之间的联合实现个人的全面发展，并确保个人的自由。

汪丁丁在《自由人的自由联合》一书中提出，互联网提供了实现自由人的自由联合的最终技术条件，但这一条件代替不了自由人的自由联合所需要的道德条件。

确实，互联网仅仅提供了自由人互联互通构建自由联合体的基础，但是，我们看众筹的所形成的有共同兴趣、共享价值观，共担风险、共同协作、共创利益的机制与文化，以及所形成的动态的社群关系，或许可能构成一种自由人自由联合的重要条件。

三、债权众筹，人人金融

投资者参与债权众筹，不像参与产品众筹、捐赠众筹、股权众筹那样，以兴趣为重要因素。参与债权众筹，得到的是本息，既不像参与产品众筹，可以参与产品设计，获得自己喜欢的，体现自己存在感的产品；也不像股权众筹那样，投资初创的企业或者项目，随着企业或者项目的成功，分享超额收益；也不像捐赠众筹那样，支持自己喜欢的公益项目，获得一种帮助他人的幸福感。债权众筹的收益是双方事前约定的、是刚性的、是纯粹货币化。因此，债权众筹最具有金融属性。

债权众筹的发展最大的意义在于对人人金融的探索。

人人金融并不是指个人对个人的金融，而是指任何一个个体，不管是企业、还是个人，只要有融资需求，都可以在网络上发布需求，有网络帮助利用大数据与算法，评估信用，选择与之配对的人，实现直接的、不需要金融中介环节的、实现资金跨地域、跨时间、跨主体的融通。

更重要的是，这种资金的融通是没有门槛限制的或者低门槛限制的，融资者与投资者是平等的。同时，信息也是公开透明的，投资者知道自己的钱借给了谁，贷款者知道自己向谁借了钱，形成一种新的、普惠的、民主的债权直接融资市场。

债权众筹如果可以实现健康长期发展，将极大地影响传统的银行、信托等金融中介机构，倒逼它们发展成为生产专门金融知识的、帮助用户搜集信息并计算风险与收益的、提供真正服务功能的金融机构，回归服务本质，而不仅仅是依靠牌照资源的中介。

四、股权众筹，所带来的变革

股权众筹对初创企业融资的益处，在前文已经分析，主要有降低了融资门槛、开辟了新的融资渠道，让初创企业项目、早期企业项目不再受到融资的规模排斥与所有制排斥，更加平等，更加市场化地融资；并在融资的同时，测试市场，了解消费者需求、调整业务与产品，获得投资者的智力支持，获得社会关系网络，整合社会资源，提升品牌信誉。

股权众筹对于资本市场而言，丰富了资本市场的层次，股权众筹的过程，就是包括货币、注意力、信息、关系网络、市场等要素围绕一个初创企业、一个创意项目的配置与重组的过程，体现了资本市场配置资源的效率。由于股权众筹的对象一般指向企业或具体项目，真正体现了金融服务实体经济，而非虚拟经济空转的价值。股权众筹的方向可能发展成为五板市场，也可能成为地方股权交易场的网络版，即网络上的四板市场。

如同股票市场一样，股权众筹自身不仅形成股权众筹的一级市场，投资者对股权众筹发起人的交易市场，即投资者与发起人之间的资金与股权转让的市场；也将形成股权众筹的二级市场，即投资者之间彼此转让股权的市场。

投资者获得的众筹项目或企业的股权，可以通过股权众筹的二级市场转让退出，可以通过企业并购退出，也可以通过新三板及其他高层级资本市场退出。

股权众筹的出现对现有的私募股权投资基金也会带来深远影响，笔者认为"领投天使基金"将大行其道，私募股权的募资，即有限合伙人招募也将众筹化。一部分专注于早期项目、种子期项目的天使投资者，将转化为众筹的领投人，甚至发起专门的领投基金；一部分私募股权基金的募资，将通过众筹的方式进行，私募股权基金的有限合伙人有人数限制，但可以通过设立多级持股平台或者代持的方式规避，通过向更多的人募资，减少募资难度，扩大募资规模。

很多股权众筹平台也将转化为私募股权投资基金的项目挖掘平台、项目测试平台、项目孵化平台。很多私募股权基金将给予股权众筹平台知识、技能、渠道支持，协助股权众筹平台挖掘创业公司、调职调查项目、风险控制、协助股权众筹项目对接其他层级的资本市场，作为价值互换，也通过股权众筹平台的网络资源、信息渠道了解更多的项目信息。同时，将投资项目在股权众筹平台上展示，通过社会普通投资者的参与热度判断项目的市场状况，为项目造势宣传。甚至可以通过股权众筹众多的参与者，整合更多的社会资源，为投资项目的发展助力，达到项目孵化的效果。

领投人也将产生分化，除了金融领域的领投人，针对具体项目，会出现专门领域的领投人。我们知道领投人，是在某个专业领域的专家，利用其专业知识、在该领域内的经验、人脉、资源、信息等，在投资前，对该领域的股权众筹项目进行专业的分析判断，确定项目的可行性、投资价值、市场估值；在投资中，领投人可以进行与股权众筹发起人的谈判，确定股权众筹的价格、股权释放比例、一系列的合作与监督条款；在投资后，领投人可以发挥自己在该领域内的资源优势，为所投资的企业项目注入资源，提供管理支持、社会关系网络等协同作用，帮助企业项目成长。传统意义上的领投人一般是金融界人士，尤其是有天使投资经验的人。但是，众筹项目是五花八门的，需要不同专业领域的知识，有时专业领域知识的作用大于金融投资知识的作用，专业领域的资源与人脉的作用大于金融领域的资源与人脉。例如，一个电影创意项目，如果能获得一批业内电影人的领投，会好于一个金融投资者的领投。所以，今后专业人士可以发挥自己的优势，成为自己所专注领域的领投人，带领社会普通投资人投资项目，分享超额的投资收益。

一个众筹项目的发起人——一个创意者与梦想者，一个该领域的专家——帮助实现这个创意与梦想的领投人，一群粉丝或支持者，共同构成一个"领投＋跟投"的众筹格局；既有富于创新精神、有梦想的众筹发起人；又有专业经验的领投人作为导师；还有群策群力的粉丝，共同形成一个众筹部落，共同孵化，帮助梦想成真，从而使所有的人在这个梦想成真的过程中，获得经济利益，获得精神满足。

五、众筹平台的方向，大平台与细分垂直

京东产品众筹已经牢牢占据产品众筹的第一梯队，腾讯、阿里、百度、苏宁也已进军众筹，互联网具有马太效应，胜者通吃，平台的价值是平台用户数量的平方，越是大平台，越容易把注意力资源转化为众筹资源，因此，这些互联网第一阵营的企业开展众筹，优势明显。目前，众筹平台鱼龙混杂，还属于野蛮生长阶段，随着这些互联网大平台的进入，众筹平台也将经历一轮关停并转，从春秋走向战国。

与大平台相对应，垂直众筹平台将成为市场缝隙的填充者，针对专门领域、特定人群。

今后，众筹平台可能出现3种分工趋势。

（1）互联网大品牌发展的众筹平台，在电子智能装备上领先的产品众筹平台——京东众筹，有依附于阿里巴巴互联网资源体的阿里众筹。

（2）在某一细分领域的垂直度高的小平台，满足文化部落人群的个性化需求，形成独具特色的社区文化。

（3）专业化金融机构发展的众筹平台，如专业化地依托天使投资基金、私募股权投资基金、大型金融机构或品牌领投人的股权众筹平台；专业化地依托P2P借贷平台与其他金融资源的债权众筹平台。我认为股权众筹与债权众筹，与兴趣导向的产品众筹不同，是以信任导向的，是以互联网为手段的金融，因此，最终将以金融经验、资源与理念取胜，而非互联网技术。所以，最后胜出的股权众筹平台与债权众筹平台应该依托相应的金融机构。

六、众筹服务机构与生态系统

生态系统是特定区域内的所有生物形成的系统，包括它们相互作用的物理环境，是由生物有机体、空气、水以及其他资源组成的集群。生态系统不仅仅是种群的集合，也是由相互影响并不断变化的有机物、无机物以及自然力组成的系统。

正像自然界中每个生物群落都是由一定的植物、动物和微生物种类组成一样，一个成熟的产业也应该包括不同规模、不同特质的、相互关联的、既有竞争、又有合作的企业系统。就像我们前文分析的未来众筹平台将呈现 3 类分化，基于互联网大平台、基于金融专业机构、基于垂直细分市场的 3 类不同规模、不同特质的众筹平台，还包括诚信与信用评估机构、风险评估机构、担保机构等专业化的众筹服务机构。形成一个群落秩序并不断寻求新的平衡，一个不断演化的产业生态群落，共同为投资者、融资者提供服务。

生态系统的价值是每一部分的进化都会相应地带动其他部分的发展，从而形成系统内发展进步的良性循环，最后导致整个生态系统的竞争力不断提高。政府对于引导与构建生态系统，应发挥适当的作用，既不能用闲不住的手过多干涉，把丰富的有内生性的热带雨林式的生态系统变成整齐划一的庄园生态系统，也不能听之任之。对于还没有形成发展路径与模式的众筹，可能会出现从"一哄而上"到盲目过热的"一地鸡毛"的乱象，这需要在鼓励金融创新的基础上，通过政策法规与诚信体系来建设和保护产业生态。

热带雨林系统得益于热带炎热湿润的气候，充沛的降雨量和温热的气候适合多种动植物的成长。因此，培育"热带雨林式"的产业生态系统的关键是营造气候环境。包括技术、数据的基础设施环境、诚信、开放、共享的人文环境，制度环境。

众筹的外部评估与监测体系是规范发展的重要内容。美国，股权众筹的投资者的财务审计依托于完善的税务申报与核查体系，我国就很难根据一个人的个税缴纳情况判断他的收入与身价；同时，对发起众筹计划筹集10 万美元至 50 万美元资金的公司的财务判断，一般采取额外步骤——聘请独立的注册会计师审查其财务报表。但是，我国还缺少服务于众筹市场的专业会计师机构。并有专门的调查机构可以对参与众筹的初创公司的管理人员、董事及持有 20% 以上股份的股东进行背景调查。

此外，海外的众筹还可以通过以下两个方面获得资讯与进行监督。

（1）社交媒体外部监督。在美国，曾有一桩这样的事件：众筹平台 Kickstarter 取消了 Little Monster Productions 公司为一款称为《神话：神和人的故事》（Mythic: The Story of Gods and Men）的游戏启动的众筹融资活动。据社交新闻网站 Reddit 在线社区成员透露，Little Monster Productions 公司原来是从另一个游戏网站上盗取了一些游戏图像。在 Kickstarter 关闭这项众筹融资活动之前，Little Monster Productions 公司已获得总计达 4739 美元的融资承诺，其目标是筹集 8 万美元。Little Monster Productions 公司从未收到这些钱，而揭露罪犯的功劳可归功于社交媒体。发挥众筹的社群优势，由网络的数百万双眼睛来审查众筹的初创公司与项目发起人，比一般的借助于人力调查的监管机制更有效。

（2）完善评估体系。免费网站 Justia.com 可以搜寻一家公司是否曾遭到联邦诉讼，使用法律图书馆提供的法律信息服务万律（westlaw）及律商（lexis），可以了解一家公司或负责人是否曾经遭到起诉或仲裁。在 LinkedIn 及 Facebook 网站上可以查看初创公司高管的个人资料，然后独立核实信息。我国的互联网的世界里，信息壁垒较多，这里也许谷歌的理念是有价值的，让人们有平等的了解信息的权利，每个人都有联网权与知情权，这是互联网精神的表现。

除了资讯与监督服务，担保、法律、风险管理、信用数据采集、存储与挖掘等各种专业化服务机构都是众筹生态系统必要的成员。

七、众筹理念与众筹思维

众筹的意义与价值不仅仅是我们前文在产品众筹、股权众筹、债权众筹所带来的变革中所列举的那些内容，当然那些内容已经足够丰富、足够庞大、足够深刻。

笔者认为众筹最重要的不是一种产品团购与预购的模式，不是一种创新的投融资模式，不是一种普惠民主的人人金融，而是一种理念，在这种理念下所形成并可能深入人心的一种思维。

概括地说，众筹是以兴趣为先导，以信任为基础，以互联网为纽带，以资源互换与利益共享为本质的协作型交易。

观念也是生产力，解放观念就是解放生产力，众筹的理念是互换、是分享、是协作。如果说互联网提供了"链接"的功能，实现了人与人之间更加便捷的互换、分享、协作的技术基础，人们具备了更加便捷的互换、分享、协作的条件，那么，众筹理念或者说众筹模式的出现，便提供了人与人之间的互换、分享、协作的动机。兴趣、信任与利益就是动机。如果说互联网思维是一个有价值的、但已经过热的概念，那么，我个人觉得，"众筹"思维对于一个人、一个企业、一个组织的发展，是一个同样有价值，但还没有被充分挖掘与应用的概念。

一个人的人生成长，一个企业或组织的发展，从某种程度上，都是不断对外众筹，集合智力、信息、技术、人脉、资源、货币的过程，因此，众筹既是人生成长模式，也是企业发展模式，这个模式中的核心思维就是：如何用自己已有的创意、梦想、理念、资源，去吸引别人的注意、激发别人的兴趣、建立别人的信任，引导别人与自己交换资源要素，从而完善自己的要素配置，实现价值增值，并让给予自己的资源要素的所有支持者都能得到物质或者精神利益分享，在互换中协作，在协作成功后分享。

因此，众筹思维既是符合未来共享经济的思维，也是符合传统文化与普世价值的思维，本不新奇。

主要参考资料

［1］ F.基左.一六四〇年英国革命史［M］.伍光建,译.北京.商务印书馆,1985.

［2］ 陈志武.金融的逻辑［M］.北京：国际文化出版公司,2009.

［3］ 杰夫·豪.众包：群众力量驱动商业未来［M］.朱文静,译.北京：中信出版社,2011.

［4］ 杰里米·里夫金.第三次工业革命——新经济模式如何改变世界［M］.张体伟,译.北京：中信出版社,2012.

［5］ 杰里米·里夫金.零边际成本社会——一个物联网、合作共赢的新经济时代［M］.赛迪研究院专家组,译.北京：中信出版社,2014.

［6］ 凯利.技术元素［M］.张行舟,等译.北京：电子工业出版社,2012.

［7］ 克里斯·安德森.长尾理论：为什么商业的未来是小众市场［M］.乔江涛,石晓燕,译.北京：中信出版社,2015.

［8］ 克里斯·安德森.长尾理论［M］.乔江涛,石晓燕,译.北京：中信出版社,2006.

［9］ 李耀东,李钧.互联网金融：框架与实践［M］.北京：电子工业出版社,2014.

［10］ 零壹财经.众筹服务行业白皮书2014［M］.北京：中国经济出版社，2014.

［11］ 内西姆·尼古拉斯·塔勒布.黑天鹅——如何应对不可预知的未来［M］.万丹，刘宁，译.北京：中信出版社，2008.

［12］ 尼克·霍恩比.牛津高阶英汉双解词典：第六版［M］.石孝殊，等译.北京：商务印书馆，2004.

［13］ 彭健，陈烁.2014年中国电影产业研究报告［M］.北京：中国电影出版社，2014.

［14］ 泰国楼.现代金融中介论［M］.北京：中国金融出版社，2002.

［15］ 谢平，邹传伟，刘海二.互联网金融手册［M］.北京：中国人民大学出版社，2014.

［16］ 杨东，黄超达，刘思宇.赢在众筹：实战·技巧·风险［M］.北京：中国经济出版社，2015.

［17］ 张世和.台湾创业投资事业前进大陆之进入策·研究［D］.台湾：台湾大学，2001.

后 记

　　受制于我的学术能力的有限，受制于对众筹领域研究时间的短暂，本书在体系的完善、逻辑的严谨等方面，与我心中满意的学术读物有很大的距离，更接近于一本我对众筹的思考笔记。在 2015 年 4 月下旬到 9 月的几乎每一天，我都拿出几个甚至十几个小时，投入这本书的写作，在家里的书房、在机场、在高铁车厢、在酒店客房。所以，虽然本书存在不足，但是，几百个小时的心血，还是能够化作一些有价值的思考，沙子里有一些闪光的东西。

　　本书努力做到以下几点：

　　第一，文字的可读性，避免许多金融书籍晦涩的术语与复杂的图表，采取通俗易懂的表达方式，并有意识的增加了一些趣味性，便于非金融领域的人轻松阅读。

　　第二，观点的新颖性，本书不仅介绍了众筹的理论与实务，而且从融资、互联网、信任、文化产业、众筹等诸多范畴的本质出发，以新的思考角度，在每一章节中都提出了自己的新的观点。

　　第三，概念的辨析性，在每一章节中都对很多我们耳熟能详的概念，如信任与信用、关系与制度、价值观与沟通、平台、双边市场、网络外部性、创客、注意力与影响力、投资与消费等语词做出新的或者更准确的解释。

第四，问题的导向性，在每一章每一节前提出一系列问题，在正文部分尝试对问题进行解答。有些问题我没有成熟的答案，但可以引发读者的思考走向深入。

希望读者开卷有益，沙里淘金。

在本书的写作过程中，要感谢冉超冉、廖倩仪、张潇雁、马星宇、张沛等几位研究生的辛勤努力，他们帮助查阅、收集、整理了资料，并按照章节结构对资料进行了分类，撰写了一些文字。冉超冉、廖倩仪还参与了排版与校对的工作。

感谢丛书的主编范周老师，对我提出了互联网＋金融的研究领域，并对本书的体例提出建议。

也应该感谢我的爱人王晶。因为过去四个月的几乎所有闲暇时光，我都花在了这本书之上。

最后，感谢各位读者，感谢你们拿出宝贵的时间给这本书，书中的错误与疏漏不少，请你们批评指正。

彭健

2015 年 11 月